Souverän präsentieren –
Die erste Botschaft bist Du

EBOOK INSIDE

Die Zugangsinformationen zum eBook Inside finden Sie am Ende des Buchs.

Dominik Umberto Schott

Souverän präsentieren – Die erste Botschaft bist Du

Wie Sie Körpersprache authentisch und wirkungsvoll einsetzen

Dominik Umberto Schott
München, Bayern, Deutschland

ISBN 978-3-658-24847-5   ISBN 978-3-658-24848-2   (eBook)
https://doi.org/10.1007/978-3-658-24848-2

Die Deutsche Nationalbibliothek verzeichnet diese Publikation in der Deutschen Nationalbibliografie; detaillierte bibliografische Daten sind im Internet über http://dnb.d-nb.de abrufbar.

Springer Gabler
© Springer Fachmedien Wiesbaden GmbH, ein Teil von Springer Nature 2019

Illustrationen: Martin Cambeis, Puchheim
Lektorat: Manuela Eckstein

Springer Gabler ist ein Imprint der eingetragenen Gesellschaft Springer Fachmedien Wiesbaden GmbH und ist ein Teil von Springer Nature
Die Anschrift der Gesellschaft ist: Abraham-Lincoln-Str. 46, 65189 Wiesbaden, Germany

Vorwort

Ich gestehe es mir ja nur ungern ein, aber er ist besser als ich. Von Körpersprache verstehe ich nur wenig. Er hat das drauf. Weiß genau, was er mit seinen Händen tut, spielt mit seiner beneidenswert wohlklingenden Stimme, zappelt nicht rum. Wohlmeinende Menschen sagen mir, meine Vorträge seien dennoch im Rahmen des Erträglichen, vielleicht sogar gut, manche sagen genial. Danke für die Blumen. Aber wenn ich Dominik Umberto Schott auf der Bühne erlebe, bohrt sich vorübergehend ein unangenehmer Gedanke in mein System: Was wäre alles möglich gewesen, wenn ich diese Ausdrucksmöglichkeiten gehabt hätte? Wäre, hätte, Fahrradkette. Tod dem Zweifel!

Was Dominik und mich verbindet: Wir haben beide Kindheitsjahre in Freising verbracht. Wir waren bzw. sind beide Dale Carnegie Trainer und Überzeugungstäter. Wir sind beide Anzünder, die sich freuen, wenn sie andere dazu inspirieren können, mal den bisherigen Weg zu verlassen und etwas Neues auszuprobieren. Bei ihm geht es um die Art, wie wir kommunizieren und über unsere Ideen sprechen, genauer gesagt um Körpersprache und Storytelling. Darin ist er nach 30 Jahren auf der Bühne, vor Kamera und Mikrofon, mit Fug und Recht Experte.

Dominik weiß, wie man Worten mehr Wirkung verleiht – durch wohlgesetzte Pausen, aber auch indem man sein Herz etwas mehr auf der Zunge trägt, als das die meisten Menschen tun mit ihrem pseudo-rationalen Sicherheitsdenken in der Business-Welt. Er ist ein meisterhafter Geschichtenerzähler. Als Experte für Chancenintelligenz darf ich Sie beglückwünschen: Dieses Buch ist eine Chance für Ihre Botschaft. Und dass Sie es jetzt lesen, ist ein Zeichen Ihrer Intelligenz. Sie werden als Redner und Kommunikator wachsen dank der Tipps eines Medien- und Bühnenprofis, der sich mehrmals in seinem Leben erfolgreich neu erfunden hat. Ich habe ihn im Verdacht, ein Glückskind zu sein.

Mastershausen   Hermann Scherer
im Oktober 2018

Danksagung

Danke allen Kollegen, von denen ich gelernt oder etwas Kluges auf-
geschnappt habe: Thor Olafsson, Frank Rebmann, Andreas Iffland,
Arne Stoermer, Karsten Stölzgen, Hans Reitz, Avner Eisenberg,
Silvia B. Pitz, Nikolai A. Behr, Georg von Stein, Armin Vollmer,
Kathie Kleff uva. Danke auch den Autoren-Freunden, die mir während der
Entstehung des Manuskripts wertvolle Tipps gegeben haben: Gunther
Schnatmann, Günni Keil und Gunna Wendt. Zuletzt danke ich mei-
nem großartigen Gesangslehrer Felix Rolke sowie meinen ersten Chefs
und Mentoren Hans Ruhland und Helmut Markwort.

Inhaltsverzeichnis

Über den Autor

Dominik Umberto Schott Mit Worten bewegen – das ist der rote Faden im bunten Lebenslauf von Dominik Umberto Schott. Er war Musiker, Schauspieler, Texter, Off-Sprecher sowie Radio- und Fernsehmoderator. Er hat tausende Live-Sendungen, Podiumsrunden sowie andere Bühnenevents moderiert. Seit 2003 arbeitet er neben seiner TV-Tätigkeit international als Präsentationstrainer, Executive Coach und Speaker.

Kontakt:

Webseite: www.dominikschott.com

E-Mail: contact@dominikschott.com

Social Media Profile: Xing, LinkedIn, Facebook, Instagram und YouTube

Einleitung

Mein Friseur und ich haben etwas gemeinsam: Wir machen beide etwas beruflich auf hohem Niveau, das grundsätzlich jeder kann. Jeder kann sprechen. Und jeder kann mit einer Schere hantieren. Schon Kindergartenkinder können beides. Aber von denen würden wir uns nicht die Haare schneiden lassen. Ein Erwachsener könnte mit der Schere bluffen – ein bisschen schnipp und schnapp mit sicherem Schwung. Nur Profis erkennen, dass ein Dilettant am Werk ist. Für das ungeübte Auge wäre der Unterschied erst zu erkennen, wenn der Haarschnitt fertig ist und keine Proportion stimmt. Wenn ich als Moderator auf der Bühne stehe, mache ich augenscheinlich nichts Geheimnisvolles. Ich spreche in ein Mikrofon. Jeder könnte das auf Anhieb. Nur wird es bei allen, die das nicht gelernt haben, nicht so wirken wie gewünscht. Es gibt Berufe, da wird die Qualität erst im Ergebnis deutlich, nicht im Prozess.

Sprechen kann jeder. Wir haben es als kleines Kind gelernt und wenden es seitdem täglich an. Erwachsene sprechen laut einer Studie des deutschen Psychologen Matthias Mehl von der University of Arizona in Tucson im Schnitt etwa 16.000 Wörter pro Tag – Frauen übrigens kaum mehr als Männer (Mehl et al. 2007). Wir sind Routiniers – aber keine Experten. Denn vor allem unsere Körpersprache – wie wir Stimme, Mimik und Gestik einsetzen – läuft meist unbewusst ab. Und unterstützt, was wir sagen – oder eben nicht.

Warum haben manche Charisma und andere nicht?
Warum hören wir dem einen fasziniert zu und bei anderen können wir uns schon nach wenigen Minuten nicht mehr erinnern, worüber sie gesprochen haben? Ein Stück weit mag das angeboren oder früh erworben sein. Manchen hilft ihr Aussehen. Attraktive Menschen bekommen mehr Aufmerksamkeit. Hochgewachsene Menschen sind sichtbarer. Auch hören wir eine wohlklingende Stimme lieber als eine krächzende. Aber es gibt auch hässliche Charismatiker ohne Gardemaß. Also: Woran machen wir fest, dass jemand Ausstrahlung oder Präsenz hat? Was auch immer da von innen herausstrahlt- wir sehen oder hören es im Außen.

> **Die Rotröcke kommen!**
> Paul Revere kennt in den USA jedes Schulkind. Er steht als Held des amerikanischen Unabhängigkeitskrieges in den Geschichtsbüchern. Nach der Boston Tea Party erfuhr er am Hafen, dass sich britische Soldaten darauf vorbereiteten, die rebellischen Kolonisten in den umliegenden Dörfern zu entwaffnen. Der Silberschmied Revere und zwei andere Männer ritten von Boston aus in Richtung Lexington und warnten ihre Landsleute. Alle drei wurden gefasst und kamen vorübergehend in Gewahrsam. Doch dort, wo Revere entlang geritten war, hatten die Unabhängigkeitskämpfer tatsächlich ihre Waffen versteckt. Die anderen beiden Männer waren – mit der gleichen Warnung – weniger erfolgreich. Von Paul Revere stehen in Boston zwei große Reiterstatuen. Die anderen beiden Männer sind vergessen. Gleiche Botschaft, sehr unterschiedliche Wirkung. Es muss am Absender liegen. Wir wissen nicht, was Paul Revere anders gemacht hat. Vielleicht hatte er eine Donnerstimme, vielleicht war seine Gestik eindringlicher. Offenbar war sein Auftreten überzeugender. Können wir das lernen?

Die Frage lautet eher: Wie konnten wir das nur *ver*lernen? Als Kinder haben wir lebendig erzählt und dabei Grimassen gemacht, mit Händen und Füßen geredet, waren laut und leise, haben uns facettenreich und originell ausgedrückt. Doch im Laufe der Jahre haben wir immer wieder negatives Feedback zu unserer Körpersprache bekommen. „Schrei nicht so!" – „Kannst du mal still sitzen?" – „Mund zu!" – „Setz dich ordentlich hin!" Wir haben verinnerlicht: Erwachsene setzen weniger Körpersprache ein. Pokerface. Bloß nicht zu viel Emotion zeigen. Ganz im Ernst.

Der gestische Ausdruck ist geschrumpft, der Wortschatz ist gewachsen. Unsere Kommunikation ist „kopfiger" geworden. Wir wurden stärker im Inhalt, aber teils schwächer in der Wirkung. „I have a dream!" rief Martin Luther King in seiner berühmten Rede – übrigens spontan abweichend von seinem vorbereiteten Manuskript. Jeder kennt diese vier Worte. Worte können die Welt verändern. Aber nur, wenn die Welt zuhört.

> Aufmerksamkeit ist das meist umkämpfte Gut unserer Zeit.

Dieses Buch ist für alle geschrieben, die etwas zu sagen haben und sich ein paar Münzen der wertvollsten Währung der Welt verdienen wollen: Aufmerksamkeit.

In diesen Seiten steckt die Erfahrung aus tausenden Live-Sendungen und Bühnen-Moderationen, Vorträgen und Seminaren. Im ersten Teil werden ein paar Pflöcke eingerammt. Was ist eine Präsentation, woraus besteht sie, wie greifen Inhalt, Struktur und Vortragsweise ineinander? Wir lernen die vier wichtigsten Drehschrauben der Körpersprache kennen. Dann geht es um das große Thema Authentizität. Alle wollen besser werden, aber zugleich auch sie selbst bleiben. Wie können wir diesen Widerspruch auflösen und unsere Wirkung erhöhen, ohne wie schlechte Schauspieler zu wirken? Was muss man tun, um authentisch zu wirken? Die naheliegende Antwort könnte lauten: Am besten gar nichts. Aber ganz so einfach ist es dann doch nicht.

Im Mittelteil geht es um Vorbereitung und Dramaturgie. Wie strukturiere ich mein Material, wie fange ich an, wie baue ich Spannung auf? Und warum sollte ich auch in einem geschäftlichen Kontext Geschichten erzählen und Emotionen zeigen? Im letzten Drittel finden wir heraus, warum fast alle Menschen Lampenfieber kennen und wie wir mit

Nervosität umgehen können. Ein weiteres Kapitel ist der Moderation gewidmet. Worauf sollten wir achten, wenn wir in die Verlegenheit kommen, eine Veranstaltung oder andere Redner anzukündigen?

Zuletzt kommen wir dem Geheimnis aller wirklich guten Redner auf die Spur: Sie sind auf Augenhöhe mit ihren Zuhörern und stellen eine starke Verbindung zum Publikum her. Das macht übrigens auch mein Friseur, bevor er Hand anlegt.

Literatur

Mehl MR, Vazire S, Ramírez-Esparza N, Slatcher RB, Pennebaker JW (2007) Are women really more talkative than men? Sci 317(5834):82

1

Das *Was* und *Wie*

Zusammenfassung In der mündlichen Kommunikation ist neben Inhalt und Struktur vor allem die Körpersprache entscheidend. Sie färbt die Wirkung des Gesagten. Vor allem wenn das Gegenüber uns noch nicht kennt, denn der erste Eindruck prägt den zweiten. Schauen wir uns also an, worauf der erste Eindruck basiert und welche Störsignale wir unbewusst senden. Wir lernen die Formel für Wirkung kennen und erfahren, welche Rolle die Kongruenz spielt. Denn wenn das Was und das Wie nicht zusammenpassen, bleibt der Inhalt weitgehend auf der Strecke.

1.1 Warum persönliche Kommunikation wichtig bleibt

Als das Internet leistungsfähig genug wurde, um nicht nur Voice over IP, sondern auch Videokonferenzen zu ermöglichen, dachten viele, diese technische Neuerung würde zu einem Einbruch bei den Präsenzmeetings führen, mit entsprechenden Folgen für Dienstleister wie Hotels, Konferenzzentren, Veranstaltungstechniker, Caterer usw. Man

© Springer Fachmedien Wiesbaden GmbH, ein Teil von Springer Nature 2019
D. U. Schott, *Souverän präsentieren – Die erste Botschaft bist Du*,
https://doi.org/10.1007/978-3-658-24848-2_1

würde sich nur noch zu besonders wichtigen Anlässen persönlich treffen und im Alltag öfter Skype und Co. nutzen. Man hätte es besser wissen können. Die breite Einführung von E-Mail und Scannern in der Bürowelt hat auch nicht wie angenommen dazu geführt, dass weniger ausgedruckt wird. Das papierlose Büro ist bisher nur in wenigen Firmen Realität. Wie auch schon in anderen Fällen hat die neue Technologie die alten nicht ersetzt, sondern ergänzt. Es gibt immer mehr Telkos und Webinare, aber die konventionellen Meetings sind nicht weniger geworden. 72 % der leitenden Angestellten in den USA verbringen heute *mehr* Zeit in Besprechungen als früher (Rogelberg et al. 2006). Projekte und Prozesse werden immer komplexer und arbeitsteiliger, wodurch der Bedarf an Abstimmung und Informationsaustausch ständig steigt. Und gerade weil wir mittlerweile ständig online sind und auf diversen virtuellen Kanälen miteinander kommunizieren, hat das gesprochene Wort, von Angesicht zu Angesicht, unvermindert Wucht und Wertigkeit. Schon Plato schrieb vor 2500 Jahren in seinem Werk Phaidros, nur Gespräch und Begegnung führe zu Wahrheit und aufrichtiger Lehre. Daraus lässt sich ein Managementgebot ableiten: Mündlich führen. E-Mails, Memos, Leitlinien und Briefe vom CEO sind schön und gut – doch das Gelesene verblasst schnell. Wirkungsvolle Führung findet mündlich statt. Vom persönlichen Gespräch über Führungskräftetagung bis Townhall-Meeting gibt es dafür viele Möglichkeiten. Wir schauen zu viel auf flimmernde Flächen und freuen uns, wenn wir zur Abwechslung mal in Gesichter blicken.

> Ein Bildschirm berührt uns nicht. Nur andere Lebewesen können uns wirklich berühren.

Die wirklich wichtigen Entscheidungen in der Wirtschaft finden nach wie vor bevorzugt statt, nachdem man sich auf herkömmliche Weise über die Inhalte ausgetauscht hat: in Präsenzmeetings mit live und persönlich gehaltenen Präsentationen. Höhere Führungskader in Unternehmen sehen teils 200 Business-Präsentationen pro Jahr. Wie oft kämpfen sie dabei gegen den Schlaf, wie oft schweifen die Gedanken ab oder man checkt schnell Mails nebenbei, weil der Vortrag nicht gerade fesselnd ist? Laut einer Manager-Umfrage von Praesentarium (Wirtschaftswoche 2012) werden 82 % aller erlebten Präsentationen als langweilig eingestuft, 14 % als zielführend und nur 4 % als begeisternd.

Hätte ich die Wahl zwischen langweilig und einschläfernd, wäre mir Letzteres lieber. Langeweile ist Verschwendung von Lebenszeit. Dann wenigstens ein bisschen Schlaf. Power nap dank PowerPoint. Der exzessive Umgang mit Beamer und Slides wird von vielen als Grund für die schwache Wirkung vieler Präsentationen genannt. Technologie kann nicht begeistern. Kaum einer erinnert sich noch Jahre später an eine Rede, weil die Folien so toll waren. In diesem Buch geht es nicht darum, wie man schicke Slides erstellt. Es geht darum, künftig öfter zu den 4 % zu gehören, die begeistern. In Kap. 5 werden wir zusätzlich besprechen, wie wir sicherstellen können, dass uns Folien, wenn wir sie schon als Tool nutzen, nicht die Schau stehlen.

1.1.1 Die Formel für Wirkung

Jede Präsentation oder Rede besteht aus drei grundlegenden Zutaten:

* Inhalt
* Aufbau
* Vortragsweise

Der Inhalt ist das Was, die Substanz, der Körper. Der Aufbau einer Rede ist die Form. Wie ein Skelett gibt sie dem ganzen Halt – aber keiner will die Knochen sehen. Struktur fällt meistens dann auf, wenn sie schlecht ist oder völlig fehlt.

Die Vortragsweise ist die sichtbare Hülle, das Wie. Dazu gehört im erweiterten Sinne auch alles, was die antiken Rhetoriker nicht hatten und wir im Übermaß einsetzen: technische Hilfsmittel wie Folien, Farben, Schriften, Licht, Ton, Video usw. In erster Linie besteht diese sichtbare Hülle aus meiner äußeren Erscheinung und meiner Körpersprache – also aus allem, was sinnlich erfahrbar ist.

Was ist nun das Wichtigste? Worauf kommt es an? Eigentlich klar, oder? Auf den Inhalt! Wenn ich nichts mitzuteilen habe, sollte ich mich nicht vor Leute stellen und deren Zeit stehlen. Es sei denn, ich bin Entertainer, dann ist Stimmung wichtiger als Inhalt. Auch in vielen informellen Gesprächen geht es mehr um die Beziehungsebene als um das Gesagte: Small Talk, Flirt, Klatsch usw. Hier dient der Inhalt als soziales Schmiermittel.

Doch in einer Präsentation vor Kollegen oder Kunden, einem Vortrag oder einer Wortmeldung im Meeting kann der Inhalt nicht Nebensache sein. Zugleich geht es auch nicht *nur* um den Inhalt – sonst könnte ich auch eine Mail oder ein PDF schicken. Inhalt und Struktur hat auch jeder Newsletter. Vortragen können nur Menschen.

In der Live-Situation kommt also ein entscheidendes Element dazu: wir selbst, unsere Persönlichkeit und Ausstrahlung, die sich vor allem durch unsere Körpersprache zeigt. Sie ist der Geschmacksverstärker, der maßgeblich beeinflusst, ob unsere Inhalte den anderen schmecken oder nicht. Die Formel für Wirkung lautet also:

Inhalt + Struktur x Vortragsweise = WIRKUNG

Unsere Vortragsweise hat starken, wenn nicht sogar entscheidenden Einfluss darauf, wie unser Inhalt wahrgenommen wird. Treten wir kompetent auf, hat auch unser Inhalt Glaubwürdigkeit. Wirkt unsere Körpersprache unsicher, werden auch unsere Botschaften angezweifelt.

1.1.2 Irgendeine Wirkung haben wir immer

Wenn die Zuhörer uns bereits kennen, haben sie schon ein Bild von uns in den Köpfen. Dieses Bild wird bestätigt, es sei denn, wir fallen aus dem Rahmen und tun etwas, das die anderen so noch nicht von uns gesehen oder gehört haben. „Hm, das war ungewöhnlich. Entweder eine Ausnahme, oder ich muss mein Bild von dieser Person revidieren."

Kennen mich die Leute noch nicht, wissen sie vielleicht nur, wie ich heiße und was ich beruflich mache. Sie wissen weder von meinen aktuellen Herausforderungen noch von meiner fundierten Ausbildung oder meiner unfassbaren Kompetenz. Sie interessieren sich auch nicht dafür, ob ich schlecht geschlafen habe oder mich gerade noch sehr geärgert habe. Sie sehen die Person da vorne und entscheiden intuitiv und blitzschnell, ob sie dieser Person gerne zuhören möchten oder nicht. Und das hängt erst einmal von Äußerlichkeiten ab. Wie steht die Person da, wie bewegt sie sich, stellt sie Augenkontakt her? Wir sehen von anderen zunächst nur die äußere Erscheinung.

> Für Menschen, die uns nicht kennen, sind wir zunächst nur so glaubhaft, wie wir aussehen und klingen.

Da mag der Inhalt noch so brillant sein – wenn der Redner ständig nervös auf den Boden guckt, kommt keine Verbindung zustande. Die Zuhörer werden bewusst oder unbewusst ein Urteil fällen. Wahrscheinlich kein so günstiges. Denn: Irgendeine Wirkung haben wir *immer*. Fragt sich nur, welche?

1.2 Die *erste* Botschaft bist *Du*

Das *Wie* kann das *Was* derart einfärben, dass beim Empfänger nur ein Zerrbild dessen ankommt was wir sagen wollten (s. Abb. 1.1). Doch natürlich geht es auch umgekehrt: Die Körpersprache kann die Botschaft aufpolieren.

> **Beispiel**
>
> Vor einigen Jahren brauchte ich eine Anschlussfinanzierung für einen Hypothekenkredit. Ich holte Angebote verschiedener Banken ein. Einige waren weniger attraktiv, andere besser. Zuletzt blieben zwei Angebote im Rennen, die von den Konditionen her identisch waren. Effektiver Zinssatz, Sondertilgung usw. – kein Unterschied. Was denken Sie, wo habe ich abgeschlossen? – Richtig. Dort, wo mir die Ansprechpartnerin sympathischer war. War es deshalb auch die bessere Bank? Keine Ahnung.

Abb. 1.1 Wirkungstrichter. (Mit freundlicher Genehmigung von © Martin Cambeis 2018. All Rights Reserved)

So entscheiden wir oft mangels besserer Möglichkeiten der Evaluierung. Wir übertragen die Sympathie für einen Menschen auf die gesamte Organisation, für die dieser Mensch arbeitet. Besonders wenn Inhalte ähnlich oder austauschbar sind, gibt die persönliche Ebene den Ausschlag. Und Persönlichkeit hat viel damit zu tun, wie wir „rüberkommen", wie wir aussehen und klingen. Wir sagen, ein Gespräch habe sich gut angefühlt. So war es auch bei der Bankberaterin. Hat sich besser angefühlt – und ich meine nicht den Händedruck.

> Zwischen Botschaft und Botschafter unterscheiden wir erst mal nicht.

Hart, aber unfair. Wer mitreißend spricht, kann selbst mit dünnen Botschaften begeistern. Andere liefern mehr Substanz, können sich aber kein Gehör verschaffen. Daran kann der berüchtigte erste Eindruck schuld sein. Wie entsteht der?

1.2.1 Der erste Eindruck

Unser Gehirn ist ein faszinierender Hochleistungsrechner. Binnen Sekundenbruchteilen kann es hunderte Informationen verarbeiten und zu einem Gesamteindruck zusammenfügen. Und das alles, ohne dass es uns bewusst ist.

Ein Gegenüber schnell einschätzen zu können war für uns als soziale Tiere seit jeher äußerst wichtig, daher sind die dazugehörigen Abläufe im Gehirn tief verankert und weitgehend automatisiert. Lange Zeit war die wichtigste Information über jemanden oder etwas, das dem Menschen in der Wildnis entgegen kam: Ist das größer oder kleiner als ich? Schaue ich mir das an oder verstecke ich mich lieber hinter einem Busch? Auch heute noch nehmen wir an anderen in den ersten Millisekunden sofort den Umfang wahr und ziehen unbewusst Schlüsse daraus. Unter Top-Führungskräften sind großgewachsene Männer überproportional vertreten. Das hat nichts mit Führungsqualitäten zu tun – wenn, dann höchstens mit archaischen. Unbewusst denken wir: Der ist stark genug, um mich tragen zu können, der könnte mich in einer Gefahrensituation beschützen oder retten, dem vertraue ich als Anführer. Zugleich sind stark übergewichtige Personen in den Führungsetagen unterrepräsentiert. Dabei sind sie sicher nicht weniger qualifiziert – aber das unbewusste Assessment der Äußerlichkeiten hält Dicke für weniger willensstark und ausdauernd. Ungerecht, aber Realität der unbewussten Vorurteile.

Dann analysieren wir das Gesicht. Das dauert nur 39 Millisekunden. Ein Wimpernschlag und schon „wissen" wir, ob wir die Person vertrauenswürdig finden oder nicht. Auch dabei liegen wir übrigens oft falsch, wie allein die große Zahl an erfolgreichen Betrügern und Heiratsschwindlern beweist. Der erste Eindruck ist mächtig, und wir bleiben oft hartnäckig dabei, auch wenn es Hinweise dafür gibt, dass die Person doch nicht so nett ist. Wer symmetrische Züge und die richtigen Proportionen hat, ist aus genetischer Sicht ein Glückskind. Wer z. B. einen sehr dunklen Bartschatten und eng zusammenstehende Augen hat, muss erst einmal gegen den ersten Eindruck „Gangstervisage" ankämpfen. Die Polizei hätte es viel leichter, wenn alle Gangster auch tatsächlich Gangstervisagen hätten.

Was wir ebenfalls in den ersten zwei Sekunden wahrnehmen:

- Haltung: aufrecht oder leicht gebückt, agil oder schlaff?
- Bewegung: energisch, müde, vorsichtig …?
- Augenkontakt: Kann die Person Blickkontakt halten?
- Mimik: Wirkt das Lächeln echt, lachen die Augen mit?
- Kleidung: Passend zum Anlass? Lenkt etwas ab (bunte Krawatte, auffälliger Schmuck, ausgebeulte Hosentaschen)?
- Stimme: Was verrät sie über Stimmung und Herkunft (Dialekt, Akzent)?
- Gestik: Wenig oder viel, schnell oder langsam?
- Händedruck: Angenehm fest oder labberweich? Oder so stählern, dass es schmerzt?

Was wir auch sofort bemerken ist der hygienische Allgemeinzustand: Gepflegt oder Haare fettig? Mundgeruch, Fingernägel dreckig, unreine Haut, Körpergeruch? Die Liste ließe sich noch fortsetzen, denn nobody is perfect. Und das, was bei uns selbst ein blinder Fleck ist, nehmen wir unter Umständen auch bei anderen nicht wahr. Hier sind echte Freunde wertvoll, die mir ehrlich sagen, ob mein Händedruck weh tut oder ob ich üblen Mundgeruch habe.

Fehlt etwas? Richtig: zwei Merkmale, die wir ebenfalls binnen Millisekunden erfassen und für die wir auch große Schubladen haben – nur dass wir uns dessen selten bewusst sind (unconscious bias):

- Alter
- Geschlecht

Oft basiert sogar ein Großteil unseres Schnellurteils auf diesen Kategorien. Und Vorsicht, bei beiden liegen wir auch schon mal daneben. Das kann vor allem bei Letzterem peinlich werden.

Aus all diesen Einzelinformationen bildet unser Hirn blitzschnell und unbewusst ein Gesamturteil. Wir finden die Person interessant, sympathisch, abweisend, langweilig usw. Doch wir haben keine Sinnesorgane für „Charisma" oder „Glaubwürdigkeit". Das sind subjektive Interpretationen, die auf objektiven Beobachtungen basieren.

Um sich klarzumachen, wie schnell unser Gehirn zig Eindrücke zu einem Bild zusammenfügt, testen Sie einmal, ob Sie an einer anderen Person *erst* das Alter und *dann* das Geschlecht erkennen oder umgekehrt. Unmöglich!

Und was *wir* mit anderen beim ersten Eindruck machen, macht jeder auch mit *uns*. In weniger als zwei Sekunden landen wir beim Gegenüber in einer Schublade. In dieser kurzen Zeit konnten wir noch nicht inhaltlich punkten. Der erste Eindruck prägt den zweiten. Wie der Inhalt gleich eingeordnet wird, hängt stark davon ab, wie ich eingeschätzt werde: Kompetent? Unsicher? Sympathisch oder arrogant? Bin ich in einer negativen Schublade erst mal drin, ist es schwer, wieder raus zu kommen, denn wir sind beim Bewerten effizient, sprich schnell und faul. Wir sortieren nicht gerne um oder ändern unser Bild von anderen, denn dann müssten wir uns eingestehen, dass wir beim ersten Eindruck daneben lagen.

Wir denken also unbewusst: „Tu nicht so freundlich, du bist bei mir in der Unsympathen-Schublade gelandet – und in der bleibst du!" Manchmal halten uns andere in ihren Bildern von uns gefangen und geben uns keine zweite Chance. Dann müssen wir mehrmals hintereinander auffallend freundlich sein, bis sie bereit sind, in Betracht zu ziehen, dass die erste Einordnung falsch war. Dann wird die Schulblade nochmal geöffnet und wir bekommen ein neues Label. Aber nur *einmal*. Ein weiteres Mal wird nicht umsortiert.

1.2.2 Störsignale – die Nudel im Gesicht

Nehmen wir an, der erste Gesamteindruck passt soweit. Dann ist der Weg frei für das Wesentliche: den Inhalt. Aber manchmal werden Vorträge wie Radio auf Mittelwelle gesendet. Obwohl die Frequenz stimmt, kommt beim Empfänger alles verzerrt an, weil ein Störsignal dazwischenfunkt. Störsignal ist alles, was vom Inhalt ablenkt oder das Zuhören erschwert.

Einer der berühmtesten Sketche von Loriot ist die Nudel im Gesicht. Ein Pärchen im feinen Restaurant: Er führt kurz die Serviette zum Mund und setzt umständlich zu einem Heiratsantrag an. Sie starrt ihn nur fassungslos an, weil mit der Serviette eine kleine Nudel mitgewandert ist, die ihm nun mitten im Gesicht prangt. „Sie haben da …" – „Nein, Hildegard, sagen Sie noch nichts!"

Ein wunderbares Beispiel für ein Störsignal, das komplett vom Inhalt ablenkt. Wir können uns auch einen Redner vorstellen, der mit offenem Hosenschlitz auf die Bühne kommt. Keiner wird auf seine Worte achten. So extrem kommt das im echten Leben selten vor. Gefährlicher sind daher die subtilen Störsignale: Bestimmte Merkmale eines Vortragsstils, die es den Zuhörern unnötig schwer machen, sich auf den Inhalt zu fokussieren. Das ist besonders ärgerlich, wenn uns das Thema eigentlich interessiert. Ähnliches haben wir alle schon erlebt:

- Die Marketing-Managerin wirbelt aufgedreht über die Bühne, als hätte sie zu viel Kaffee getrunken und wir würden ihr am liebsten zurufen: Bleib doch bitte mal einen Moment lang an einer Stelle stehen!
- Der renommierte Experte schleppt sich mit monotoner Stimme von Folie zu Folie und wir kämpfen gähnend gegen den Sekundenschlaf. Noch dazu ist das Licht im Saal gedimmt.
- Die Seminarleiterin trägt ein Kostüm in schreienden Farben und an den Ohren baumeln klimpernd Riesenohrringe. Eine Stilberatung würden wir bei der nicht buchen.

Verhaltensauffällig können auch kleine Marotten werden, die einem selbst nicht auffallen: Bei den ersten Worten kräftig die Hände reiben (Vorfreude oder Nervosität?), mit einem kräftigen „So!" in die Hände klatschen, die imaginäre Vase auf der Töpferscheibe formen oder ständig vor dem eigenen Gesicht rumfuchteln. Ein großes Verbesserungspotenzial für Kommunikatoren besteht oft schon im Abstellen von Störsignalen. Die häufigsten sind:

- zu oft „Äh" und andere Füllwörter („ich sag mal", „quasi", „am Ende des Tages") oder Weichmacher („eigentlich", „irgendwie", „unter Umständen", „vielleicht")
- zu wenig Blickkontakt
- zu monotone Stimme

- zu schnelles Sprechtempo
- zu viel Bewegung
- undeutliche Aussprache
- Inkongruenz
- sehr auffällige Kleidung, Accessoires oder Schmuck
- kein roter Faden
- verwirrende Folien

Wir merken: Oft ist etwas zu viel oder zu wenig. Und zwar nicht ein bisschen, sondern viel zu viel oder viel zu wenig. Es sind die Extreme, die unsere Wahrnehmung so in Beschlag nehmen, dass für den Inhalt kaum noch Aufmerksamkeit übrig bleibt.

Ein auffälliges Accessoire kann ein Wiedererkennungsmerkmal sein. *Einige* „Ähs" sind in Ordnung, denn sie geben akustische Orientierung. Sie signalisieren zudem, dass die Person vor dem Sprechen über ihre Worte nachdenkt oder sich einen Entschluss nicht leicht gemacht hat.

Das Gegenteil wäre ein durchgehend druckreifer, flüssiger Vortrag. Da werden wir skeptisch. Ist das auswendig gelernt? Oder vom Prompter abgelesen? Es kommt also immer auf die Dosis an, die muss passen. Zu mir, meinem Thema, dem Rahmen, dem Publikum. Der Fachbegriff dafür, wenn alles stimmig ist, lautet Kongruenz.

1.2.3 Der 7-Prozent-Mythos

„Nur 7 Prozent unserer Wirkung hängen vom Inhalt ab." Vielleicht ist Ihnen diese Aussage schon einmal begegnet. Mit ihr soll die Bedeutung von Körpersprache belegt werden. Der 7-38-55-Mythos wurde schon in zahlreichen Seminaren und Artikeln zitiert. Meistens falsch. Was beim Gegenüber ankomme, sei zu 7 % Inhalt, 38 % Stimme und 55 % Körpersprache (s. Abb. 1.2). Hm. Würde nur 7 % der Wirkung vom Inhalt abhängen und 93 % von Stimme und Körpersprache, könnten wir uns in jedem Land, dessen Sprache wir nicht sprechen, auch mit Pantomime verständlich machen und sprichwörtlich unseren Namen tanzen. So kann es nicht gemeint sein. Woher kommen also diese Zahlen?

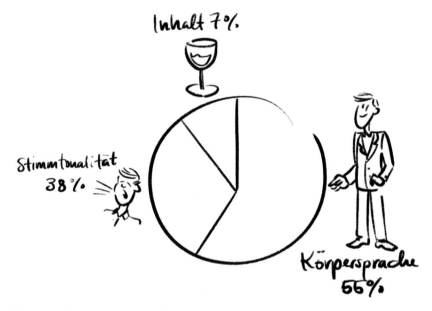

Abb. 1.2 Die Mehrabian-Studie. (Mit freundlicher Genehmigung von © Martin Cambeis 2018. All Rights Reserved)

In der zugrunde liegende Studie hat Prof. Albert Mehrabian (Mehrabian und Ferris 1967) an der University of California Teilnehmer einzelne Worte sprechen lassen. Und zwar positive *(Liebling, Liebe),* neutrale *(vielleicht)* und negative *(schrecklich, brutal).* Die Sprecher sollten die Worte in unterschiedlichen Versionen vortragen: freundlich, neutral und streng. Diese Aufnahmen wurden Probanden vorgespielt. Wenn Wort und Stimme *nicht* zusammen passten (also z. B. das Wort *Krieg* freundlich gesprochen wurde) dann wurde die Wirkung des Wortes von der Wirkung der Stimme um das 5,5-Fache übertroffen. Bei einer späteren Studie wurden den Probanden zusätzlich Fotos mit unterschiedlicher Mimik gezeigt. Ergebnis: die nonverbale Kommunikation (Körpersprache) überstrahlt bei emotionalen Aussagen die paraverbale (nur Stimme) nochmal um das 1,5-Fache – aber: *nur* wenn Wort und Ausdrucksweise nicht zusammen passten. Das relative Wirkungsverhältnis 7-38-55 stimmt also, jedoch nur bei Inkongruenz.

Stellen Sie sich vor, Sie werden einer neuen Kollegin vorgestellt und sagen zur Begrüßung: „Freut mich sehr." Ihre ganze Körpersprache drückt jedoch aus: „Bleib mir bloß vom Leib!" Dann wird sich die Kollegin später kaum an den Wortlaut der Begrüßung erinnern. Zu 93 % wird bei ihr hängen bleiben, dass Sie abweisend wirkten. Diese kaum bewusste Wahrnehmung kann zu ganz verschiedenen Interpretationen führen:

- Offenbar ein Misanthrop. Dem geh ich besser aus dem Weg.
- Armer Kerl. Welche Laus ist dem denn über den Weg gelaufen?
- Warum ist der so aggressiv? Sind hier alle so?
- Hab ich was falsch gemacht? Keiner mag mich.
- Huch, hat der schon was Negatives über mich gehört?
- Der steht sicher nur unter Zeitdruck.
- Endlich mal kein Schleimer. Klasse Typ.

Das ist nur eines der Probleme von Inkongruenz: Wir haben keine Ahnung, was oder genauer gesagt *wie* es beim Gegenüber ankommt. Würde man das Experiment mit 100 neuen Kolleginnen durchführen, würden sich eine Woche später nur sieben von hundert daran erinnern, was genau bei der Begrüßung gesagt wurde. Das sind die berühmten 7 % – und meine These ist, dass es sich hier um auditive Lerner handelt, deren Wahrnehmung nicht so stark von visuellen Reizen dominiert ist und die sich einen Wortlaut gut merken können.

Das ist der eigentliche Clou von Mehrabians Forschungsergebnissen: Wenn Botschaft und Verpackung nicht zusammenpassen, bleibt auf dem Weg zum Empfänger eher die Botschaft auf der Strecke. Wenn umgekehrt das Was und das Wie zusammenpassen, erreichen wir sicher mehr als 7 % Wirkung mit unserem Inhalt. Wie viel genau, hängt von einer Vielzahl weiterer Faktoren ab: Kontext, Aufnahmebereitschaft, Relevanz, Zielgruppenadäquanz.

Soweit die Theorie. Wenn Sie Inkongruenz erleben möchten, gucken Sie einfach den erstbesten Kollegen grimmig an und sagen mit übel gelaunter Stimme: „Dein Hemd steht dir echt gut!" – Oder Sie tanzen vor Freude durchs Büro und rufen überschwänglich: „Ich hasse euch alle!" – Das macht Spaß und Sie werden sehen: Beides glaubt Ihnen kein Mensch.

Übertriebene Inkongruenz kann – beispielsweise in Form von Ironie – schon wieder ein Stilmittel sein. Problematisch ist die subtile Inkongruenz, die wir nicht bewusst wahrnehmen, die aber trotzdem die Botschaft verbiegt. Wenn jemand lächelnd von den Problemen seiner Kunden spricht. Wenn Lob nicht wie Lob klingt. Wenn gute Zahlen mit Sorgenmiene präsentiert werden. Die Worte sind positiv – aber unterbewusst registrieren wir: Hier stimmt was nicht, das wirkt nicht „stimmig". Auch wenn die Mehrabian-Studie oft falsch zitiert wird, sie belegt, wie stark Körpersprache auf uns wirkt. Kein Wunder, diese ist schließlich viel älter als die verbale Sprache.

Zusammengefasst

- Der Inhalt ist wesentlich, aber die Körpersprache entscheidend für die Wirkung.
- Die erste Botschaft bist Du.
- Störsignale übertönen die Botschaft.
- Auch bei Inkongruenz bleibt der Inhalt auf der Strecke.

Literatur

Mehrabian A, Ferris SR (1967) Inference of attitudes from nonverbal communication in two channels. Journal of Consult Psychol 31(3):248–252

Rogelberg SG, Leach DJ, Warr PB, Burnfield JL (2006) "Not another meeting!" Are meeting time demands related to employee well-being? J Appl Psychol, 91(1):83–96

Wirtschaftswoche (2012) Praesentarium „Publikumeter 2012". www.wiwo.de/erfolg/beruf/powerpoint-manager-finden-praesentationen-meist-langweilig-/6751870.html. Zugegriffen: 27. Nov. 2018

2

Körpersprache – worauf es ankommt

Zusammenfassung Körpersprache umfasst alle nonverbalen Signale – ein weites Feld. Allein die Handflächenstellung kann eine Aussage in ihrer Wirkung völlig verändern. Doch wer die vier wichtigsten Stellschrauben kennt, kann seine Wirkung mit einfachen Mitteln stark erhöhen. In diesem Kapitel erfahren wir: Augenkontakt und Körperhaltung sollten stabil, Gestik und Stimme lebendig sein. Wir lernen eine simple Technik für Wirkungspausen kennen, beleuchten die Aspekte Dialekt und Betonung und bekommen Tipps für das Präsentieren am Rednerpult.

Die Kommunikationstheorie unterscheidet zwischen analog und digital. Analog ist alles von mit den Armen rudern über grunzen und lachen bis hin zu mit den Augen rollen. Das ist die Sprache, die wir mit Tieren gemeinsam haben und die bei Affen nicht wesentlich anders aussieht als bei uns. Es sind Geräusche und Bilder, im Wesentlichen Laute, Blicke und Gesten. Digital sind Wort und Schrift. Digital deshalb, weil es ein Code ist. Der Klang des Wortes Stuhl und die dazugehörige Buchstabenfolge haben nichts besonders Stuhlähnliches an sich. Welcher Gegenstand gemeint ist, müssen wir kulturell erlernen. Ausnahmen sind lautmalerische (für Freunde von Fremdwörtern: onomatopoetische) Wörter wie

© Springer Fachmedien Wiesbaden GmbH, ein Teil von Springer Nature 2019
D. U. Schott, *Souverän präsentieren – Die erste Botschaft bist Du*,
https://doi.org/10.1007/978-3-658-24848-2_2

„prasseln" oder „klappern", die so klingen wie das Geräusch, das sie bezeichnen. Je mehr analoge Anteile unsere Sprache hat, desto lebendiger wirkt sie.

Körpersprache besteht aus unzähligen deutlichen bis subtilen Signalen. Wir halten es übersichtlich und beleuchten die vier für Rede und Präsentation wesentlichen Fragen:

1. Wie lang ist guter Augenkontakt?
2. Wie stehe ich da?
3. Wohin mit den Händen?
4. Wie kann ich meine Stimme wirkungsvoll einsetzen?

Wer diese vier Aspekte von Körpersprache nicht versaut oder gar meistert, dürfte schon mehr Wirkung erzielen als der Großteil aller Redner. Wobei es in allen vier Kategorien und ihren Dimensionen kein absolutes Richtig oder Falsch gibt. Es kommt immer auf den Kontext an. Es gibt keine „falsche" Gestik, höchstens unpassende.

2.1   Augenkontakt

Wer einen Hund hat, kennt das sicher. Der Vierbeiner hat irgendwas angestellt und guckt schuldbewusst. Wir schauen das Tier streng an und es weicht unserem Blick aus. Im Tierreich ist langer, intensiver Augenkontakt ein Austesten der Rangordnung, manchmal eine Kampfansage. Wer zuerst wegguckt, hat verloren (oder überlebt). Zu langer Augenkontakt kann auch uns Menschen unangenehm werden. Blicke können strafen oder irritieren. Was will der andere von mir?! Zu langer Augenkontakt ist beim Public Speaking allerdings selten das Problem. Eher das Gegenteil.

2.1.1 Fester Blick

Wir stehen vorne und wollen die Zuhörer mit klarem Blick ansprechen. Und plötzlich ist das Muster des Teppichbodens sehr interessant. Da vorne links guckt einer streng, schnell woanders hin schauen. Was steht nochmal auf meiner Folie? Am besten mal umdrehen und nachgucken. Dann wieder ins Publikum, aber schnell. Der Blick ist rastlos.

Schneller Kontakt ist gar kein Kontakt.

Wir kommunizieren meistens in kleinem Kreis. Der häufigste Fehler auf größerer Bühne: Wir wollen auch hier *jeden* angucken. Die Folge: Die Augen rasen unruhig hin und her, sind überall und nirgends. Bei zehn Zuhörern können wir noch mit jedem Einzelnen Blickkontakt aufnehmen. Bei 100 ist es unmöglich. Und irgendwo dazwischen wird es schwierig. Meist schon ab 20 Personen im Raum.

Wie lange ist guter Augenkontakt?
Ein Experiment in London hat 2016 ergeben: etwa drei Sekunden. Psychologen hatten 500 Museumsbesuchern kurze Videos vorgeführt, in denen sie von Schauspielern verschieden lang angesehen wurden. Über alle Altersgruppen und Nationalitäten hinweg dauerte der bevorzugte Durchschnittsblick 3,3 s (Binetti et al. 2016). Ich gehe nicht mit Stoppuhr auf die Bühne und empfehle: etwa ein Satz pro Person. Mindestens ein Halbsatz. Dort, wo ich schriftlich ein Komma setzen würde, kann ich mit der Minizäsur die Ansprechperson wechseln.

Guter Augenkontakt ist so lang wie ein formulierter Gedanke.

Wenn Sie es ausprobieren, werden Sie merken, das ist gar nicht so kurz. Und manchen fällt es sehr schwer, beim Sprechen drei Sekunden wirklich an einer Person dran zu bleiben. Das sind oft die Denker. Denn wir können nicht konzentriert nachdenken und gleichzeitig jemandem in die Augen schauen. Wer es ausprobieren mag, kann ja mal jemandem in die Augen schauen und 17×13 ausrechnen. Schwierig bis unmöglich. Daher: erst denken, dann mit Blickkontakt sprechen.
   Übertreiben müssen wir es nicht. Zu langer Augenkontakt wirkt unnatürlich. Wir kennen das von Moderatoren oder Kommentatoren

im Fernsehen. Die reden in langen Sätzen und schauen uns dabei unverwandt an, dem Teleprompter sei Dank. Bei vielen sieht man an den Augenbewegungen, dass sie Zeile für Zeile ablesen. Schlechtes Theater. Steht der Prompter weiter weg, fällt es weniger auf. Die Könner erfassen den vorbeirollenden Text während die Pupillen auf die Kameralinse fokussiert bleiben. Dann erst entsteht zuhause vor dem Bildschirm der Eindruck, direkt angesprochen zu werden.

Live vor Menschen müssen wir zum Glück in keine Linse starren. Wir schauen in lebendige Gesichter, die (hoffentlich) zurückgucken. Und Augenkontakt heißt nicht, an den anderen kleben, sie zu fixieren. Wandert der Blick mal zum Boden oder in die Luft, ist das völlig in Ordnung. Das signalisiert: Ich fasse meinen nächsten Gedanken und habe es nicht auswendig gelernt. Hier spricht ein Mensch, kein Roboter. Diese kleinen Denkpausen lassen uns authentisch wirken. Zur Seite gucken ist suboptimal, denn dann folgen die Zuschauer unwillkürlich unserem Blick: Was ist da drüben? Übrigens ist oft aufschlussreich, wo die Augen in kleinen Denkpausen hinwandern. Länger auf den Boden bedeutet: Ich sammle mich, hole den nächsten Gedanken aus mir heraus. Nach oben heißt: Ich suche einen Einfall und pflücke die Inspiration aus dem Äther.

2.1.2 Einen anschauen – alle erreichen

Nehmen Sie sich Zeit, den nächsten Gedanken zu fassen und dann sprechen Sie ihn aus. Schauen Sie einen Satz lang jemandem dabei wirklich in die Augen – nicht nur hinschauen, sondern echter Kontakt. Die Verbindung, die dabei entsteht, überträgt sich auf alle. Diesen Effekt kennen wir als Fernsehzuschauer. Jemand wird interviewt und schaut nicht in die Kamera, sondern den Reporter oder die Reporterin an, die wir nicht sehen. Wir merken sofort, ob die Person, die interviewt wird, ihr Gegenüber wirklich anschaut. Wir erkennen guten Augenkontakt auch dann, wenn er an uns vorbeigeht.

Bei einer kleineren Gruppe besteht die Gefahr, dass ich einige öfter mit Blickkontakt beschenke als andere. Wahrscheinlich diejenigen, die mir sympathisch sind oder von denen ich mir Zustimmung erhoffe. Deswegen kann es sinnvoll sein, nach einigen Minuten bei einer Zäsur

kurz zu prüfen: Wen habe ich bisher gemieden oder komplett übersehen? Jetzt hole ich diese Person ganz bewusst ab.

Die gute Nachricht: Wir müssen gar nicht jeden anschauen. Je größer
die Gruppe, desto eher reicht es, einige Zeit in diese und dann in die
andere Richtung zu gucken. Vorne erwische ich einzelne, weiter hinten
fühlen sich jeweils mehrere angeschaut.

> **Profi-Tipp: Das Augen-M**
>
> In einem sehr großen Saal kann es helfen, den Blick in Form eines raum-
> füllenden M über die Menge wandern zu lassen: Im Laufe einer Minute
> vorne links beginnen, nach hinten, schräge nach vorne usw. (s. Abb. 2.1).
> So stelle ich sicher, dass ich zu allen spreche und keine Ecke vergesse. Das
> Augen-M trifft vorne einzelne und weiter hinten ganze Cluster.

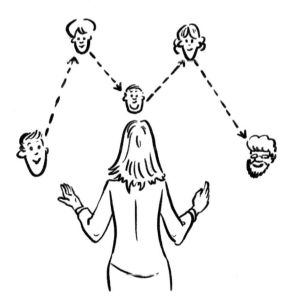

Abb. 2.1 Das Augen-M. (Mit freundlicher Genehmigung von © Martin Cambeis
2018. All Rights Reserved)

> **Zusammengefasst**
> - Blickkontakt schafft Verbindung.
> - Guter Augenkontakt dauert etwa einen Satz lang.
> - Wir dürfen auch mal wegschauen und nachdenken.
> - Wir müssen nicht jeden anschauen – lieber einige intensiv als keinen richtig.

2.2   Haltung

Von George Bernard Shaw stammt die berühmte Feststellung, das größte Problem in der Kommunikation sei die Illusion, sie habe stattgefunden. Wir denken, wir hätten uns klar ausgedrückt, dabei hat das Gegenüber vielleicht nicht einmal zugehört. Oder nichts verstanden. Verbindung ist die Grundlage, damit Kommunikation tatsächlich stattfindet. Stabiler Augenkontakt schafft Verbindung. Und auch beim nächsten wichtigen Aspekt der Körpersprache geht es um Festigkeit.

Über einen wankelmütigen Teilnehmer des Wiener Kongresses schrieb der französische Diplomat Talleyrand: „Er vertritt immer die Meinung desjenigen, der zuletzt gesprochen hat." (zitiert nach Lentz 2014). Wendehals, Fähnchen im Wind: wir haben einige Metaphern für Opportunisten ohne eigenen Standpunkt. Und ist das Wort Standpunkt nicht aufschlussreich? Unsere Sprache weiß: Jemand, der eine klare Haltung vertritt, der nimmt auch einen klaren Standpunkt ein, sprich: der steht fest mit beiden Füßen auf dem Boden (der Tatsachen), der oder die steht für etwas. Wir schließen von der äußeren auf die innere Haltung.

2.2.1   Einen klaren Standpunkt einnehmen

Viele sind leider irgendwo im Niemandsland zwischen Stehen und Gehen. Sie gehen nicht – aber sie stehen auch nicht stabil. Sie wanken wie Gras im Wind. Oder machen kleine Halbschritte vor und zurück. Oder tänzeln von einem Bein aufs andere. Oder wippen bei jeder Betonung mit den Fersen nach oben, als würden sie abheben wollen. Oder stehen zwar auf einem Fleck, aber kippen ständig die Hüfte.

Meistens ist das ein nervositätsbedingtes Störsignal. Zu viel Energie. Daher: Haltung einnehmen! Und die Energie über Worte und Gesten Richtung Zuhörer leiten, nicht in den Boden.

Das heißt nicht, dass es verboten ist, sich zu bewegen (dazu gleich mehr). Aber immer, wenn es wichtig ist, wenn ich meine Rede beginne, wichtige Fakten oder die Kernbotschaften nenne sowie beim Schluss-satz, sollte ich fest stehen. Fest stehen heißt: nicht Standbein und Spielbein mit einem Großteil des Körpergewichts auf einem Bein (s. Abb. 2.2). Das wirkt locker und so kann ich prima stehen, wenn die Verbindung etabliert ist oder ich mit dem Publikum im Dialog bin. Aber wenn ich einen wichtigen Punkt machen möchte, mache ich den mit aller Kraft. Und die strahle ich nicht aus, wenn ich schräg stehe. Sonst kommt es auch schräg an. Sondern ich stelle mich fest und auf-recht hin – und zeige mit meiner Körpersprache, dass ich einen klaren

Abb. 2.2 Haltung. (Mit freundlicher Genehmigung von © Martin Cambeis 2018. All Rights Reserved)

Standpunkt vertrete. Ein prächtiger Baum wächst gerade und steht gut
verwurzelt. Wenn wir im Sitzen präsentieren (z. B. ein Wortbeitrag im
Meeting) wird aus dem aufrechten Stehen ein aufrechtes Sitzen: Füße
auf den Boden (Erdung) und Rücken gerade.

> Ein fester Stand zeigt einen klaren Standpunkt.

Hierzu gibt es unter Präsentationsexperten übrigens verschiedene Mei-
nungen. Alle sind plausibel, keine die absolute Wahrheit. Aber Sie
kennen jetzt meinen Standpunkt dazu. Probieren Sie es einfach aus.
Allerdings: Verlassen Sie sich nicht allein darauf, was sich besser anfühlt.
Denn oft entspricht die Innenwahrnehmung nicht der Außenwirkung.
Bitten Sie also andere um Feedback, was besser zu Ihren Botschaften
und Ihrem Vortragsstil passt.

2.2.2 Zugewandt bleiben

Miles Davis war berühmt dafür, mit dem Rücken zum Publikum zu
spielen. Anfangs war es echte Schüchternheit, später vielleicht auch bisschen Masche. Die Jazz-Fans wären enttäuscht gewesen, wenn sie diese
Anti-Star-Attitüde beim Konzert nicht erlebt hätten.

Wenn Sie in Ihrer Branche den Rang eines Miles Davis haben, können Sie vielleicht im Liegen reden und die Fans werden Ihnen dennoch an den Lippen hängen. Ansonsten gilt: Wir sollten so stehen,
dass wir guten Kontakt zu allen haben. Das mag banal klingen, aber es
gibt erfahrene Redner mit einem Seitendrall, der ihnen nicht bewusst
ist. Die sprechen eine Hälfte des Auditoriums deutlich öfter an als die
andere. Oder stehen nicht wirklich mittig.

> Richtige Positionierung bringt guten Kontakt zu allen.

In kleinen Räumen droht die Gefahr, dass ich so nahe an den Zuhörern stehe, dass mir die erste Reihe nur mit Genickstarre folgen kann. Besonders diejenigen, die gerne „auf ihr Publikum zugehen", rücken manchmal zu dicht auf und haben nicht mehr guten Blickkontakt zu allen. Doch was mache ich, wenn die Bühne oder der Raum eher breit als tief ist? Hin- und herwandern? Ja, gehen kann sinnvoll sein, aber es sollte dosiert werden und zu mir, der Botschaft und dem Kontext passen.

2.2.3 Stehen oder gehen?

Wenn Sie ein ruhiger, sachlicher Typ sind, kann es sein, dass Sie sich damit wohlfühlen, eine ganze Rede lang an einem Fleck zu stehen. Daran ist nichts verkehrt. Wenn das zu Ihnen und Ihren Botschaften passt, warum nicht? Wenn Sie jedoch nicht nur informieren, sondern inspirieren, überzeugen oder gar mitreißen wollen, dann kann der feste Stand auf Dauer zu statisch sein. Dasselbe gilt für Bewegungstypen. Manche von uns *können* einfach nicht länger still stehen, da sind zu viel Energie und Dynamik, die raus müssen. Oder die Bühne ist so breit, dass es unhöflich erscheint, nur zu den Menschen in der Mitte des Saales zu sprechen und die anderen links liegen zu lassen – und rechts auch.

Gehen ist völlig in Ordnung. Aber wenn, dann richtig. Das heißt: gezielt. Wer ständig hin- und hertigert oder am Platz tänzelt, der zeigt eben *keinen klaren Standpunkt*. Unbewusst nehmen unsere Zuschauer das genau so wahr. Wenn ich ausstrahlen will, was für ein Energiebündel ich bin, kann das im Ausnahmefall die passende Visualisierung meiner Qualitäten sein. Aber Vorsicht: Was ein bis zwei Minuten lang dynamisch wirkt, wird nach fünf Minuten zum immer weniger subtilen Störsignal. Die Menschen haben Mühe, sich auf den Inhalt zu konzentrieren, weil die unruhige Dauerbewegung alle Botschaften verwischt.

Don't walk and talk!

Besser ist stehen und gehen im Wechsel. Und am wirkungsvollsten ist es, wenn wir nicht *gleichzeitig* gehen und reden. *Ein* Gedankengang, *eine* Botschaft von *einem* festen Platz aus. Stimme runter, Punkt. Nun ein, zwei Schritte gehen und dabei eine kleine Sprechpause machen. Neuen Standpunkt einnehmen. Weiter. So entstehen automatisch sinnvolle Zäsuren und wir nutzen den Raum. Das Gute: wir dürfen beim Gehen den Blickkontakt unterbrechen und auf den Boden schauen. Das hilft beim Nachdenken – und damit wir nicht stolpern.

Profi-Tipp: Die Bühne nutzen

Wir können uns sogar feste Stellen markieren und diese ansteuern, um Botschaften im Raum zu platzieren. Wenn wir gezielt gehen – im Einklang mit unserem Redeaufbau – bekommt alles, was wir sagen, mehr Struktur und Räumlichkeit. Wir können verschiedene Aussagen an verschiedenen Orten im Raum machen und sie wahrnehmungspsychologisch dort verankern, z. B. die Vorteile einer Idee rechts, die Nachteile links. Oder wir stellen drei Lösungsmöglichkeiten von drei verschiedenen Standpunkten aus vor.

Zusammengefasst

- Ein fester Stand strahlt Klarheit aus.
- Stehen Sie so, dass Sie mit allen in Kontakt sind.
- Nehmen Sie nach Bewegung immer wieder einen Standpunkt ein.
- Aussagen können durch gezielte Bewegung im Raum platziert werden.

2.3   Gestik

Während die meisten ungeübten Redner auf der Bühne in den Augen und Beinen zu viel Unruhe haben, ist ihre Gestik gelinde gesagt ausbaufähig. Mittel- und Nordeuropäer sind tendenziell zurückhaltend in ihrer Gestik und machen entweder zu wenig oder immer das Gleiche.

Wohin mit den Händen?!? Das ist eine der am häufigsten gestellten Fragen an den Körpersprache-Experten. Warum? Weil wir uns auf der Bühne wie nackt fühlen. Deshalb kommt es oft zu folgenden Schutzhaltungen (s. Abb. 2.3):

Abb. 2.3 Schutzhaltungen. (Mit freundlicher Genehmigung von © Martin Cambeis 2018. All Rights Reserved)

- Hände liegen ineinander, als würden wir gleich die Oblate beim Abendmahl empfangen. Das wirkt freundlich, aber nicht unbedingt kompetent oder durchsetzungsstark.
- Fingerspitzen berühren sich wie ein Stromkreis, der sich schließt. Hilft beim Nachdenken, kann aber auch belehrend wirken (die sog. Merkel-Raute ist eine Variante davon).
- Hände hängen in Freistoßhaltung. Wir fühlen uns sicher, sieht aber servil und zu passiv aus.
- Hände hinter dem Rücken. Bequem und der Rücken ist dadurch automatisch gerade. Kann streng wirken. Gängige Assoziationen: Lehrer, Militär, hat was zu verbergen.
- Hände und Arme vor dem Brustkorb verschränkt. Auch bequem, aber kann verschlossen wirken. Wir öffnen uns nicht.

Keine dieser Haltungen ist „falsch". Nur ungünstig für den ersten Eindruck, auch wenn sie sich subjektiv gut anfühlen. In informellen Momenten einer Präsentation kann es völlig in Ordnung sein, mal die Arme zu verschränken. Auch Hände hinter dem Rücken oder sogar in den Hosentaschen muss nicht verkehrt sein. Sobald die Beziehung etabliert ist und wir Freunde geworden sind, kann das Entspanntheit und Vertraulichkeit ausdrücken. Wenn wir eine persönliche Geschichte erzählen, plaudern, in den Dialog mit dem Publikum treten oder die Agenda besprechen, kann es gut passen. Und immerhin, die Hände sind aufgeräumt, es kann nicht genestelt werden. Denn das ist das Risiko, sobald sich die Hände berühren. Unsere Nervosität wird sichtbar. Dann spielen wir mit dem Ehering, zucken mit den Fingern oder kneten die Hände. Deshalb habe ich – obwohl ich sonst nichts von Körpersprache-Vorschriften halte – für die Hände eine goldene Regel:

> Die Hände dürfen alles – außer sich berühren.

Zumindest nicht für längere Zeit. Manche sagen mir: „Dann nehme ich eben einen Stift in die Hand!" – Ja, das machen viele. Und nesteln dann mit dem Stift herum. Oder wedeln damit durch die Luft. Das macht es nicht besser. Stift, Brillengestell oder Laserpointer sind Krücken für Amateure, die nicht wissen, was sie Sinnvolles mit ihren Händen anstellen können. Die überschüssige Energie unserer Aufgeregtheit sollte besser in sinnvolle Gestik fließen. Dazu brauchen wir die Hände frei.

2.3.1 Wohin mit den Händen?!

Bleibt die Frage: Wohin mit den Händen, wenn ich gerade *keine* Gestik einsetze? Darauf gibt es so viele Antworten wie Apotheken in der Innenstadt. Hier ist meine:

> Lassen Sie Ihre Hände einfach mal hängen.

Abb. 2.4 Nullposition. (Mit freundlicher Genehmigung von © Martin Cambeis 2018. All Rights Reserved)

Richtig. Einfach mal hängen lassen. Nichts tun. Ich nenne das die Nullposition. Arme locker hängen lassen, Hände entspannt, keine Faust oder sonstiges Fingerverkrampfen (s. Abb. 2.4). Es strahlt aus: Ich bin bereit, habe nichts zu verbergen und muss mich nicht verstecken. Ich bin da.

Viele fühlen sich zunächst unwohl damit und denken: Das sieht doch blöd aus. Das kann an mangelnder Körperspannung liegen oder auch nur daran, dass es ungewohnt ist und sich blöd *anfühlt*.

> Aufrechte Haltung und Hände locker hängen lassen sieht souverän aus.

2.3.2 Ellenbogen lösen

Wenn wir andere Redner beobachten, werden wir feststellen, dass die wenigsten ihren Armen die Nullposition zwischen Gesten gönnen. Meistens bleiben die Arme angewinkelt und die Hände „parken" vor dem Bauch oder der Gürtellinie, quasi auf Halbmast (s. Abb. 2.5). Manche empfehlen diese Haltung sogar, weil dann der Weg für die

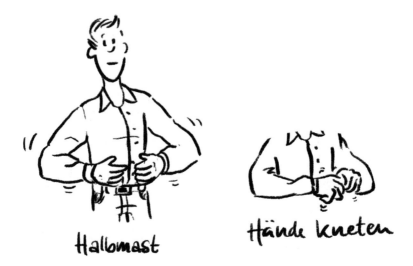

Abb. 2.5 Halbmast. (Mit freundlicher Genehmigung von © Martin Cambeis 2018. All Rights Reserved)

Hände kürzer und die Gestik vor der Körpermitte besser sichtbar sei. Doch es spricht nichts dagegen, von weiter unten zu starten und den Einsatz von Gestik damit deutlicher zu machen. Zumal diese Parkposition mehrere Nachteile hat:

- Es ist immer noch eine Schutzhaltung.
- Es sieht wenig entspannt und nicht natürlich aus.
- Es besteht die Gefahr, dass man die Hände nervös knetet oder am Ehering spielt.
- Fest angewinkelte Arme führen zu sehr limitierter „T-Rex"-Gestik.

Was ist mit T-Rex-Gestik gemeint? Bei vielen scheinen – sobald sie vor Publikum treten – die Ellenbogen wie am seitlichen Oberkörper angenäht. Nur die Unterarme bewegen sich. Die Hände sind dadurch gestisch sehr eingeschränkt. Mehr als zur Seite winken geht nicht. Das sieht dann ein wenig aus wie bei dem großen Dinosaurier mit den kurzen Ärmchen. Oder wie bei einer Kasperltheaterfigur. Mit den Händen bleiben gestisch auch die Aussagen auf halber Höhe hängen und wir machen dann meist keinen richtigen Punkt, sondern sprechen „ohne Punkt und Komma" weiter. Die Hände nach einem Gedankengang locker in die Nullposition fallen zu lassen, hilft uns auch, Pausen zu machen und unseren Vortrag zu strukturieren. Mehr dazu in Abschn. 2.4.1.

Trotzdem sehen wir die Halbmast-Haltung oft im Fernsehen. Manchmal zu recht, nämlich dann, wenn die Person nur oberhalb der Gürtellinie gezeigt wird. Bei Nullposition würden die Hände aus dem Bild verschwinden, das irritiert. Vielleicht haben sich deshalb Fernsehleute angewöhnt, sie gar nicht mehr runterzunehmen. Ich frage die Kameraleute immer oder schau auf den Monitor, wie der Bildausschnitt ist, damit ich weiß, auf welcher Höhe meine Gestik stattfinden muss, um sichtbar zu sein.

Beispiel

In der ARD gab es lange Zeit eine Wettermoderatorin, die immer mit der linken Hand auf die Hochdruckgebiete zeigte, während die rechte wie mitten in der Bewegung erstarrt auf halber Höhe fixiert war, also weder locker baumelte noch tatsächlich für Gestik eingesetzt wurde. Mich hat das immer sehr irritiert. Was macht die Hand da? Ist das Ellenbogen-Scharnier kaputt? Da half die sonst lockere Art nicht, an dem fixierten rechten Unterarm konnte man die Anspannung der Meteorologin sehen. Der Körpersprache-Experte nimmt das bewusst wahr. Bei allen Nicht-Experten entsteht der gleiche Eindruck, nur unbewusst.

Vielleicht gelten die Hände vor dem Bauchnabel auch deshalb als bühnentauglich, weil es so viele Vorbilder dafür gibt. Sogar professionell gecoachte TED-Speaker machen das. Aber wenn wir mal darüber nachdenken: Sehen wir je Menschen in der Fußgängerzone oder im Park herumlaufen, die ihre Arme vor dem Bauch anwinkeln? Einfach so, ohne etwas zu tragen? Das würde uns sofort auffallen und wir würden denken: Was ist mit denen los? Halten die eine unsichtbare Handtasche? – Man muss auch mal loslassen können.

Hände auf Halbmast ist die Parkposition für Unsichere. Angstfreie Redner gönnen sich die Null-Position.

Sie haben jetzt zwei Möglichkeiten: Entweder lassen Sie die Arme beim Präsentieren weiterhin angewinkelt und limitieren dadurch Ihre gestischen Ausdrucksmöglichkeiten – aber fallen auch nicht negativ auf. Denn diesen Anblick sind wir gewohnt. Oder Sie lösen künftig zwischen einzelnen Aussagen die Ellenbogen und zeigen damit, dass Sie tatsächlich souverän und entspannt auf der Bühne sind. Dadurch kommt mehr Ruhe in den Vortrag und die Gestik wird gezielter und variantenreicher.

Die gelungene Kombination aus festem Stand und lebendiger Körpersprache können wir uns vorstellen wie einen Baum. Der Stamm steht fest, aber die Zweige wiegen sich im Wind. Alle Bewegung findet oberhalb der Gürtellinie statt. Wenn wir an einem Besprechungstisch sitzen, dürfen die Hände auch mal deutlich über der Tischkante gestikulieren. Das sieht besser aus als das übliche Spielen mit dem Kugelschreiber.

2.3.3 Umgang mit Rednerpulten

Es gibt noch etwas, das Gestik behindert, und es wurde erfunden, weil sich unser Kleinhirn unwohl damit fühlt, der Aufmerksamkeit ohne Deckung ausgesetzt zu sein. Die Rede ist vom Rednerpult. Oft ein wuchtiges Möbel und nie transparent. Als Textablage täte es auch ein graziler Notenständer. Aber wir fühlen uns sicherer hinter einem massiven Pult. Wenn dann noch der aufgeklappte Laptop draufsteht, ist von uns und unserer Körpersprache fast nichts mehr zu sehen. Es hilft nichts: Wer Sichtbarkeit will, muss Sichtbarkeit aushalten. Noch besser: genießen lernen.

Profi-Tipps: Präsentieren am Rednerpult

- Wenn möglich, sollten wir seitlich *neben* dem Pult stehen, damit wir gut sichtbar sind. Die meisten Pulte haben sehr bewegliche Schwanenhalsmikros installiert, diese lassen sich auch zur Seite drehen, dann sind wir immer noch gut zu hören. Noch besser: Wir tragen Lavalier- oder Bügelmikrofone.
- Wenn wir vom Pult nicht wegkommen, zumindest auf die passende Höhe achten. Die besseren Pulte sind höhenverstellbar. Je mehr vom

Oberkörper sichtbar ist, desto besser. Ist das Pult nicht verstellbar und wir sind eher klein, können wir erwägen, auf eine flache Kiste zu steigen.
- War der Vorredner oder die Vorrednerin deutlich größer oder kleiner als ich, muss ich evtl. die Mikrofone nachjustieren. Sie sollten in Richtung meines Mundes zielen. Nicht zum Mikro beugen, Richtmikrofone übertragen auch bei 40 Zentimeter Abstand noch sehr gut. Normal sprechen, die Tontechniker kümmern sich schon darum, dass die Lautstärke passt.
- Auch wenn man das im Bundestag ständig sieht: am Pult nicht festhalten, nicht aufstützen, am besten nicht mal berühren. Das Pult ist eine Ablage, kein Rollator. Frei stehen mit einem Schritt Abstand. Manuskriptseiten nicht ständig ordnend zusammenschieben, das verrät überschüssige Energie und wirkt fahrig.
- Gestik höher als gewohnt (auf Augenhöhe) damit sie noch ankommt. Die Hände dürfen auch mal über dem Kopf agieren. Das verleiht dem Gesagten starken Ausdruck.

Wenn wir ohne Pult, ohne Deckung und ohne Schutzhaltung auf der Bühne stehen, sieht das schon sehr souverän aus. Von der Nullposition aus können wir jederzeit in Aktion treten. Da der Weg für die Hände von unten etwas weiter ist als von der Körpermitte, widerstehen wir der Versuchung, ununterbrochen die Luft zu verwirbeln. Die Gestik wird dosierter und absichtsvoller.

2.3.4 Gezielte Gestik

Es gibt grundsätzlich vier Möglichkeiten, das Gesagte gestisch zu unterstützen:

- rhythmisch, d. h. die Unterarme schlagen im Takt meiner Worte.
- ikonisch, d. h. die Hände malen Bilder wie bei Gebärdensprache.
- synchron, d. h. beide Hände machen spiegelbildlich das Gleiche.
- asynchron, d. h. die Hände bewegen sich unabhängig voneinander bzw. nur eine Hand bewegt sich, die andere ruht.

Rhythmische Gestik wirkt energisch und leidenschaftlich. Sie hilft, einzelne Worte besser zu betonen und verleiht dem Gesagten mehr Kraft und Bedeutung – wenn es nicht überstrapaziert wird. Wer gerne rhythmisch gestikuliert, kann darauf achten, wohin die Handflächen zeigen. Je nach Handstellung wirkt die gleiche Aussage anders (s. Abb. 2.6).

- Handflächen nach unten: Befehl, Dominanz, Distanz
- Handflächen hochkant: Rahmen, Klarheit, Struktur
- Handflächen nach oben: Einladung, Aufforderung, Offenheit

Ikonische Gestik wirkt präzise und kreativ. Sie hilft, abstrakte Botschaften griffiger zu machen und verleiht den Aussagen mehr Plastizität. Auch hier macht die Dosis die Wirkung.

Gesten geben oft gute Hinweise, mit wem wir es zu tun haben. Menschen, die in der Luft imaginäre Dinge anfassen, drehen oder schieben, nutzen auch gerne Sprachbilder wie „anpacken", „Nägel mit Köpfen machen", „eintüten", „auf die Straße bringen". Handwerker-Sprache. Das sind Macher, die konkret etwas bewegen wollen. Die Gesten verraten, ob sie dabei eher grob- oder feinmotorisch vorgehen. Kopfmenschen,

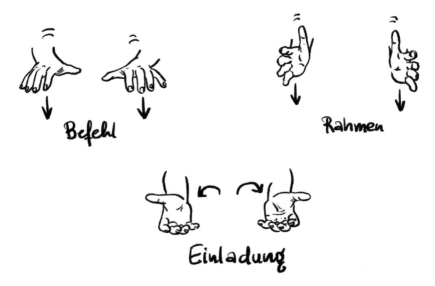

Abb. 2.6 Handflächen-Sprache. (Mit freundlicher Genehmigung von © Martin Cambeis 2018. All Rights Reserved)

die sich nicht gerne die Hände schmutzig machen, sondern lieber nachdenken, nutzen entweder wenig Gestik oder sie fassen sich in Denkerpose
an den Kopf bzw. neigen als Visionäre zu ausladenden Gesten.

Es sollte uns nicht schwerfallen, Botschaften in gestische Bilder
zu übersetzen. Warum? Weil wir es als Kinder alle gemacht haben.
Die Erinnerung daran schlummert noch im motorischen Gedächtnis. Die Hände formen Details, Prozesse, zeitliche Abfolgen usw. Wer
sich inspirieren lassen möchte, kann auf Phoenix mal Nachrichtensendungen mit Gebärdendolmetscher anschauen. Es ist erstaunlich, wie
vielseitig Hände erzählen können.

Am häufigsten sehen wir die Kombination aus rhythmisch und synchron, denn das ist das erste, was sich anbietet, wenn die Hände vor
dem Bauch platziert sind. Das sieht ein paar Mal kraftvoll aus, verliert aber schnell an Wirkung, weil es wenig Varianz hat. Die Hände
bewegen sich immer vor der Körpermitte auf und ab. Alle Botschaften
sehen damit irgendwann gleich aus.

Im Kameratraining sind Teilnehmer immer wieder verblüfft, um wie
viel überzeugender und interessanter sie wirken, wenn wir das Muster
der Beidhändigkeit aufbrechen. Dazu helfe ich Rednern, eine Hand
(ihre nicht-dominante) hängen zu lassen. Manchmal gebe ich ihnen
eine kleine Hantel, damit das Gewicht sie daran erinnert, dass diese
Hand jetzt hängen darf. Dann agiert zunächst nur die Schreibhand
(unsere dominante Hand ist meist auch das bevorzugte Gestikinstru-
ment). Im nächsten Schritt wechseln wir ab. Einen Satz erzählt die
linke, den nächsten die rechte Hand. Wer sehen will, wie das wirkt,
kann sich Reden von Ex-US-Präsident Barack Obama ansehen, der
nutzt diese simple Methode sehr effektiv.

Jeder Kontrast zum üblichen Bewegungsmuster verschafft uns sofort
Aufmerksamkeit. Wer viel gestikuliert, steigert seine Wirkung durch
Reduktion. Mal ein paar eindringliche Sätze lang *nicht* bewegen. Wer
sich wenig bewegt, hat den Vorteil, dass dann *eine* wohlplatzierte und
deutliche Gestik umso größeren Effekt erzielt. Voraussetzung: Wir deu-
ten es nicht nur an, sondern ziehen es durch.

Kleine Menschen machen sich sichtbarer, wenn sie gelegentlich Gestik über Kopf zeigen (*„sooo groß war die Fußballarena!“*) und die Arme
richtig hoch reißen. Das kann für den kleinen Besprechungsraum

möglicherweise zu viel sein, wirkt aber auf großer Bühne genau richtig. Natürlich dürfen auch die Großen raumgreifende Gestik einsetzen. Hauptsache, es passt zur Aussage.

Profi-Tipp: Spiegel-Gestik

Wenn wir eine Chronologie oder auf- und absteigende Verläufe illustrieren wollen, sollten wir bedenken, dass das Publikum uns seitenverkehrt sieht. Wenn wir also von wachsenden Gewinnen sprechen und dabei die Hand von links nach rechts ansteigen lassen, dann stimmt aus der Perspektive der Zuschauer die Laufrichtung nicht. Gleiches gilt bei einem in die Luft gemalten Zeitstrahl. Wenn wir die Bewegung umdrehen, dann stimmt das Bild aus der Blickrichtung der Zuschauer.

2.3.5 Interkulturell präsentieren

Kommando zurück, wenn Sie in der arabischen Welt sprechen und präsentieren, denn Araber schreiben von rechts nach links. Zwischen Kairo und Dubai gilt: Mach es so wie immer, dann stimmt es für diese Zielgruppe. Überhaupt sollten wir bei internationalen Auftritten bedenken, dass viele Kulturen mehr Körpersprache einsetzen als wir Mitteleuropäer. Vor Italienern, Franzosen, Spaniern, Portugiesen usw. brauchen Sie keine falsche Zurückhaltung zu üben. Die werden sich bestimmt nicht beschweren, dass die Gestik zu lebendig war. Weniger Gestik als wir Deutschen setzen nur einige asiatische Völker wie Japaner, Chinesen und Koreaner ein. Aber diese sind wiederum westliche Filme gewohnt und können uns in der Regel besser lesen als wir sie. Es würde auch verkrampft wirken, wenn wir versuchen würden, uns zu stark einer Körpersprache-Kultur anzupassen, die wir dem Publikum unterstellen. Sprich so, wie du bist, und alles ist gut. Viel wichtiger im Ausland sind die deutliche Aussprache und die einfache Wortwahl, wenn für die meisten Zuhörer beispielsweise Englisch nicht die Muttersprache ist.

Gezielte Gestik ist der Scheinwerfer für Worte: Spot an, Spot aus.

Wenn mein Satz oder Gedankengang beendet ist, gehe ich wieder in die Nullposition zurück. So setze ich automatisch eine Zäsur und vermeide, ohne Punkt und Komma zu reden. Wenn die Hände nämlich auf Halbmast wie ein Komma in der Luft hängen, gehen wir auch selten mit der Stimme runter und reihen Halbsatz an Halbsatz. Das ist mühsam für die Zuhörer. Gehen die Hände runter, senkt sich meist auch die Stimme. Kurze Verschnaufpause für alle: die Stimme, die Hände, die Zuhörer.

Zusammengefasst

* Die Hände dürfen alles – außer sich aneinander festhalten.
* Hände hängen lassen ist die Parkposition für Profis.
* Gezielte Gestik ist dosiert und abwechslungsreich.
* Rednerpulte sind eine Gestik-Falle – Abstand halten!

Nicht nur die Gestik verträgt Varianz, auch die Stimme. Wobei hier das wichtigste Gestaltungsmittel die Pause ist. Im nächsten Kapitel lernen wir eine kleine und wirkungsvolle Technik kennen, um Inhalt, Gestik und Stimme zu synchronisieren.

2.4   Stimme

Der natürlichste Rhythmus des Lebens ist die Atmung. Während meiner Gesangsausbildung habe ich gelernt, dass Atmung am besten funktioniert, wenn wir sie in Ruhe lassen. Es gibt erstaunlicherweise Atemkurse und jede Menge schlaue Bücher über Atemtechnik. Ich will das nicht abtun, das ist alles sicherlich wertvoll. Doch wenn wir einigermaßen gesund sind, sollte Atemarbeit unnötig sein. Atmen begleitet uns ja vom ersten bis zum letzten – Atemzug. Meistens unbewusst und komplett automatisiert. Atmen geht wie von selbst.

Atmen braucht keine Technik – wir üben das seit unserer Geburt und können es im Schlaf.

Bevor Atemtherapeuten aufschreien: Natürlich gibt es manchmal Probleme mit unserer Atmung und gute Übungen dafür. Wenn wir vorwiegend sitzend arbeiten, atmen wir den ganzen Tag über langsam und flach. Das ist das Atemmuster der Trauer. Dann denkt unser Hirn unbewusst, wir seien traurig, und irgendwann verfestigt sich das tatsächlich zur Depression, weil die äußere Haltung irgendwann zur inneren wird. Oder wir sind unter Zeitdruck, dann atmen wir flach und schnell. Das Atemmuster der Angst. Wir sind gar nicht in Gefahr, aber fühlen uns gehetzt, weil wir uns so benehmen, als seien wir es.

Lieber tief und langsam atmen als schnell und flach.

Daher hier in aller Kürze eine Atemübung, die jedem gut tut: ab und zu mal aufstehen und tief und langsam durchatmen. Wer mag, streckt beim Einatmen die Arme nach oben und lässt sie beim Ausatmen sinken. Ein paarmal wiederholen, jedes Mal noch tiefer und langsamer. Genießen. Tief und langsam atmen wir, wenn wir uns gut fühlen und zufrieden sind. So können wir diesen Zustand physiologisch evozieren. Wer gestresst oder bedrückt ist, steht am besten auf und atmet mal durch. Diese Übung hilft auch vor einer Präsentation.

2.4.1 Sprech-Yoga – die Kunst der Pause

Den Rhythmus des Atems können wir auch nutzen, um wichtige Aussagen mit mehr Wirkung auszusprechen. Der gängige Irrtum über die Atmung ist, es sei eine Zweierbewegung: ein und aus. Wenn wir unseren Atem einmal in einer Ruhephase beobachten, stellen wir allerdings fest, dass es tatsächlich drei Phasen sind:

1. Einatmen
2. Ausatmen
3. Pause

Ein Dreierschritt wie beim Walzer. Genial eingerichtet von der Natur. Wir machen auch beim Atmen mal Pausen, sonst könnten wir das vielleicht nicht so lange durchhalten. Beim Einatmen entspannt sich das Zwerchfell und die Lungenflügel weiten sich. Beim Ausatmen kontrahiert das Zwerchfell, die Lungenflügel geben nach. Dann kommt ein kleiner Moment der Stille, bevor das Zwerchfell wieder den Impuls hat, neue Luft anzusaugen. Ein, Aus, Pause. Wenn wir diesen Rhythmus auf das Sprechen übertragen, kommt mehr Ruhe und Kraft in unsere Worte (s. Abb. 2.7).

- Einatmen: einen Gedanken fassen
- Ausatmen: den Gedanken aussprechen
- Pause: Zäsur

Für die Zuhörer wirkt das so:

- Einatmen: Aufmerksamkeit
- Ausatmen: Zuhören
- Pause: Aufnehmen

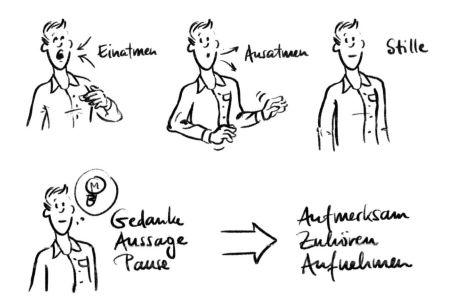

Abb. 2.7 Sprech-Yoga. (Mit freundlicher Genehmigung von © Martin Cambeis 2018. All Rights Reserved)

Die Wirkung der Pausen erhöhen wir noch durch den sog. Stimm-Tief-schluss. Er ist das Gegenmittel für eine weit verbreitete Unsitte: den Girlandensatz (s. Abb. 2.8). Viele bleiben an jedem Satzende mit der Stimme oben (Stimmhochschluss). Wir hören nie einen Punkt, es hört sich an wie ein sehr langer Satz mit etlichen Nebensätzen. Die Stimme bleibt jedes Mal oben, gefühlt ist nie ein Gedanke abgeschlossen. Das wirkt unsicher, weil jede Aussage klingt, als hinge ein Fragezeichen dran. Zum anderen ist es mühsam, den Gedanken zu folgen, wenn sie als endloser Güterzug daher kommen. Wir hören keine Struktur und bekommen keine Pause zum Verdauen, Einordnen, Sackenlassen.

Wer zur Girlande neigt, merkt es selbst oft nicht, und es fällt zunächst schwer, dieses Muster zu durchbrechen. Machen Sie doch

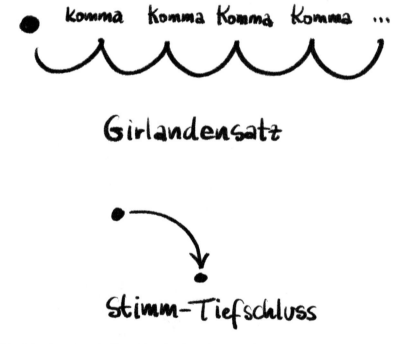

Abb. 2.8 Sprachmelodie Girlande. (Mit freundlicher Genehmigung von © Martin Cambeis 2018. All Rights Reserved)

einfach einmal eine Aufnahme mit Ihrem Smartphone, wenn Sie etwas erzählen, und hören Sie sich das Gesprochene anschließend an: Gehe ich auch mal runter mit der Stimme oder bleibe ich im Aufzähl-Modus und reihe Nebensatz an Nebensatz? – „Nun mach aber mal nen Punkt!"

Mit folgender Übung habe ich bis jetzt auch die hartnäckigsten Girlanden aufgelöst: Wir stellen uns mit einer Flasche Wasser (am besten Plastikflasche) vor einen Tisch und erklären etwas (irgendwas). Dabei bilden wir kurze Sätze. Bei jedem Satzende gehen wir deutlich mit der Stimme runter und stellen gleichzeitig mit dem Punkt kraftvoll die Flasche auf den Tisch. Pause. Das letzte Wort in jedem Satz landet auf dem Tisch. Irgendwann merkt sich die Stimme, wie es geht.

Mit Sprech-Yoga bekommen wir mehr Ruhe in unseren Sprechrhythmus. Das strahlt Autorität und Sicherheit aus. Und die Zuhörer bekommen Wirkungspausen, um über das Gesagte nachzudenken. Selbst Banalitäten klingen bedeutungsvoll, wenn wir sie so aussprechen. Mit langen, spannungsgeladenen Pausen. Denn die Pause ist kein Erschlaffen, sondern eher das, was man in der klassischen Musik als Fermate kennt: einen Moment lang verzögern und die Spannung halten.

Durch die Pausen wird auch das Sprechtempo insgesamt etwas ruhiger. Das lässt uns weniger aufgeregt wirken. Und plötzlich klingen alle Aussagen viel gewichtiger.

> Faustregel für das Sprechtempo: halbe Geschwindigkeit = doppelte Wirkung.

Wer vom Meister der Kunstpause lernen möchte, kann sich auf YouTube alte Interviews mit Ex-Bundeskanzler Helmut Schmidt ansehen. Mein Favorit ist ein Ausschnitt aus der Sendung „Zur Person" des Journalisten Günter Gaus vom 8. Februar 1966 (zu finden auf dem YouTube Kanal happybirthdayhelmut). Da gibt Schmidt dem Journalisten auf dessen Frage eine eher einsilbige Antwort, baut davor aber maximale Spannung mit einer zehn Sekunden langen Pause auf, während der er sich in aller Ruhe eine Zigarette anzündet.

Warnhinweis

Wenn Sie einen ganzen Vortrag lang Sprech-Yoga machen, springen die Leute irgendwann an die Decke. Dann wird die Langsamkeit wieder zum Störsignal. Jedes rhetorische Mittel hat seine Wirkungsgrenze ab der mehr vom Gleichen nichts mehr bringt und wir wieder Wirkung verlieren, wenn wir nicht eine andere Platte auflegen. Sprech-Yoga hilft sehr bei den ersten Sätzen, am Schluss und immer dann, wenn es wichtig wird: Kernaussagen, Betroffenheit, Nachdenklichkeit, Eindringlichkeit, rhetorische Fragen. Dazwischen bitte wieder in lockeres Parlando kommen, sonst denken die Zuhörer, Sie hätten Valium geschluckt.

Jetzt sind wir schon beim Atmen und Sprechen und haben noch gar nicht über die Stimme gesprochen. Der britische Kommunikationsexperte Julian Treasure (2013) erinnert uns in seinem TED-Talk daran, dass sie das einzige Instrument ist, das wir alle spielen. Und dass sie ein sehr mächtiges Instrument ist. Wir können damit Kriege erklären oder „Ich liebe dich" sagen.

2.4.2 Stimme ist Stimmung

Wenn die Augen der Spiegel der Seele sind, dann ist die Stimme der Spiegel unserer Gefühle. Ob wir müde sind oder munter, aufgeregt oder genervt – die Stimme verrät es üblicherweise. Es fällt uns leichter, unsere Mimik zu kontrollieren und ein Pokerface aufzusetzen, als unsere Gefühle in der Stimme zu verstecken. Wenn wir sehr nervös sind, hört man das meistens. Aber man hört ebenso, wenn wir begeistert sind. Oder man hört: wenig.

Bei manchen hat die Stimme im Laufe der Zeit an Volumen und Beweglichkeit eingebüßt. Vielleicht sagen Sie: Meine Stimme war noch nie besonders kräftig oder ausdrucksstark. Einspruch! Als Baby konnten Sie genauso wie alle anderen Babys mühelos und mit Ausdauer schreien, ohne heiser zu werden. Durchdringend und volles Volumen. Dafür sind wir von der Natur ausgestattet. Gute Sänger erhalten sich diese Fähigkeit. Sprechen ist eine Kulturtechnik. Die Evolution hat ab dem Gesang keine Updates mehr veröffentlicht. Wer aufhört zu singen und nur noch spricht, bei dem atrophieren viele der Muskeln des Stimmapparates (es sind mehr als 40), die wir beim Sprechen nicht brauchen. Viele haben daher matte oder farblose Sprechstimmen. Und viele mögen ihre Stimme nicht. Zum Trost: So wie wir selbst sie hören, hört sie kein anderer. Die anderen hören nur die Schallwellen. Wir selbst hören uns zusätzlich direkt über die innere Knochenleitung. Hören wir eine Tonaufnahme unserer Stimme, fehlen für unsere Ohren diese Frequenzen und wir denken: Das soll meine Stimme sein?! Man gewöhnt sich daran, wenn man öfter Aufnahmen von sich hört. Wer mehr aus seiner Stimme machen möchte, hat zwei Möglichkeiten:

1. Gesangsunterricht nehmen. Ich verspreche Ihnen, schon nach drei Jahren zeigen sich erste Erfolge.
2. Seine Stimme akzeptieren, wie sie ist. In pathologischen Fällen hilft die Logopädie.

Okay, das war nicht ganz ernst gemeint. Es gibt noch einen dritten Weg: Das Beste machen aus dem, was da ist. Und da geht einiges. Eine der Möglichkeiten haben wir mit Sprech-Yoga gerade kennengelernt.

2.4.3 Der Brustton der Überzeugung

Eine andere Möglichkeit, mehr aus der eigenen Stimme zu machen, ist der sog. Stimmsitz (auch Register genannt). Wir können nasal sprechen wie Theo Lingen (nicht zu empfehlen), aus dem Hals heraus (das tun viele) oder darauf achten, dass unsere Stimme von weiter unten kommt. Aus Bauch und Brust heraus, das lässt sie voller und wärmer klingen. Wir sprechen dann „im Brustton der Überzeugung". Solche Stimmen mögen wir, sie strahlen mehr Kompetenz und Sicherheit aus. Das geht zuverlässig nicht, wenn wir gestresst oder zu emotional sind, denn in der Ruhe liegt die Kraft.

> **Beispiel**
>
> Anfang der 90er Jahre war Thomas Gottschalk mein Chef beim Hörfunk. Wir hörten uns gemeinsam Mitschnitte meiner Sendungen an und er gab Feedback. „Warum quäkst du so?" Offenbar hatte ich als Junge zu oft Otto Waalkes imitiert und verfiel bei Pointen in die Harry-Hirsch-Stimme. Thomas sagte: „Das passt nicht zu dir. Du hast eine sonore Stimme. Die Hörer lieben das, bleib in dieser Stimmlage."

Manche Menschen sprechen ein Leben lang nicht in „ihrer" Stimmlage, sondern ahmen die Melodie eines anderen nach. Andere sind zwar in ihrer Tonlage, aber haben jede Beweglichkeit verloren. Sie sprechen alles auf dem gleichen Level, das erscheint dann monoton. Wie wollen wir mit Worten bewegen, wenn sich schon die Stimme nicht bewegt?

2.4.4 Modulation

Das wirkungsvollste Gestaltungsmittel unseres Kehlkopfinstruments heißt Modulation. Dazu muss man keine Ausbildung machen. *Jeder* kann etwas mehr mit der Stimme spielen. Die vier wichtigsten Regler sind:

- Volumen (laut/leise)
- Tonalität (hart/weich)
- Tempo (schnell/langsam)
- Rhythmus (flüssig/akzentuiert)

Wieder gibt es kein Richtig oder Falsch. Faustregel: Abwechslung hilft. Wie auch immer wir sprechen, wenn wir das zehn Minuten lang ohne Veränderung durchziehen, wird es eintönig. Egal, welche Wirkung das in den ersten zwei Minuten hatte, sie verpufft allmählich.

Das Zaubermittel, um die Aufmerksamkeit immer wieder neu zu gewinnen, heißt Varianz.

Manche Redner sind stolz auf ihre dröhnend laute Stimme. Das ist hilf-
reich in einem großen Saal, wenn das Mikrofon ausgefallen ist, wirkt
aber eher unhöflich, wenn auch das kleine Meeting so beschallt wird.
Eine kräftige Stimme füllt den Raum. Ein kluger Redner lässt auch den
anderen noch Platz.

Der Unterschied zwischen kräftig und laut ist die Grenze des
Wirkungsverlustes. Manche denken, sehr laut zu werden würde Autorität
signalisieren. Doch wer schreit, hat erst die Nerven und dann den Kampf
verloren. Das kennen wir von Lehrern. Diejenigen, die schreien, wirken
nicht durchsetzungsstark, sondern hilflos. Wer wirklich machtvoll ist,
klingt eher wie die markanten Filmbösewichte. Die schreien nicht, sondern sprechen ihre Drohung mit leiser, finsterer Anspannung aus.

Aufmerksamkeit gewinnen

Die Aufmerksamkeitsspanne von Menschen nähert sich dank Reizüber-
flutung und Smartphone derjenigen von Goldfischen an. Es wäre illuso-
risch anzunehmen, dass man Menschen bei einem 45 min-Referat von
der ersten bis zur letzten Sekunde auf höchstem Spannungsniveau fes-
seln könne. Die Aufmerksamkeit ist am Anfang und am Schluss besonders
hoch, dazwischen wird sie absinken und schwanken. Hier sind einige
Optionen, um sich die Aufmerksamkeit wieder zu holen:

- Standpunkte wechseln
- Sprechweise verändern (Volumen, Ton, Tempo, Rhythmus)
- Gestikmuster durchbrechen (deutliche Veränderung)
- Medienwechsel (Video, Flipchart, Folie an/aus)
- Interaktive Elemente (rhetorische Frage, Abstimmung usw.)
- Demonstration (ein Schaustück zeigen oder etwas vormachen)

Öfter mal was Neues hilft, die Zuhörer interessiert zu halten. Es reichen
oft kleine Impulse.

2.4.5 Dialekt oder Hochsprache?

Dialekt

Einen überraschenden Effekt können wir auch mit einigen Worten im Dialekt erzielen, sofern wir über einen verfügen. Denn die

Stimme verrät nicht nur die Stimmung, sondern oft auch die Herkunft des Sprechers. Aus welchem Land, welcher Region kommen wir, welchen Akzent sprechen wir? Viele Dialektsprecher arbeiten hart daran, sich die Kanten des Heimatsounds abzuschleifen und sauberes Hochdeutsch zu sprechen. Sie befürchten Nachteile für die Karriere in einem gesamtdeutschen oder interkulturellen Umfeld, wenn sie zu sehr nach Dorf klingen. Diese Sorge ist nur teilweise begründet. Manche Mundarten sind bundesweit beliebt und gelten als sympathisch.

Natürlich besteht die Gefahr, dass jemand, der stark Dialekt spricht, kaum verstanden wird und die anderen ihm eine geringere Sprachkompetenz oder gar Intelligenz unterstellen könnten. Das Gegenteil ist der Fall. Wer neben der Mundart in der Schule Hochdeutsch gelernt hat, ist gleichsam zweisprachig aufgewachsen. Das Gehirn ist von klein auf daran gewohnt, zwischen zwei Sprachen hin- und herzuwechseln, wodurch eine gewisse geistige Beweglichkeit eingeübt wird.

Und Dialekt hat weitere Vorteile. Mit Menschen aus der gleichen Region können wir sofort eine wärmere Atmosphäre herstellen. Gleiche Herkunft verbindet. Man versteht sich. Dialekt gibt der Sprache auch Kraft. Landsmannschaftlich lässt sich am besten fluchen, und wir sprechen nicht umsonst von Kraftausdrücken. Ein regionaler Akzent strahlt Bodenständigkeit aus. Unbewusst nehmen wir an, dass ein Dialektsprecher nicht bei nächster Gelegenheit mit der Vereinskasse nach Rio durchbrennt. Wer Mundart spricht, hat Heimat und ist dort verwurzelt. Der bricht nicht von heute auf morgen die Zelte ab, der ist verlässlich.

Hochdeutsch

Angeblich spricht man im Raum Hannover gutes Hochdeutsch. Wer stark Bairisch, Sächsisch oder Schwäbisch schwätzt, könnte leicht Minderwertigkeitskomplexe bekommen, wenn er sich mit dieser deutlichen Aussprache vergleicht. Warum sprechen die Menschen in Niedersachsen fast akzentfrei? Weil sich ihr Dialekt, das Platt, nur in kleinen Sprachinseln erhalten hat. Und das hat mit der Kirchenspaltung zu tun.

Beispiel

Als Luther das Neue Testament übersetzte, schaute er dem Volk „aufs Maul" – aber auf welches? Das Heilige Römische Reich Deutscher Nation seiner Zeit war ein kleinstaatlicher Flickenteppich mit etwa 20 verschiedenen Dialekten und Mundarten. Grob gesagt wurde im flachen Norden Niederdeutsch gesprochen, im höher gelegenen Süden Hochdeutsch (nieder und hoch verweisen auf die Topografie). Die sog. Benrather Linie markiert die Grenze der Lautverschiebung. Nördlich davon sagte man *Dorp, Water* und *maken,* südlich davon *Dorf, Wasser* und *machen.* Martin Luther selbst sprach Thüringisch und sein Vokabular war ein Mix. Doch was die Konsonantenbildung anbelangt, lag er näher beim Oberdeutschen (Bairisch, Fränkisch, Alemannisch usw.). So wurde seine Bibelübersetzung im Süden besser verstanden. Doch nach der Reformation wurde der Norden evangelisch. Die Reformierten verehrten die Heilige Schrift als Wort Gottes. Wenn der Hausvorstand abends aus der Bibel vorlas, stieß er auf viele Worte, die dem Niederdeutschen fremd waren und sprach sie so aus, wie sie geschrieben waren, also „nach der Schrift". Die Folge: das Platt verschwand weitgehend (bis auf Reste wie „dat" oder „schnacken"). Und es entstand Schriftdeutsch oder Hochdeutsch.

Böse vereinfacht gesagt haben die Süddeutschen das Hochdeutsch erfunden, die Norddeutschen wussten nur nicht, wie man es ausspricht. Heute haben sie dank sauberer Artikulation einen Vorteil. Aber ein leichter dialektaler Akzent ist kein Nachteil, sondern eine Färbung, die unserer Sprache Charakter verleiht.

Profi-Tipps: Aussprache

- Süddeutsche sprechen die Endung –ig, wie man sie schreibt. Die korrekte Aussprache ist -ich, also König = *Könich,* wenig = *wenich* usw. Außer das -ig ist in der Wortmitte, dann natürlich nicht könichlich, sondern königlich. Und nie bei Eigennamen, daher bleibt Ludwig Ludwig und Leipzig Leipzig.
- Norddeutsche sprechen oft ein zu kurzes und helles a. Das Bad klingt dadurch als würde es „Batt" geschrieben. Das korrekte a ist gedehnter, so wie in „klar" oder „Afrika".

Wer an seiner deutlichen Aussprache arbeiten möchte (oder sollte!) kann mit dem berühmten Korken üben. Den Korken einer Weinflasche zwischen die Vorderzähne stecken und dann laut einen Text lesen. Das zwingt zu mehr Arbeit von Lippen und Zungenbein und führt recht schnell zu besserer Artikulation.

2.4.6 Betonung zeigt Bedeutung

Betonung ist das zum Leben erwecken von Wörtern und Sätzen durch stimmliche Mittel. Ein Stück weit tun wir das alle, keiner spricht wie die Roboter in alten Science Fiction Filmen. Mehr Betonung würde den meisten allerdings nicht schaden. Dann wird deutlicher, welche Worte wichtig sind.

Idealerweise betonen wir stimmig, also passend zum Inhalt (Kongruenz). Und abseits unserer üblichen Ausdruckspfade. Wer eine kräftige Stimme hat, erzielt mehr Wirkung, nicht durch noch mehr Lautstärke, sondern betont wichtige Worte besser mit leiser Stimme. Schnellsprecher sollten ab und zu bewusst langsam werden, Bedächtige mal Fahrt aufnehmen usw. Die Wahrnehmungspsychologie kennt das als Restorff-Effekt: Was sich abhebt, können wir uns besser merken. (Restorff 1933) Daher Kontraste setzen und bei wichtigen Aussagen das eigene Vortragsmuster aufbrechen. Überbringen wir schlechte Nachrichten, können wir sie abmildern, indem die Stimme weicher klingt (Kreide fressen). Berichten wir über tolle Produkte, Prozesse, Entdeckungen, darf eine Spur Märchenerzähler in die Stimme kommen. Wie würde das als gutes Hörbuch klingen? Wie würde ich Kindern eine spannende Geschichte erzählen? So verschaffen wir uns auch in längeren, vermeintlich trockenen Präsentationen immer wieder höchste Aufmerksamkeit. Oft reicht es beispielsweise, eine Zahl zu betonen:

> **Beispiel**
> - „Wir haben im letzten Jahr unsere Produktionskosten um 13 % reduziert." Wissen denn die Zuhörer, ob das viel oder wenig ist? Warum nicht auf Nummer sicher gehen und durch Betonung die Bedeutung hörbar machen?
> - „Wir haben im letzten Jahr *(Pause, Pause, jetzt steigt die Aufmerksamkeit weil alle wissen, gleich kommt eine wichtige Zahl)* unsere Produktionskosten um **13 %** reduziert – **drei-zehn-Pro-zent.**" Jetzt spüren alle, dass das eine Riesenleistung war.

Alle diese Aspekte wirken vor Publikum nur dann, wenn sie deutlich eingesetzt werden.

Zusammengefasst

- Wirkungspausen sind wertvoll für uns und die Zuhörer.
- Eine gute Stimme sitzt in der Brust, nicht im Hals.
- Modulation macht den Vortrag lebendig.
- Betonung macht Bedeutung hörbar.

Übliche Bedenken an dieser Stelle lauten:

- „Ist das nicht übertrieben?" Es fühlt sich nur für uns übertrieben an (Innenwirkung), dem Zuhörer hilft es, die Botschaft einzuordnen (Außenwirkung). Wir denken, wir geben 100 %, tatsächlich kommen aber nur 70 % raus und 50 % an. Fühlt es sich übertrieben an, sind wir meist auf der richtigen Spur.
- „Das kann ich so bei uns nicht bringen." Viele *denken,* das könnten sie so nicht bringen. Aber ist das amtlich? Probieren Sie es einfach aus. Was kann schlimmstenfalls passieren? Wahrscheinlich fallen Sie positiv auf. Es gibt schlimmeres …
- „Ja, aber das bin doch dann nicht mehr ich." Doch, das sind immer noch Sie – nur eine wirkungsvollere Version. Ungewohnt für Sie, erfrischend für die anderen.

Und damit zur größten Befürchtung vieler Menschen, die auf Geheiß der Firma ein Präsentationstraining besuchen: „Ich möchte mich nicht verbiegen lassen, ich will ich bleiben!" Interessanterweise wollen die einen authentisch *bleiben,* die anderen wollen es *werden.* Dazu mehr in Kap. 3.

Literatur

Binetti N, Harrison C, Coutrot A, Johnston A, Mareschal I (2016) Pupil dilation as an index of preferred mutual gaze duration. *R Soc Open Sci* 3:160086. http://dx.doi.org/10.1098/rsos.160086. Zugegriffen: 8. Nov. 2018

Lentz Th (2014) 1815. Der Wiener Kongress und die Neugründung Europas. Siedler Verlag, München

von Restorff H (1933) Über die Wirkung von Bereichsbildungen im Spuren- feld. Psychol Forschung 18:299–34

Treasure J (2013) So reden, dass andere einem zuhören wollen. TED Confe- rence Edinburgh, Juni 2013. https://www.youtube.com/watch?v=eIho2S-0ZahI&feature=youtu.be. Zugegriffen: 8. Nov. 2018

3

Authentizität – Echt in der Rolle

Zusammenfassung Authentisch sein wird oft missverstanden als: so bleiben, wie ich bin. Das würde persönliches Wachstum als Redner erschweren. Dieses Kapitel bietet eine andere Definition von Authentizität. Sie geht davon aus, dass wir einerseits situativ verschiedene Rollen einnehmen und andererseits keine Schauspieler sind. Wir füllen die Rollen also immer mit unserer eigenen Persönlichkeit – mit welcher auch sonst? Je weniger wir uns hinter der professionellen Maske verstecken, desto echter wirken wir. Dann klappt es auch mit dem echten Lächeln und einer organischen Weiterentwicklung zu mehr Wirkung.

„Be yourself – everybody else is already taken." (Anonym) Andere kopieren ist sinnlos, denn die gibt es ja schon. Sei du selbst. Prima, und wie geht das? Das Dilemma vieler: Sie wollen besser werden und zugleich ganz der Alte bleiben. Bitte mehr Wirkung, aber bloß kein antrainierter Schnickschnack, ich will authentisch bleiben.

„Zwei Seelen schlagen, ach, in meiner Brust" lässt Goethe seinen Faust sagen. Das war vor der Entdeckung der Psyche. Heute gehen wir eher vom inneren Team aus, das deutlich größer ist. Der deutsche

© Springer Fachmedien Wiesbaden GmbH, ein Teil von Springer Nature 2019
D. U. Schott, *Souverän präsentieren – Die erste Botschaft bist Du*,
https://doi.org/10.1007/978-3-658-24848-2_3

Kommunikationswissenschaftler Friedemann Schulz von Thun hat diesen Begriff geprägt (Schulz von Thun 1989). In inneren Konflikten melden sich die verschiedensten Stimmen in uns zu Wort, und das hat nichts mit Schizophrenie zu tun. Wir sind paradoxerweise oft zugleich mutig und ängstlich, vernünftig und rebellisch, hilfsbereit und egoistisch und müssen bei inneren Konflikten erst aushandeln, welches unserer Motive die Oberhand haben und das Handeln bestimmen soll.

Wer also fordert, er wolle sich treu bleiben, den könnte man fragen: Wem genau willst du treu bleiben? Welchem der vielen Aspekte deines inneren Teams, deiner Persönlichkeit, deines Selbstbildes? Wer von uns kann mit Bestimmtheit sagen: Ich weiß genau, wer ich bin, meine Entwicklung ist abgeschlossen? Ist es nicht so: Wir wissen heute mehr über uns als vor zehn Jahren. Ist es nicht naheliegend anzunehmen, dass wir in zehn Jahren wieder mehr über uns wissen werden als heute? Wir kennen nie alle unsere Facetten. Um es mit dem Philosophen Richard David Precht zu sagen: „Lebewesen mit einer Psyche überschauen sich nicht völlig selbst." (Precht 2012).

3.1   Was heißt authentisch?

Bei uns selbst verwechseln wir authentisch zuweilen mit „gewohnt". Wenn wir an Soft Skills wie Kommunikation arbeiten und dabei unseren gewohnten Rahmen (unsere Komfortzone) verlassen, kann es sein, dass sich das zunächst nicht authentisch, sprich ungewohnt anfühlt. Aber wer weiß, vielleicht entwickeln wir uns gerade in Richtung einer größeren Authentizität?

Der Sorge, „nicht authentisch" zu sein, liegt eine unklare Definition des Begriffes zugrunde. Das gängige Verständnis lautet:

- authentisch: ganz ich selbst
- nicht authentisch: sich verstellen

Darin stecken zwei Irrtümer. Der erste ist die Annahme, wir wüssten, wer oder was „ganz ich selbst" ist. Dem unterliegt die Vorstellung, wir hätten einen festen, unveränderlichen Wesenskern. Doch den hat noch kein Hirnforscher lokalisieren können. Die Metapher eines Kerns erscheint uns nur deshalb stimmig, weil wir ein subjektives Gefühl von biografischer Kontinuität haben. Dabei erneuern sich unsere Zellen ständig, und zugleich werden wir älter und hoffentlich auch klüger. Wir verändern uns wie alles Lebende fortlaufend, nur meist langsam und unmerklich. Und auch im Alltag sind wir nicht immer „ganz ich selbst". Denn wir verhalten uns nicht immer gleich.

3.1.1 In welcher Rolle präsentiere ich?

Wir nehmen im Laufe eines Tages verschiedene Rollen und Haltungen ein: Kollege, Kundin, Managerin, Verkäufer, Feedbackgeber, Entscheiderin, Unterstützer, Freundin, Ratgeber usw. Manche meinen, nur zuhause seien sie authentisch, im Job nicht. Das ist ein Missverständnis, wir sind hoffentlich in beiden Umgebungen wir selbst, nur zeigen wir jeweils andere Seiten von uns. Oder wir zeigen hier mehr und dort weniger von uns. Wir sind vielleicht zuhause gelöster, im Job angespannter und bei manchen ist es genau umgekehrt. Aber wir sind immer wir selbst. Wer auch sonst? Je nach Situation geben wir uns unterschiedlich und verändern auch unsere Körpersprache und Wortwahl.

> Rollen haben nicht nur Schauspieler, sondern wir alle ständig.

Nicht authentisch wirken wir dann, wenn wir versuchen, uns hinter einer Rolle zu verstecken. *Verstecken* gelingt einigen ganz gut. *Verstellen* können wir uns nicht wirklich.

3.1.2 Wir können nicht schauspielern

Das ist der zweite Irrtum, nämlich die Annahme, wir könnten tatsächlich anderen etwas vormachen. Das können wir in der Regel nicht, es sei denn, wir sind sehr begabte Schauspieler. Selbst der gescheiterte

Abb. 3.1 Wir sind keine Schauspieler. (Mit freundlicher Genehmigung von ©
Martin Cambeis 2018. All Rights Reserved)

Versuch, anderen etwas vorzumachen, verrät etwas über unsere Person
und ist somit selbstoffenbarend und – auf verquere Art – authentisch.

An Weihnachten verkleiden sich Väter mit weißem Bart und roter
Mütze als Nikolaus, verstellen die Stimme und machen „Ho-Ho-Ho!"
Aber nur die ganz Kleinen fallen auf den Mummenschanz herein. Die
größeren Kinder checken sofort: Das ist der Papa, der sich als Nikolaus
verkleidet hat. Lustig (s. Abb. 3.1).

3.2   Warum falsches Lächeln nie echt wirkt

Als Edmund Stoiber 2002 als Kanzlerkandidat gegen Gerhard Schrö-
der antrat, rieben sich viele Bayern vor dem Fernseher die Augen. Der
damalige CSU-Ministerpräsident war als akribischer Aktenfresser
bekannt, aber nicht unbedingt als Naturlächler. Um auch nördlich des
Weißwurst-Äquators zu punkten hatte ihm offenbar ein Coach geraten,
mehr zu lächeln. Das sollte sympathischer wirken. Stoiber schmiss also
nach verschraubten Sätzen unvermittelt die Grinssteuerung an, und
jeder – aber auch wirklich jeder – konnte sehen, dass das nicht echt war,
nicht von innen kam. Es wirkte gequält. Das war inkongruent und im
herkömmlichen Sinne nicht authentisch. Nach meiner etwas speziellen

Definition durchaus authentisch. Man sah den Ehrgeiz und Fleiß, das ehrliche Bemühen, alles richtig zu machen. Alles Eigenschaften, die Stoiber als Politiker ausgezeichnet haben. Geholfen hat es nicht, weil es zu gewollt war. Doch ich glaube nicht, dass mehr Lächeln grundsätzlich nicht zu ihm gepasst hätte. Es hätte nur ein echtes Lächeln sein müssen. Dabei lachen die Augen mit und diese feinen Gesichtsmuskeln können wir nicht willkürlich bewegen – das kommt von innen heraus oder gar nicht.

Hätte er sich angewöhnt, vor jeder Rede darüber zu reflektieren, was ihm wirklich Freude bereitet, wobei er am besten entspannt und welche Menschen ihm das Herz aufgehen lassen – dann hätte sich womöglich von innen her ein echtes Lächeln auf seine Lippen gesetzt. Man kann üben, diese emotionalen Erinnerungen auf der Bühne abzurufen (im NLP heißt das „Anchoring").

Authentisch heißt echt in der Rolle
Ja, wir nehmen ständig Rollen ein und tragen manchmal sogar eine Maske, d. h. wir zeigen nur einen sehr kontrollierten Ausschnitt dessen, was wir sind. Aber wir füllen die Rolle oder Maske immer noch mit dem einzigen aus, was wir haben: unserer Persönlichkeit. Persönlichkeit kommt vom lateinischen *personare,* hindurch klingen. Hinter der Maske tönt immer etwas von uns durch. Egal, wie sehr wir uns verstecken wollen, wir sind nie ganz unsichtbar. Die anderen sehen oder spüren immer noch ein Stück weit, mit wem sie es zu tun haben – ob wir wollen oder nicht. Je mehr wir davor Angst haben, je verzweifelter wir versuchen, uns hinter der Rolle zu verstecken, desto weniger authentisch wirken wir. Je besser sich unser Wesen und unsere momentane Aufgabe decken, desto mehr zeigen wir uns auch in einer beruflichen Rolle menschlich und desto überzeugender sind wir. Dann sind Botschaft und Botschafter eins, im besten Sinne.

Man könnte also einerseits sagen, dass wir *nie* völlig authentisch sind, weil wir stets eine Rolle spielen. Oder dass wir *immer* authentisch sind, weil es ja immer wir selbst sind, die diese Rolle ausfüllen. Die Pointe ist: Das eine schließt das andere nicht aus. Die Frage ist nur: Wie viel und welchen Teil von mir zeige ich?

Authentisch heißt also: in Übereinstimmung mit mir und meiner momentanen Rolle. Ich sage und zeige nicht alles, aber was ich sage und zeige, ist echt und ehrlich.

> Authentisch heißt: Es ist echt. Und echt kann man nicht faken.

Natürlich gibt es Ausnahmen, sehr begabte Lügner, die ihrem Umfeld erfolgreich etwas vormachen. Aber so etwas klappt immer nur für eine begrenzte Zeit. Wie sagte Abraham Lincoln so schön: "You can fool all the people some of the time, and some of the people all the time, but you cannot fool all the people all the time." (McClure 1901).

Beispiel

Ein schönes Beispiel dafür habe ich bei einem Hörfunksender erlebt. Wir hatten einen neuen Marketingchef, der aussah, wie man in Rosamunde-Pilcher-Verfilmungen den adligen Gentleman besetzen würde: schlank und hochgewachsen, halblanges, wellig nach hinten gekämmtes Haar mit edel ergrauten Schläfen, kultivierter Habitus. Er hatte sein eigenes Büro in einem Zwischenstockwerk, und man sah ihn im Sekretariat nur gelegentlich neues Büromaterial anfordern. Sichtbare Erfolge gab es nach einigen Wochen noch keine, aber lasst den Mann mal machen, wenn der nicht liefert, wer dann? Eines Montags erschien er nicht mehr zur Arbeit. Auswärtstermine? Krank? Weiß jemand was? Nach einer Schamfrist von einigen Tagen wurde seine Bürotür aufgebrochen. In den Regalen nur leere Ordner. Der Mann war weg und mit ihm sein Dienstwagen, ein 7er BMW. Man war auf einen Hochstapler hereingefallen.

War er authentisch? Ich denke ja, denn er hat sich den Erfolgsmenschen wohl selbst geglaubt, sonst hätte er das nicht so überzeugend durchziehen können. Er war in Übereinstimmung mit seinem Selbstbild und seiner professionellen Rolle – zumindest nach außen. War er ehrlich? Offenbar nicht. Authentisch und ehrlich sind nicht immer deckungsgleich.

3.3   Organische Weiterentwicklung

Authentisch muss also nicht heißen, weiter mittelmäßig zu präsentieren, nur damit ich mir treu bleibe. Wir müssen uns nicht komplett in die Tonne treten und ein anderer werden. Wir wollen unsere bisherigen Ausdrucksmöglichkeiten nicht ersetzen sondern *erweitern*. Denn der Kontext, in dem wir uns bewegen, verändert sich ständig und stellt immer wieder neue Herausforderungen an uns. In dem Maße, wie wir in neue Verantwortlichkeiten und Rollen hineinwachsen, darf auch unsere Persönlichkeit mitwachsen. Nicht sprunghaft, aber organisch. Wenn wir gestern noch Leisetreter waren und heute auf die Pauke hauen, fällt das auf. Als kämen wir aus dem Wochenende mit Fettabsaugung und glatt gezogener Stirn zurück und würden allen weismachen wollen, das sei nur der erholsame Schlaf gewesen.

Gehen wir Schritt für Schritt voran, stehen wir irgendwann woanders, nur ist die Bewegung nicht so aufgefallen. Die Leute bemerken die positive Veränderung, aber sind sich nicht sicher, ob sie bisher einfach nur übersehen haben, wie überzeugend wir präsentieren.

> Gute Weiterentwicklung ist wie dezentes Make-up. Nicht auffällig, wirkt aber trotzdem.

Wir sind immer noch wir selbst, aber eine bessere Version: selbstbewusster, deutlicher, prägnanter, mitreißender. Warum? Weil wir fester stehen, Sprechpausen machen, Gestik dosiert, aber sinnvoll einsetzen, Augenkontakt herstellen usw. Alles kleine Veränderungen mit großem Effekt auf die Außenwirkung.

Zusammengefasst

- Wir nehmen Rollen ein und sind doch immer wir selbst.
- Je nach Situation zeigen wir mehr oder weniger von uns.
- Authentisch heißt ehrlich und echt im Kontext.
- Weiterentwicklung passiert in kleinen Schritten.

Je mehr wir uns mit unserem Thema identifizieren, desto glaubwürdiger und authentischer wirken wir. Was aber, wenn wir trockene Fakten oder schlechte Zahlen präsentieren müssen? Dafür kann man sich kaum begeistern? Na, dann hilft schon mal gute Vorbereitung und eine Relevanz-Aussage. Mehr dazu in Kap. 4.

Literatur

Schulz von Thun F (1989) Miteinander reden 3. Rowohlt, Reinbek bei Hamburg
Precht RD (2012) Die Kunst, kein Egoist zu sein. Goldmann, München
McClure A (1901) Abe Lincoln's Yarns and Stories. International Publishing Company, Philadelphia

4

Vorbereitung – passgenau für die Zielgruppe

Zusammenfassung Gute Vorbereitung heißt, nicht nur über meine Inhalte, sondern vor allem über mein Publikum nachzudenken. Die 5 W-Fragen helfen uns sicherzustellen, dass Inhalt und Aufbereitung relevant für unsere Zielgruppe sind und wir Klarheit über das Ziel der Präsentation haben. Mit Storyboarding lernen wir eine bewährte Methode kennen, um eine Präsentation prägnant und klar strukturiert aufzubauen. Dabei werden zunächst generische Kapitel wie Eröffnung, Agenda und Zusammenfassung definiert und dann schrittweise mit Inhalt befüllt. Anschließend formulieren wir unsere Kernbotschaft und überlegen: Wie viel muss ich ausformulieren? Wie viel kann ich frei sprechen?

4.1 Die 5 W der Vorbereitung

Wenn Kollegen sagen: „Ich muss noch an meiner Präsentation arbeiten" – was ist dann häufig gemeint? Richtig, das „Veredeln" von Power Point-Folien. Dabei sollten die zuletzt kommen. Zuerst brauchen wir die Tonspur, damit die Folien nur noch bebildern und ergänzen, was

© Springer Fachmedien Wiesbaden GmbH, ein Teil von Springer Nature 2019
D. U. Schott, *Souverän präsentieren – Die erste Botschaft bist Du,*
https://doi.org/10.1007/978-3-658-24848-2_4

sich in Worten nicht so prägnant ausdrücken lässt. Und bevor wir die Tonspur erarbeiten, sollten wir uns ein paar Fragen stellen bzw. eine einzige:

> Wer spricht warum zu wem, worüber und in welchem Kontext?

Wenn wir diese 5 W beantworten, haben wir beim Planen und Strukturieren einer Präsentation immer eine klare Richtschnur und können zielsicherer entscheiden, was muss rein, was kann ich weglassen.

4.1.1 Wer: In welcher Funktion spreche ich?

Als wer gehe ich nach vorne? Die einfache Antwort: Ich schau mal auf meine Visitenkarte, was da drauf steht. Üblicherweise repräsentiere ich ein Unternehmen, eine Organisation oder als Selbstständiger mich selbst. Und ich habe innerhalb dieser Organisation einen bestimmten Verantwortungsbereich. Bin ich bei Human Resources, dann wohnt mein Thema mit großer Wahrscheinlichkeit unter diesem Dach. Meine Aufgabe untergliedert sich wahrscheinlich weiter in diverse Projekte und Zuständigkeiten. Bei manchen Themen bin ich Entscheider, bei anderen Wissensträger, bei wieder anderen liegt die Steuerung bei mir. Je nach Zuschnitt meiner Tätigkeit kann das ein sehr buntes Bild aus diversen Rollenbeschreibungen sein.

Je weiter oben in der Hierarchie ich stehe, desto weniger operativ und mehr strategisch bin ich tätig und desto weniger Detailtiefe wird wahrscheinlich von mir erwartet. Ich bin Lenker und Entscheider, gebe Orientierung und male das big picture an die Wand.

Je stärker ich operativ arbeite, desto weniger bin ich Entscheider, dafür mehr Experte. Von mir wird erwartet, dass mein Fachwissen weit über das hinausgeht, was in der Präsentation gezeigt wird. Ich kann jederzeit vertiefen und mein persönlicher Bezug zum Thema ist greifbar.

Welchen Hut habe ich in der anstehenden Präsentation auf: Fachexperte, Projekt-Owner, Ideengeber, Inspirator, Motivator, Antragsteller, Mahner, Tröster, Erklärer, Dementierer, Beauftragter, Vertreter, Aufklärer, Hinterfrager usw.?

4.1.2   Warum: Ist Präsentation immer Verkauf?

Das hört man oft und es ist sicher etwas Wahres dran. Wir „verkaufen" in jeder Präsentation entweder eine Sache oder eine Idee und ein Stück weit immer uns selbst. Und doch finde ich diese innere Haltung hinderlich für eine gute Präsentation. Deswegen fehlt auch Verkäufer in der obigen Aufzählung bewusst. Verkauf ist aus meiner Sicht keine Rolle, sondern das Ergebnis eines Zusammenspiels mehrerer Faktoren. Die Voraussetzung ist immer Vertrauen. Wir machen nur Geschäfte mit Menschen denen wir vertrauen. Das Ziel muss also erst auf der Beziehungsebene liegen, dann auf der Sachebene. Wenn beides stimmt, kommt Verkauf zustande. Beteiligte Rollen gegenüber dem Kunden können sein: Zuhörer, Experte, Informierer, Berater, Partner. Verkauf (im Sinne eines Abschlusses) findet statt, wenn ein Kunde Bedarf hat, wir diese Rollen gut ausfüllen und der Preis stimmt.

Wer beim Elfmeter-Schießen gewinnen will, schielt nicht auf den Pokal, sondern konzentriert sich auf den Schuss. Wer verkaufen will, sollte sich nicht auf den Abschluss konzentrieren, sondern auf die Beziehung zum Gegenüber und auf dessen Bedürfnisse. Dann geschieht Verkauf unweigerlich.

God dag, jeg komer fra Tyskland

Mit 19 habe ich einen guten Freund an die schwedischsprachige Westküste Finnlands begleitet. Er war dort als Vertreter eines Herstellers für Relieflandkarten unterwegs, ich wollte einfach drei Wochen Urlaub machen. Doch bald wurde mir langweilig, wenn er jeden Vormittag in Schulen seinen Vortrag hielt und ich draußen nur auf ihn warten konnte. Also sagte ich: „Lass mich mal zuschauen und dann gib mir ein paar

Karten und Adressen." Ich lernte das nötige Vokabular für den Vortrag. Es reichte genau dafür, ich konnte nichts im Restaurant bestellen, aber ich konnte Relieflandkarten und Frachtkosten erklären. Ich mietete ein kleines Auto und ging nun selbst in Schulen. „God dag, jeg komer fra Tyskland!" In drei Wochen stellte ich einen Verkaufsrekord auf, der in dieser Firma bis heute ungebrochen ist. Bestimmt nicht, weil ich so ein Verkaufstalent bin. Hätte ich einen Beruf daraus gemacht und irgendwann damit eine Familie ernähren und ein Haus abzahlen müssen, wäre die Leichtigkeit weg gewesen und mit ihr der Umsatz. Das Geheimnis meines Umsatzerfolgs war: Ich war im Urlaub und hatte Spaß! Für mich waren das spannende kleine Besuche, für die Besuchten auch. Im Vordergrund standen die Beziehung und gute Stimmung. Der Rest (nämlich der Verkaufsabschluss) hat sich ergeben, weil der Bedarf und das Budget da waren und mein Produkt passte. Sicher, man darf den Moment nicht verpassen, wenn man den Sack zumachen muss, weil der Kunde sich das Produkt gerade selbst verkauft hat und nur noch den Stupser für die Unterschrift braucht. Dann sollte das Auftragsheft geöffnet bereit liegen. Aber das wissen alle Profis.

> Verkauf ist das Ergebnis, wenn auf der Grundlage guter Beziehung Bedarf und Angebot zusammenpassen.

Das heißt, auch Verkäufer oder Sales Professionals sollten nicht mit dem Ziel präsentieren zu „verkaufen". Das ist das Ergebnis – aber was muss dafür in den Zuhörern vorgehen? Damit sind wir nicht am aber beim Ziel.

4.1.3 Worüber: Welches Ziel verfolgt die Präsentation?

Um das Ziel festzulegen, müssen wir zunächst die Frage beantworten: Was soll hinten rauskommen? Was sollen die Leute anschließend im Kopf haben? Neue Informationen, neue Impulse, eine andere Stimmung oder neue Gedanken? Wir könnten hier seitenweise Kommunikationsziele auflisten, sie ließen sich letztlich gut in vier Bereiche zusammenfassen.

Präsentationsziele

- **Informieren:** Fakten, Fakten, Fakten. Ergebnis: Die Welt hat sich nicht verändert, aber das Publikum weiß hinterher mehr als vorher. Als Präsentator brauche ich dazu vor allem Klarheit, Struktur, Sachlichkeit, Seriosität, Vereinfachung, Illustrationen, Prägnanz.
- **Unterhalten:** Der Inhalt ist nicht so wichtig, die Stimmung zählt. Ergebnis: Alle gehen gut gelaunt raus oder tief bewegt. Die Welt fühlt sich für ein paar Minuten anders an. Benötigte Kompetenzen: Verbindung, Dramaturgie, Pointen, Überzeichnung.
- **Motivieren:** Die Menschen sollen anders *handeln* als vorher. Das wird die Welt verändern – zumindest mittelfristig. Dazu muss ich das Publikum mit Energie aktivieren und emotional packen sowie klar den Nutzen des Handelns herausstellen.
- **Inspirieren:** Die Menschen sollen anders *denken*, was zu einer nachhaltigen Verhaltensänderung führen kann. Das kann die Welt aus den Angeln heben. Für die Königsdisziplin brauche ich überzeugende Rhetorik sowie packende Beispiele, die Betroffenheit erzeugen und zum Nachdenken anregen.

Die meisten Präsentationen im Business sind ein Mix aus den vier Feldern. Viel Information, eine Prise Unterhaltung (denn wir dürfen auf der Bühne alles, nur nicht langweilen), und dann je nach Zielgruppe eine ordentliche Portion Motivation oder Inspiration. Meist wollen wir etwas bewegen, Handlungen auslösen oder Veränderung initiieren.

Bei einer Entscheidungspräsentation (die Geschäftsleitung soll grünes Licht geben oder Geld locker machen) muss ich am Ende stark überzeugen, dass sich die Investition in mein Projekt lohnt. Wahlweise ist die erwünschte Reaktion also: „Hm, ich bin zwar nicht restlos überzeugt, aber die Person macht einen soliden Eindruck, die könnte das auf die Straße bringen. Lasst uns dem Ganzen eine Chance geben". Oder, Volltreffer: „Wow, das war schlüssig. Das bringt uns strategisch voran. Lasst uns schnell die erforderlichen Mittel bewilligen." Möglich ist aber auch: „Hm, an das Projekt glaube ich nicht, aber die Person hat mich beeindruckt, die behalte ich im Auge."

Es kann also neben den offiziellen Zielen der Präsentation noch persönliche Nebenziele geben: Sichtbarkeit, Vertrauen aufbauen, Anerkennung, guten Eindruck hinterlassen – kurz: man empfiehlt sich für höhere Aufgaben, ohne dies in der Präsentation explizit anzusprechen.

Wir sollten uns daher auch fragen, wie wir wirken möchten. Wir erinnern uns: Das *Wie* entscheidet darüber ob das *Was* gut ankommt.

> Wie will ich gesehen werden: inspirierend, glaubhaft, vertrauenswürdig, leidenschaftlich, nahbar, begeisternd, überzeugend, seriös, tiefgründig, analytisch, weitsichtig, umsichtig, empathisch, feurig, anpackend, pragmatisch, nachdenklich, betroffen, warmherzig, kühn, offen, verletzlich, mahnend …?

4.1.4 Welcher Kontext: Wie stelle ich Relevanz her?

Beispiel

Auf einer längeren Straßenbahnfahrt in München bin ich einmal unfreiwillig Zeuge eines Gesprächs zweier Nachbarinnen geworden, beides ältere Damen. Die eine zählte der anderen die Arztbesuche der letzten Wochen auf, inklusive Diagnosen. Sehr wortreich, sehr detailliert, etwas selbstmitleidig. Die andere nickte immer nur empathisch mit dem Kopf und sagte fast nichts außer „Ja, so was!" oder „Oh mei!" – Irgendwann kam ihre Haltestelle und sie stieg aus. Die mitteilungsfreudige Patientin blieb zurück und sah mich etwas verlegen an. Ihr wurde klar, dass ich alles mitangehört hatte. Da sagte sie: „Des is mei Nachbarin. Mei, jetzt hamma uns so guad untahoiten!"

So sind wir. Wir lieben Aufmerksamkeit. 90 % Redeanteil bei uns und ein aufmerksamer Zuhörer gegenüber und wir konstatieren: Das war ein gutes Gespräch! Es tut so gut, wenn jemand sich für uns interessiert. Leider erzählen manche so gern über sich oder ihre Themen, dass sie nicht merken, wann es ein Monolog wird und die anderen nur noch aus Höflichkeit zuhören. Oder weil die Türen verschlossen sind und das Buffet noch nicht eröffnet ist.

Präsentieren ist von außen betrachtet eine Monolog-Situation. Ich spreche, die anderen hören (hoffentlich) zu. Damit sie wirklich zuhören und das nicht nur simulieren, sollten wir unsere Botschaft für sie so relevant wie möglich machen. Am besten maßgeschneidert, zumindest aber einigermaßen angepasst (s. Abb. 4.1).

Abb. 4.1 Relevanz. (Mit freundlicher Genehmigung von © Martin Cambeis 2018. All Rights Reserved)

4.1.5 Zu wem: Wer ist mein Publikum?

Angeblich begrüßte Karl Moik einmal das Musikanten-Stadl-Publikum in Linz mit den Worten: „Schön, wieder bei euch in Graz zu sein!" Ein typischer Fauxpas von Routiniers. Sie halten die gleiche Präsentation immer wieder und achten nicht mehr darauf, wer heute ihr Publikum ist. Wenn es heute andere Menschen als beim letzten Mal sind, sollte es auch eine andere Präsentation sein. Zumindest an einigen Stellen.

Dazu können wir uns in der Vorbereitung folgende Fragen stellen:

- Wer sitzt da? Wie heterogen oder homogen ist das Publikum? Wie finde ich eine Sprache, einen Ton, der für alle passt?
- Was wissen die Anwesenden über mein Thema? Wie detailliert oder fachlich darf ich werden? Was kann ich voraussetzen, was nicht?

- Was sind einige der aktuellen Herausforderungen, die mein Publikum hat? Wie kann mein Thema helfen? Welches ihrer Probleme löse ich?
- Was könnten Bedenken oder Einwände sein? Wie kann ich sie adressieren und den Wind schon aus den Segeln nehmen, bevor er stürmisch wird?
- Welche Typen im Sinne von Kommunikationsstilen sind im Raum? Spreche ich zu Machern, verwende ich andere Sprachbilder als bei Visionären oder Analytikern.

Zuletzt sollten wir bedenken, dass wir selbst einen Lieblingskanal haben. Sprechen wir bevorzugt auf der Beziehungsebene, der Sachebene, bildhaft oder ergebnisorientiert? Sind wir Wortmenschen oder Anpacker? Idealerweise senden wir auf allen Kanälen und bedienen die Auditiven, die Visuellen und die Kinästheten.

4.2   Prägnante Kernaussagen

Eine häufige Herausforderung wenn ich bei null anfange: so viele Informationen, Zahlen, Daten, Fakten, Dinge die ich sagen will! Wie ordne ich mein Material? Wo fange ich an? Am besten beim Kern der Sache. Auch eine Frucht wächst von innen nach außen und nicht umgekehrt. Über die Schale können wir später nachdenken. Was ist meine Kernaussage? – Was sind meine Haupt-Thesen? Luther hatte 95, wir haben hoffentlich ein paar weniger. Die Kernaussage soll prägnant und relevant sein. Idealerweise könnte sie auch alleine stehen und würde Sinn ergeben. Wir können uns vorstellen, dass jemand unseren Vortrag verpasst hat und wir sollen für ihn die Essenz in maximal fünf Sätzen zusammenfassen. Meistens fasst die Kernaussage die Schlussfolgerung und nicht die Beweisführung meiner Haupt-Thesen zusammen. Erinnern Sie sich? Im ersten Kapitel z. B. war meine Kernaussage nicht dass der erste Eindruck nur Sekundenbruchteile dauert. Das war Teil der Beweisführung. Die Kernaussage war: Der erste Eindruck entscheidet über Sympathie oder Ablehnung.

Beispiele

* **Kernaussage:** „Autonomes Fahren ist die Zukunft. Doch an Sensoren im Fahrzeug stellt dieser Trend ganz neue Herausforderungen. Unsere integrierten Lösungen ermöglichen schnellere und günstigere Entwicklung." Die Kernaussage für sich mag wie eine kühne Behauptung wirken. Im Laufe der Präsentation folgen dann hoffentlich ausreichend überzeugende Belege.
   Zweck, Ziel, Nutzen: Wenn die Kernaussage das Ziel ist, ist die Beweisführung der Weg. Oft werden die einzelnen Stationen der Beweisführung in einer Agenda aufgeführt. Alternativ kann man das auch in ein bis zwei Sätzen als Zweckaussage zusammenfassen. Dann wissen die Rezipienten am Anfang, wohin die Reise geht.
* Zweckaussage: „Zweck meiner Präsentation ist, einen Überblick über die Herausforderungen und Lösungen der Sensortechnik bei autonomen Fahrzeugen zu geben". Oder: „Zweck meiner Präsentation ist es, die Herausforderungen unserer Abteilung und einzelne Lösungsansätze zu beleuchten." Jetzt sollten die Zuhörer nur noch erfahren, warum dieses Thema für sie interessant sein könnte. Was haben sie davon, sich das alles anzuhören? Was ist ihr Nutzen?
* **Nutzenaussage:** „Hinterher werden wir eine klare Entscheidungsgrundlage haben." Oder: „Mit diesen Informationen werden Sie Ihre Abläufe effizienter gestalten können." Oder: „Ihr werdet damit ganz anders wahrgenommen beim Kunden und künftig mehr Umsatz machen."
   Achtung: Die Falle hier ist, dass wir über *unseren* Nutzen sprechen, also das, was *wir* gerne als Ergebnis hätten. „Sie werden dann erkennen, dass unsere Firma der ideale Partner für Sie ist." So wird es nix, bei einem so plumpen Pitch stellen die Zuhörer gleich auf Durchzug. Wir müssen uns schon in die anderen hineinversetzen und uns fragen: Was ist für *sie* der größte mögliche Nutzen aus meiner Präsentation? – Also eher: „Sie werden mit uns als Partner Ihren Konkurrenten einen entscheidenden Schritt voraus sein, die Produktionskosten erheblich senken können, den Kopf frei haben für Ihr Kerngeschäft ..." Was auch immer für das Gegenüber am attraktivsten ist.
* **Relevanzaussage:** „Als Zulieferer stehen Sie unter enormem Kostendruck. Der Zweck meiner Präsentation ist aufzuzeigen, mit welchen Tools sich Entwicklungskosten einsparen lassen. Sie werden dadurch Ihre Wettbewerbsfähigkeit steigern können." Nun wissen die Zuhörer nicht nur, was auf sie zukommt, sondern auch, warum es für sie wichtig ist und werden den Ausführungen aufmerksam folgen. Wenn ich zu Beginn außerdem klarmache, dass mein Thema relevant ist, weil es ein Problem meiner Zuhörer löst bzw. eine Herausforderung anspricht, dann sollte dem Vortrag die Aufmerksamkeit sicher sein. Je nach Kon-

text kann es sinnvoll sein, das alles zusammen als Relevanzaussage auszusprechen. Und zwar in drei Schritten:
1. Welches Problem löse ich bzw. spreche ich an?
2. Was ist der Zweck (der zusammengefasste Inhalt) meiner Präsentation?
3. Welchen Nutzen haben die Zuhörer?

4.3   Storyboarding – eine Präsentation planen

Ein gutes Tool, um sein Material zu organisieren und eine Präsentation
logisch aufzubauen, ist Storyboarding. Der Begriff stammt aus der Film-
und Werbebranche. Bei der Visualisierung eines Drehbuchs besteht
der erste Schritt darin, Szenen in einzelne, meist gezeichnete Bilder
aufzulösen. So bekommen die kreativen Abteilungen Kamera, Licht,
Ausstattung usw. eine erste Planungsgrundlage für die Umsetzung.
Übertragen auf das Planen einer Präsentation bedeutet Storyboarding,
sich zu fragen:

- Was sind die einzelnen Kapitel meiner Rede?
- Wie würde die Überschrift und Zusammenfassung der einzelnen
  Akte lauten?

All das lässt sich auf Papier skizzieren oder mit leeren Power-
Point-Folien. Ich beginne mit zehn leeren Folien, die ich zunächst grob
nach den Hauptsegmenten meiner Präsentation benenne. Eine typische
Struktur kann so aussehen:

- Eröffnung
- Vorstellung des Themas
- Relevanzaussage
- Agenda
- These 1
- Beweise
- These 2
- Beweise

- Zusammenfassung
- Schlussfolgerung
- Handlungsaufforderung

Für jedes Segment überlege ich mir im nächsten Schritt: Was sollen die Zuhörer an dieser Stelle fühlen oder denken? Was will ich auslösen? Betroffenheit, Zustimmung, Neugier? Beim Thema möchte ich Interesse wecken. In der Relevanzaussage könnte mein Ziel z. B. sein, dass die Rezipienten denken: „Oh, das ist interessant für uns. Der weiß offenbar genau, wo unsere Herausforderungen liegen."

Dann überlege ich: Mit welcher Aussage erreiche ich das? Bevor ich hier weitschweifig ins Fabulieren komme, formuliere ich zunächst eine Kernaussage für diesen Part. Wie würde ich das, was in diesem Teil an Inhalten kommt, in einem Satz zusammenfassen? So gehe ich dann Kapitel für Kapitel von innen nach außen vor. Erst die Kernaussage (wichtigste Botschaft), dann die Zusammenfassung (wichtigste Punkte), dann die einzelnen Schritte meiner Beweisführung, zuletzt Einstieg und Schlusssatz (dazu gleich mehr).

Wenn ich das Ganze in PowerPoint mache (es eignet sich gut dafür) muss nur klar sein: Diese Planungsfolien *zeige* ich nicht. Was darauf steht, gehört eher in die Tonspur. Sie dienen dem sortieren meines Materials und dem Entwickeln meiner Storyline.

Manchmal kann es nötig sein, jemandem eine Kurzfassung meiner Storyline zu präsentieren – sozusagen „in a nutshell". Habe ich mit Storyboarding jeden Abschnitt auf einen Kernsatz verdichtet, kann ich z. B. einem Vorgesetzten in drei Minuten die Essenz wiedergeben (briefing the boss). Oder jemand hat den Vortrag verpasst und bittet um eine Zusammenfassung der wesentlichen Punkte. Kein Problem, die haben wir fertig. Und oft müssen wir mehr gar nicht aufschreiben. Der Rest kommt live auf der Tonspur.

4.3.1 Ausformulieren oder Stichworte?

Vielen jedoch hilft es, bei der Vorbereitung in ganzen Sätzen zu denken, und sie schreiben ihre Rede wörtlich auf. Für den eigentlichen Vortrag kann das problematisch sein. Denn wir kommen in Versuchung, diese Sätze auswendig zu lernen oder, noch schlimmer, abzulesen. Entweder das Gedächtnis funktioniert, dann klingt es abgespult. Oder es lässt uns im Stich, dann müssen wir doch ablesen. Dabei wäre uns die Aussage dem Inhalt nach wahrscheinlich eingefallen, aber unser Gedächtnis hängt nun an der genauen Formulierung. Das noch größere Risiko: Wir reden dann so, wie wir geschrieben haben.

„Meine sehr verehrten Damen und Herren, lassen Sie mich zum Schluss bezugnehmend auf die Eingangsfrage …" So spricht im echten Leben kein Mensch. So spricht nur, wer abliest. Oder wer – déformation professionelle – sein Leben in Behörden verbracht hat. Das ist der Haken am Ausformulieren. Wir drechseln dann Sätze, die wir so in einem Gespräch mit Kollegen nie sagen würden. Heraus kommt bestenfalls gute Sachbuch-Prosa. Schlimmstenfalls verschraubte Kanzleisprache. Schreiben fürs Hören ist etwas anderes als Schreiben fürs Lesen. Was sich gut liest, hört sich nicht automatisch gut an, wenn es gesprochen wird. Jeder, der Lesungen mit Schriftstellern besucht, kann sich selbst davon überzeugen.

Wer schreibt, nutzt häufig die 1. Vergangenheit (Präteritum). *„Ich sagte." „Er beurteilte." „Sie genehmigte." „Wir schlussfolgerten."* Das ist die Sprache von Romanen oder Zeitungsberichten. So sprechen wir üblicherweise nicht. Wenn wir sprechen wie gedruckt, können wir auch gleich allen das Redemanuskript zuschicken. Im natürlichen Gespräch nutzen wir fast ausschließlich die 2. Vergangenheit (Perfekt): *„Ich habe gesagt." „Er hat das beurteilt." „Sie hat es genehmigt."* Zum Aufschreiben umständlicher, weil mehr Worte benötigt werden, aber sprechen lässt sich das leichter.

> Wer spricht wie gedruckt, kann auch das Redemanuskript verschicken.

Der andere Haken an ausformulierten Manuskripten: Ablesen klingt halt wie abgelesen. So ablesen, dass es *nicht* wie abgelesen klingt, können nur Schauspieler, gute Radiosprecher und rhetorisch begabte Politiker (das sind nicht so viele). Alle anderen sollten lieber frei formulieren, das wirkt lebendiger. Frei formulieren heißt nicht improvisieren, sondern die Hauptaussagen als Stichworte parat haben und erst live in ganze Sätze verwandeln. Kernaussagen oder besondere Bonmots können fertig formuliert sein. Aber die einfachen Sätze dazwischen sollten wir hinkriegen. Wenn wir Experte sind, dann können wir über unser Thema frei sprechen, ohne am Buchstaben zu kleben. Selbst wenn wir uns dabei ein paarmal in der Grammatik verheddern (deutsche Sprache, schwere Sprache) ist das immer noch glaubwürdiger als abzulesen. Beim Ablesen kommt schnell der Verdacht auf: Das sind gar nicht die eigenen Gedanken, die Person ist nicht wirklich im Thema, die schwimmt an der Oberfläche und trägt nur vor.

Nur Routiniers können sich das Manuskript so zu eigen machen, dass wir ihnen das abnehmen. Und Politikern bleibt bei der Vielzahl der Redeauftritte oft keine andere Wahl. Und dann gibt es natürlich Situationen, in denen aus rechtlichen oder firmenpolitischen Gründen ein genauer Wortlaut eingehalten werden muss. Dann dürfen wir ablesen, denn solche – oft von Hausjuristen oder Kommunikationsabteilungen – verfassten Statements auswendig zu lernen, wäre eine Zumutung. Außerdem: *Ein* Stolperer und wir sehen alt aus.

> **Beispiel**
>
> Für ein Fernsehmagazin habe ich einmal den Vorstand eines DAX-Konzerns interviewt. Die Fragen waren vorher abgesprochen und seine Abteilung für Unternehmenskommunikation hatte für ihn Antworten formuliert, an die er sich bitte genau halten sollte. Er hatte den Ehrgeiz, frei in die Kamera zu sprechen, aber das war bei diesem Amtsdeutsch unmöglich. Die Sätze waren zu lang. Wir probierten es einige Male. Dann druckten wir die Antworten in großer Schrift aus und legten sie auf den Tisch, sodass er zwischendurch spicken konnte. Es wurde nicht besser. Irgendwann rief er entnervt seine Redenschreiber an und bat um kurze Sätze.

Am besten fahren wir mit Stichworten, aus denen wir spontan kurze Sätze bilden. Wenn wir Sprech- Yoga machen, kommen wir nicht in Hektik und haben genügend Zeit, in Gedanken den nächsten Satz zu formulieren, bevor wir ihn aussprechen. Keiner treibt uns an außer wir uns selbst. Also Zeit lassen. Pausen aushalten. So gewinnen wir immer mehr Sicherheit.

> Frei entlang von Stichworten formulieren ist wie mit einem Navi fahren. Ich lenke selbst, aber werde zum Ziel geführt.

Das Storyboarding hat uns geholfen, jeden Teil unserer Präsentation in einen Satz zu fassen. Nun müssen wir aus diesem Satz nur noch das eine Stichwort herausschälen und aufschreiben, das uns als Eselsbrücke an diesen Satz erinnert. Der Satz wiederum ist die Eselsbrücke zu allem, was wir an dieser Stelle sagen wollen. Beim Proben der Rede merken wir schnell, wo wir Stichworte brauchen und wo nicht. Oft sind es die Übergänge von einem Gedankengang zum nächsten, an denen wir hängen bleiben. Mit den Stichwortkarten ist es oft wie mit Spickzetteln in der Schule. Wenn wir wirklich Mühe darauf verwandt haben, gute Spickzettel mit allem Wesentlichen zu schreiben, dann haben wir sie nicht mehr gebraucht.

So sollte es möglich sein, einen 45-min Vortrag auf wenige Stichwortkarten zu verdichten. Ein Kartenwechsel sollte jeweils ein neuer Abschnitt oder Gedanke sein, dann machen wir an der richtigen Stelle eine Zäsur. Meist ist ohnehin PowerPoint im Einsatz, dann sind die Folien unsere Richtschnur, und die Stichworte stehen im Referentenmodus unten im Textfenster.

Weil gerade das 45-min-Format erwähnt wurde: Es ist immer noch die Standardlänge für Vorträge. Der Trend geht in Richtung 20 min. Zeit ist knapp und die Aufmerksamkeitsspannen werden kürzer. Mir ist die alte Faustregel sympathisch:

> Wir können über alles reden. Aber nicht länger als 45 min.

Eine Frage, die immer wieder auftaucht: Muss ich mich zu Beginn der Präsentation namentlich vorstellen? Wenn ich nicht anmoderiert wurde und mich nicht jeder kennt, ja. Ansonsten überflüssig. Es sei denn, ich möchte die Anmoderation sinnvoll ergänzen. Wenn es eine Folie dazu geben soll, finde ich ein bis zwei Bilder aus meiner Tätigkeit anschaulicher als eine Auflistung meiner beruflichen Stationen. Das merkt sich ohnehin keiner.

4.3.2 Agenda – braucht es die?

Wie immer: kommt drauf an. Wer spricht zu wem worüber und wie lang? Bei Präsentationen, die kürzer als zehn Minuten sind, nimmt eine Agenda unverhältnismäßig viel Raum ein – also eher nicht. Bei längeren Beiträgen kommt es drauf an: Ist meine Rede eher assoziativ aufgebaut und springt der Storyline geschuldet öfter zwischen verschiedenen Aussagen hin und her, dann wäre eine Agenda vorab entweder unvollständig oder verwirrend. Ist meine Präsentation logisch strukturiert und in sehr viele Unterkapitel untergliedert, dann kann die Agenda das Publikum überfordern oder einschüchtern. Was, *das* kommt alles in den nächsten 40 min? Puh … Wann ist Kaffeepause? Dann nur Hauptkapitel nennen. Eine gute Agenda umfasst nicht mehr als vier Punkte.

Die Hauptfrage beim Thema Agenda ist die nach der Zielgruppe. Idealerweise weiß ich nicht nur, zu wem ich spreche, sondern auch, welche Menschentypen im Raum sind. Die kreativen Visionäre brauchen keine Agenda, die strukturierten Analytiker wollen unbedingt einen Ablaufplan sehen. Die ungeduldigen Macher bevorzugen es kurz und knackig, die beziehungsorientierten Vermittlertypen haben es lieber emotional als sachlich. Die Gefahr hierbei: Ich präsentiere entsprechend meiner eigenen Präferenz und bediene nicht alle unterschiedlichen Typen. Wer selbst sachlich und strukturiert ist, darf sich bewusst machen, dass nicht jeder andere das in gleichem Maße braucht. Wer umgekehrt sehr bildhaft oder assoziativ unterwegs ist, muss sich nicht wundern, wenn er bei Präsentationen die Analytiker verliert. Für die ganz strukturierten darf sogar bei jedem neuen Abschnitt die Agenda-Folie wiederkommen und nun ist das nächste Kapitel farblich hervorgehoben. Die ZDF-Typen (Zahlen, Daten, Fakten) lieben das. Immer wieder einordnen können: Wo sind wir jetzt im Ablauf? Und die merken sich das auch. Alle anderen im Publikum haben wenige Sekunden nach der Agenda-Folie schon wieder vergessen, wie der Vortrag gegliedert ist. Da wir in der Regel zuvor keine Persönlichkeitstests mit allen Anwesenden durchführen können, folge ich einer zugegebenermaßen pauschalisierenden, aber simplen Faustregel: Sind viele Ingenieure, Controller und ähnliche „Genauigkeits"-Berufe unter den Zuhörern, wird vermutlich eine Agenda gern gesehen. Künstler, Verkäufer, soziale Berufe usw. brauchen keine Agenda, denen ist Stimmung wichtiger als Struktur. Will ich wirklich Spannung aufbauen, sollte ich mich fragen, ob die Agenda das unterstützt. Ein spannender Vortrag erzählt eine Geschichte und die Gebrüder Grimm verraten auch nicht vorweg: „Im zweiten Teil werden wir dann sehen, wie Hänsel und Gretel bei der Hexe im Lebkuchenhaus eingesperrt leben. Im dritten Teil schließlich werde ich aufzeigen, mit welcher List sich die beiden Geschwister ..."

4.3.3 Ist eine Zusammenfassung notwendig?

Sinnvoll ist die Agenda gegen Ende. Dort heißt sie Zusammenfassung. Während die Agenda zu Beginn eine leere Hülse bleibt, weil wir zu den Überschriften noch nicht die Inhalte kennen, ist die Zusammenfassung am Schluss eine Wiederholung der wichtigsten Stichworte, die wir im Vortrag bereits gehört haben. Das verankert das Gesagte und gibt wichtige Orientierung: Welche der vielen Informationen soll ich mir merken? Die Zusammenfassung stellt sicher, dass nicht Nebenaspekte haften bleiben, sondern das Wesentliche. Sie hilft mir schon bei der Vorbereitung, mir selbst darüber klar zu werden, was die Hauptaussagen sind, die zu meiner Schlussfolgerung führen. Bevor ich dann zuletzt mein Fazit ziehe, wiederhole ich die Hauptstationen der Reise dorthin.

Häufiger Fehler in Zusammenfassungen: Es fallen neue Stichworte, die nicht in der Präsentation waren, es mogelt sich plötzlich noch eine Aussage hinein, weil mir etwas einfällt, das ich sieben Folien zuvor vergessen habe zu erwähnen. Jetzt ist es zu spät. Die Zusammenfassung sollte keine neuen Informationen enthalten, nur bereits Gesagtes prägnant wiederholen. Das kann im Telegrammstil erfolgen, das können Bullet Points sein oder nochmal die wichtigsten Bilder.

Bleibt nur noch das Fazit, die Schlussfolgerung. Was bedeuten nun die Dinge, die in der Zusammenfassung wiederholt wurden, für uns, was folgt daraus, was nehmen wir mit? Schlussfolgerung und Kernaussage sind eng verwandt, manchmal identisch. Manchmal ist die Kernaussage die prägnante Kurzfassung der Schlussfolgerung.

Zusammengefasst

- Wer sind meine Zuhörer, was brauchen sie?
- Was ist meine Kernaussage, was ist mein Ziel?
- Relevanz führt zu Aufmerksamkeit.
- Storyboarding hilft, den roten Faden zu behalten.
- Nicht ausformulieren – Stichworte reichen.

5

Dramaturgie und Rhetorik – Der Präsentation Leben einhauchen

Zusammenfassung Sobald es um mehr als nur trockene Information geht, brauchen wir sowohl im Aufbau als auch in der Vortragsweise eine gewisse Dramaturgie. Dieses Kapitel zeigt mit vielen Beispielen, wie wir unser Thema von der ersten bis zur letzten Sekunde spannend gestalten können. Dazu betrachten wir zunächst die einfache Erzählstruktur des Dreiakters, wirkungsvolle Einstiege und Abschlüsse. Dann befragen wir die Kognitionspsychologie dazu, welche Rolle Emotionen bei Entscheidungen spielen. Wir lernen die Hauptmotivatoren Lustgewinn und Schmerzvermeidung kennen und wie wir sie im Solution Statement nutzen können. Zuletzt besprechen wir, warum es bei Veränderungsanstößen sinnvoll sein kann, mehrere Optionen anzubieten.

Vielleicht erschrecken manche ein wenig beim Wort „Dramaturgie". Wir sind doch keine Theater- oder Filmschaffenden. Wir wollen doch „nur" eine gute Präsentation halten, kein Drama! Doch es ist so: Bewusst oder unbewusst folgt eine gute Rede einer Dramaturgie, einer wirkungsvollen Spannungskurve.

Eine längere Präsentation kann eine komplexe Spannungskurve haben. Packender Einstieg, nüchterne Analyse, betroffen machende

Fakten, griffige Beispiele, überraschende Wendung, inspirierende Lösungen, überzeugende Beweise, prägnante Zusammenfassung, motivierender Abschluss. Die Möglichkeiten scheinen unbegrenzt. Aber bevor wir uns selbst verwirren: Meist gleicht ein guter Redeaufbau einem simplem Dreiakter (s. Abb. 5.1).

I.   Exposition (das Thema wird etabliert)
II. Herausforderung (es gibt Probleme)
III. Wendung zum Guten (es gibt eine Lösung)

Am Übergang von II. zu III. ist die Spannung am Gipfel bzw. die Stimmung am Boden. Wir steigen mit hoher Energie ein, wir fahren gemeinsam nach unten in das Tal der Tränen und steigern uns mit jedem Lösungsvorschlag dem Schlussfeuerwerk. Diese Kurve kann sich

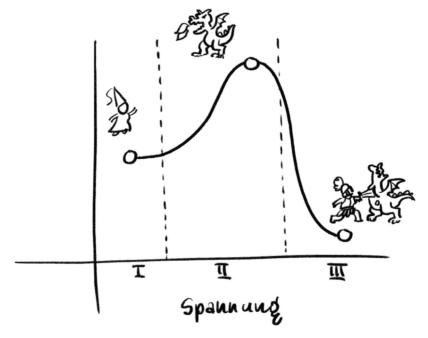

Abb. 5.1 Spannungskurve. (Mit freundlicher Genehmigung von © Martin Cambeis 2018. All Rights Reserved)

über die gesamte Präsentation sowie einzelne Abschnitte, ja sogar jeden Satz legen. Die Amplitude hängt u. a. ab von Ziel und Länge meiner Präsentation. Über die Mitte unterhalten wir uns später. Da die Aufmerksamkeit in Präsentationen vor allem am Anfang und gegen Ende am höchsten ist, wollen wir uns zunächst überlegen: Wie können wir das schamlos nutzen?

> Eine Rede ist wie eine Motorradfahrt. Die Kurven machen mehr Spaß als die Gerade.

5.1 Einstieg und Abschluss mit Wirkung

5.1.1 Einstiege, die Lust auf mehr machen

Ein erfolgreicher Autor wurde einmal gefragt, wie man einen Bestseller schreibt. Seine Antwort: „Schreibe einen ersten Satz, der große Lust macht, den zweiten zu lesen. Und dann immer so weiter". Bei einer Präsentation wollen wir von innen nach außen planen, von der Schale zum Kern. Das haben wir bereits beim Storyboarding getan.

Somit können wir jetzt über den ersten Satz nachdenken, der Lust macht auf den zweiten. Über die Wichtigkeit des ersten Eindrucks haben wir schon gesprochen. Was hören die Menschen als erstes? Oft so etwas wie: „Hallo." – „Guten Tag." – „Schön, dass Sie hier sind." – „Liebe Kollegen und Kolleginnen …" Häufig gefolgt von: „Mein Name ist …" – „Thema meines Vortrages ist …" Das ist alles sehr freundlich, aber nicht sehr wirkungsvoll. Was ist der Zweck eines ersten Satzes, was könnten wir bewirken wollen?

- schnell und gründlich Aufmerksamkeit bekommen
- Einstimmung auf den Vortragsstil
- ggfs. ein erstes Stichwort zum Thema

Welche Möglichkeiten gibt es, das zu erreichen? Zwei gängige sind Zitat und Video.

Zitate als Einstieg

Vorteile von Zitaten als Eröffnung:

* kann prägnant in das Thema einführen
* die Prominenz des Zitierten adelt mein Thema
* der Wortlaut steht fest – ich kann kaum ins Stolpern kommen

Risiken von Zitaten als Eröffnung:

* kann schon etwas abgegriffen sein (Vorsicht bei den üblichen Verdächtigen Antoine de Saint-Exupéry, Goethe und Albert Einstein – wenn es blöd läuft, benutzt der Vorredner dasselbe Zitat)
* als Eröffnung wenig überraschend, kann sogar betulich wirken
* Brücke vom Zitat zu meinen Aussagen muss überzeugend sein

Einspieler als Einstieg

Vorteile von Videos als Einstieg:

* alle merken sofort, es geht los
* Bewegtbild knallt, wenn es professionell produziert wurde
* kann starke Bilder und Emotionen transportieren

Risiken von Videos als Einstieg:

* Technik kann uns im Stich lassen – „Moment, das sollte jetzt sofort starten … – Ah, es läuft, aber wir hören nichts …?"
* war das Video bombastisch, wirke ich danach blass
* nach dem Video wird trotzdem noch eine starke Eröffnung benötigt

Weitere Optionen für den Einstieg

* Rhetorische Frage

  – launig: „Was würden wir am liebsten mit schwierigen Kunden tun?"
  – schockierend: „Wie sollen wir das nächste Quartal überleben?"
  – interaktiv: „Hand hoch, wer hat sich schon über eine Kundenhotline geärgert?"

- Kleine Geschichte
  - aktuell: „Auf dem Weg hierher habe ich etwas Seltsames beobachtet …"
  - biografisch: „Als kleiner Junge wollte ich Astronaut werden …"
  - fiktiv: „Ein Schuhhersteller schickt zwei Außendienstler in das Nachbarland …"
  - 3rd Party: „Mein Kollege hat mir heute erzählt, dass er neulich …"

- Demonstration
  - energisch: Produkt auf den Boden schmeißen – „So stabil ist unser …"
  - zeigend: Etwas hochhalten. „So sehen sie aus, die neuen …"
  - wörtliche Rede: „Hilfe, das nervt!! – So verzweifelt sind manche Kollegen, wenn …"
  - bildhaft (ein starkes Bild zeigen und wirken lassen): „So sieht das von innen aus …"

- Überraschende Aussage
  - verblüffend: „Nur 2 % unseres Denkens sind bewusst."
  - launig: „Zwei Drittel aller Statistiken sind falsch."
  - mysteriös: „Bäume wachsen von oben nach unten. – Denn die Welt steht grad Kopf."

- Überraschende Aktion (eine der effektvollsten Optionen, hier sind der Fantasie keine Grenzen gesetzt)
  - einen Luftballon aufblasen: „Manche unserer Partner haben ein großes Ego. Und dann kommen wir und lassen ihnen die Luft raus." Luft ablassen
  - aus der Hosentasche Geldscheine ziehen und zu Boden werfen: „Jeden Tag werfen wir hier bares Geld weg!"
  - Wunderkerze anzünden: „Wir wollen bei unseren Kunden ein Funkeln in den Augen sehen!"
  - schreien: „Manchmal ist uns zum Schreien zumuten, wenn wir ….."

Beispiele

- Eine Konzern-Direktorin für Arbeitssicherheit hatte vor ihrer Rede vor Managern Bedenken, ob sie Aufmerksamkeit für dieses wenig beliebte Thema bekommt. Wir besorgten einen gelben Schutzhelm und mit dem ging sie auf die Bühne, ohne Rücksicht auf ihre Frisur. Das machte Eindruck und das Thema war bereits visuell gesetzt, bevor sie etwas sagte.
- Der Autor und Leadership-Trainer Thor Olafsson hat einmal auf der Bühne einer großen Konferenz mit Karacho einen Stuhl zu Boden geschleudert, der effektvoll in Einzelteile zerbrach. Er wollte kein Hotelmobiliar zerstören, also hat er diesen Stuhl extra auf einem Trödelmarkt gekauft und ihn zuvor mit der Säge präpariert, um Sollbruchstellen zu schaffen. Großer Aufwand, der sich gelohnt hat. Die damals Anwesenden reden heute noch davon.
- In einer Produktionsstätte für Elektrotechnik wurde bei der Betriebsversammlung ein knallroter Porsche 911 vor den Eingang gestellt. Der Standortleiter begann seine Rede mit Hinweis, dass jede Woche Komponenten im Wert dieses Sportwagens im Abfallcontainer landen.

Bei all diesen kreativen Einstiegen sind zwei Dinge zu beachten: Zum einen muss nach dem Überraschungsmoment eine guter Link zum Thema erfolgen, sonst bleibt es nur sinnfreie Show. Von jedem der genannten Beispiele lassen sich hunderte Brücken zu hunderten Themen bauen. Die Möglichkeiten sind unerschöpflich. Zum anderen verdanken gerade die sehr effektvollen Einsteige ihre Wirkung auch dem Timing. Das sollte ein paar Mal geübt werden, um ein Gefühl für den richtigen Rhythmus zu bekommen. Faustregel: Ungeübte sind meist zu schnell unterwegs. Gib dem Publikum mittels kleiner Pausen genügend Zeit, den Überraschungsmoment zu verdauen, bevor es weitergeht.

Schweigen als Einstieg?

Es gibt noch eine Möglichkeit für den Einstieg: Schweigen. Der Meister dieser Technik ist der amerikanische Vaudeville-Clown Avner Eisenberg, einer der größten seines Fachs (er spielte 1985 die Titelrolle in dem Film „Auf der Jagd nach dem Juwel vom Nil"). Er beginnt seine Show damit, dass er als alter Hausmeister in Latzhose und mit einem Besen auf die Bühne schlurft, das Publikum sieht, kurz erschrickt und dann verlegen lächelt. Bis dahin hat er noch nichts gesagt und nichts

Besonderes gemacht, doch das Publikum hat ihn bereits ins Herz geschlossen. Ich war mit ihm nach der Show beim Essen, und er hat mir seinen Trick verraten. Sobald er dem Publikum zugewandt steht (und „erschrickt") atmet er – über das Mikrofon gut hörbar – laut ein und hält kurz die Luft an, so, als würde er nun etwas sagen. Instinktiv halten auch die Menschen im Publikum kurz die Luft an und denken: Jetzt kommt's! Doch Avner sagt nichts, sondern atmet nur wieder laut aus. Und mit ihm lässt nun der ganze Saal unwillkürlich ebenso die Luft aus der Lunge und entspannt sich. Wenn wir einmal gemeinsam geatmet haben, steht die Verbindung.

5.1.2 Abschlüsse, die haften bleiben

Ein guter Freund von mir ist Lufthansa-Pilot. Einmal durfte ich mit im Cockpit sitzen und habe die schiere Menge an Instrumenten bestaunt. Wie kann man da durchblicken? Er sagte zu mir: „Wenn der Vogel mal in der Luft ist, könntest auch du Höhe und Kurs halten, das könnte ich dir in wenigen Minuten erklären. Die kritischen Momente bei jedem Flug, bei denen wir als Piloten wirklich gefordert sind, sind Start und Landung."

Bei Reden ist es genauso. Der erste und der letzte Eindruck sind besonders wichtig. Mit dem ersten Eindruck entscheidet sich, wie wir wahrgenommen werden. Der letzte Eindruck bleibt am stärksten haften. Und das gilt besonders für die letzten Worte eines Vortrags.

Danke für Ihre Aufmerksamkeit?!
Und was sagen die meisten in diesen letzten Sekunden ihrer Präsentation? „Vielen Dank für Ihre Aufmerksamkeit." – Oft haben sie dafür sogar extra eine Folie auf der es sicherheitshalber nochmal zum Nachlesen steht. Oh je!

Ich weiß, es ist höflich gemeint. Aber ich habe noch keinen Rockstar oder Top-Speaker erlebt, der sich am Ende fürs Zuhören bedankt. Er dankt den Menschen vielleicht fürs Kommen oder das Kaufen seiner CD. Aber nicht fürs Zuhören. Das sollte eine Selbstverständlichkeit sein, darauf ist die ganze Performance angelegt. Wenn wir glauben, uns dafür bedanken zu müssen, sagen wir eigentlich: „Ich weiß, es war langweilig. Eine Zumutung. Vielen Dank, dass Sie trotzdem nicht eingeschlafen sind". Ein bisschen mehr Selbstbewusstsein, bitte. Wer trotzdem gerne höflich sein möchte, kann sich überlegen: Wofür könnte ich mich sinnvollerweise bedanken: für die Einladung, die Plattform, die Anmoderation, die Unterstützung durch die Technik oder die interessanten Zwischenfragen oder im Voraus für die interessanten Gespräche im Anschluss? Und so eine Danksagung sollte *vor* dem Schlusswort kommen, damit nicht das als letzter Eindruck haften bleibt, sondern das, was wir den Menschen mitgeben wollen. Mit welchem Gedanken sollen sie den Saal verlassen?

> Wer seinen Vortrag mit „Danke für Ihre Aufmerksamkeit" beendet, ist selbst schuld.

Starke Abschlüsse

- Zitat – Vorteile und Risiken s. o.
- Klammer – elegante Variante, wir knüpfen an unsere Eröffnung an und der Kreis schließt sich
- Aufforderung/Appel – sollte mit einem Nutzen verknüpft sein
- Wettbewerb – „Mal sehen, wer diese Anregungen als Erster umsetzt!"
- Kompliment – sinnvoll, wenn für die Beziehung nötig: muss von Herzen kommen
- Persönliches Fazit – kann eindringlich sein, sollte uns qua Rolle aber auch zustehen, sonst entsteht leicht der Eindruck, dass wir uns zu wichtig nehmen

Viele Ferienorte (z. B. an der Côte d'Azur) beenden die Sommersaison mit einem prächtigen Feuerwerk. Sie stellen sicher, dass die Gäste mit einem feierlichen Bild im Kopf abreisen. Letzter Eindruck. Wir müssen keinen Tanz aufführen am Schluss, aber wir sollten uns unseren Applaus verdienen. „Danke für die Aufmerksamkeit" heißt auch: Bin fertig, bitte klatschen! Wenn wir die letzten Worte mit Nachdruck und langsamer werdend sprechen (Ritardando), nach dem letzten Wort eine angedeutete Verbeugung und anschließend einen kleinen Schritt nach hinten machen, dann brauchen wir keine Schlussfolie. Nur Amateure machen es schriftlich, Profis sprechen einen letzten Satz so, dass alle spüren: Das war der Schluss-Akkord. Applaus.

Zusammengefasst

- Die Struktur Thema > Problem > Lösung ist die Mutter aller Storylines.
- Starke Einstiege sind der knallende Sektkorken einer Präsentation.
- Wählen Sie kraftvolle letzte Worte, die haften bleiben.
- Dazwischen können wir improvisieren, aber Start und Landung sollten sitzen.

Die Spannungskurve lebt von Emotion. Viele haben Bedenken, dann unseriös zu erscheinen. Vielleicht bringt ein kurzer Ausflug in die Kognitionspsychologie neue Perspektiven auf diesen Aspekt von Wirkung.

5.2 Herz steuert Hirn

5.2.1 Logos, Ethos, Pathos

Bei den griechischen Rhetorikern der Antike unterschied man Logos, Ethos und Pathos und war sich einig, dass erst alles zusammen eine gute Rede ergibt. Logos sind die Worte, der Inhalt, die Argumente. Ethos ist die Absicht, mit der wir sprechen, die richtige innere Haltung. Sie hat drei Unteraspekte: Tugend, Einsicht und Wohlwollen. Ich muss zeigen, dass ich moralisch bin (Tugend), auf der Seite des Publikums stehe (Wohlwollen) und etwas weiß (Einsicht). Der Dalai Lama hat zweifelsfrei Tugend und Wohlwollen, aber wir würden ihm keine Rede über Finanzanlagestrategien abnehmen, das ist nun mal nicht sein Fachgebiet. Und zu guter Letzt Pathos. Das hat für uns heute einen eher negativen Beiklang von Übertreibung. Aber gemeint war damals: Leidenschaft fürs Thema. Wir wollen spüren, dass dem Redner sein Thema nicht völlig egal ist.

Hilfe, Gefühle!
Viele Manager und Geschäftsleute vor allem in Mitteleuropa sehen sich als rational handelnde Verantwortungsträger und sind skeptisch, wenn

es um Emotionen im Business geht. Sie wollen zwar andere begeistern,
aber selbst dabei kontrolliert bleiben.

Zudem haben wir in Deutschland historisch schlechte Erfahrungen
mit einem Redner gemacht, der stark emotionalisierte. Doch wir sollten das Instrument nicht dafür in Haftung nehmen, dass es missbraucht
werden kann. Mit einem Messer kann man Zwiebeln schneiden oder
jemanden umbringen. Die Entscheidung liegt nicht beim Messer, sondern bei dem, der die Klinge führt.

Andere finden, Emotionalität passe nicht zu ihrem trockenen Thema.
Die Befürchtung: Dann wirke ich nicht mehr seriös. Oft wird es auf
die Unternehmenskultur geschoben („das geht bei uns nicht"). Aber
ist das wirklich so? Wenn ja, wer erlässt diese ungeschriebenen Gesetze,
wer verstößt erfolgreich dagegen? In vielen Organisationen gibt es bunte
Hunde, denen keiner gesagt hat, dass dies die Kultur ist, und die sie
dann einfach ignorieren. Diese Paradiesvögel präsentieren leidenschaftlich und werden dafür bewundert. Was hält uns wirklich davon ab,
mehr Leidenschaft, Begeisterung, Freude, Betroffenheit, Verletzlichkeit oder Enttäuschung zu zeigen? In Kombination mit klaren Fakten
hieße das schlicht: ganzheitlich präsentieren. Beide Hirnhälften werden
angesprochen. Hirn und Herz bedient (s. Abb. 5.2).

Mit Worten bewegen

Stellen wir uns vor, wir sind auf der Empfängerseite. Würde unser
Gemütszustand über die gesamte Länge unverändert bleiben, wir würden uns bald langweilen. Bestenfalls würden wir den Vortrag hinterher auf Basis seines Inhalts als solide einstufen, aber keinesfalls als
inspirierend. Unser Verstand wurde erreicht, aber nicht unser Herz.
Und mit Herz ist nicht zwingend gemeint, dass wir sentimental werden oder tiefe Gefühle wie Freude oder Trauer empfinden müssen. Es
muss kein Vulkanausbruch sein. Die Palette hat zwischen Lachen und
Weinen viel zu bieten. Wollen wir nicht zumindest Neugier, Überraschung, Staunen, Nachdenklichkeit, Zuversicht oder Betroffenheit hervorrufen? Denken wir an Präsentationen, die uns beeindruckt
haben. Wahrscheinlich sind sie uns deshalb in Erinnerung geblieben,
weil sie bei uns im limbischen System, dem Gefühlszentrum, etwas ausgelöst haben. Was hat die Person gesagt oder getan, das uns überrascht

ganzheitlich präsentieren

Abb. 5.2 Hirn und Herz. (Mit freundlicher Genehmigung von © Martin Cambeis 2018. All Rights Reserved)

hat? Vielleicht mussten wir an einer Stelle schmunzeln oder fanden eine These provokant. Gab es eine Frage oder Bilder, die uns gepackt haben? Oder ein Aha-Erlebnis? Ein Aha-Erlebnis ist, wie der Name schon sagt, keine trockene Erkenntnis.

Es gibt ein berühmtes Video von Steve Ballmer, damals Vize von Microsoft, auf dem er wie ein brünftig brüllender Bulle mit einer Überdosis Testosteron über die Bühne springt und schreit: „I – LOVE – THIS – COMPANYYY!!" Bei „company" überschlägt sich seine Stimme, und man weiß nicht, weint er gleich vor Rührung oder nimmt er Geiseln? Die Reaktionen auf dieses Video sind immer geteilt. Die einen finden es stark, sogar inspirierend. Anderen ist das zu übertrieben. Und manche halten es für reine Show. Ein Problem dabei ist: Wir sehen nur diesen Clip und kennen den Kontext nicht. Ich habe mich mit jemandem unterhalten, der damals im Saal dabei war. Er sagt, es war bereits der dritte Tag einer sehr begeisternden Entwicklerkonferenz. Microsoft war auf einem Höhepunkt, und am Vorabend hatte man zusammen ausgelassen gefeiert. Im Kontext dieser Stimmung wirkte Ballmers Auftritt weder gestellt noch maßlos übertrieben. Es war echt – und man könnte argumentieren, dass es auch mutig war, sich als Top-Manager eines Welt-Konzerns so zu zeigen.

Müssen wir also schreien und wie ein Derwisch über die Bühne fegen, um zu inspirieren oder Menschen zu bewegen? Mein britischer Trainer-Kollege Chris Atkinson sagt dazu: „Die lauten, extravertierten Bühnen-Persönlichkeiten sind nur eine Unterkategorie dessen, was in der Kommunikation inspirieren kann. Wenn wir uns ansehen, was Menschen wirklich berührt, stellen wir fest, dass wahre Inspiration nichts damit zu tun hat, wie extravertiert, übertrieben oder beeindruckend jemand ist. Sondern wie authentisch. In welchem Maße ist jemand in der Lage, direkt aus dem Herzen zu sprechen" (Switched on Leadership 2015, S. 10). Je weniger Maske, je wahrhaftiger, desto mehr sind Menschen inspiriert.

5.2.2 Der Kopf denkt, dass er lenkt

Wir halten uns gemeinhin für vernünftige Menschen. An wichtige geschäftliche Entscheidungen gehen wir nicht emotional, sondern mit kühlem Kopf heran. Doch sind wir tatsächlich so rational, wie wir denken? Die Volkswirte verabschieden sich gerade vom Modell des Homo Oeconomicus, der angeblich nur nüchtern berechnend seinen Vorteil sucht. Das Leben ist voller Beispiele, die uns vor Augen führen, dass wir nicht immer zu unserem Vorteil oder auch nur ansatzweise klug entscheiden. Menschen springen in Flüsse, um ihren Hund zu retten, und ertrinken, während es der Vierbeiner wieder allein ans Ufer schafft. Und wenn wir anderen helfen, spenden oder Freunde zum Essen einladen, handeln wir dann zu unserem oder zu deren Vorteil? Wir handeln sozial. In seinem Buch „Die Kunst, kein Egoist zu sein" schreibt Richard David Precht dazu: „Einen Nutzen von etwas zu haben oder sich Vorteile gegenüber anderen zu verschaffen sind zwei völlig verschiedene Dinge, die sich im Leben nur gelegentlich überlappen." (Precht 2010, S. 150).

Wir frönen auch vielen ungesunden oder gefährlichen Aktivitäten wie Rauchen oder Inlineskaten. Ist das vernünftig? Nein. Inlineskaten gehört zusammen mit Fußball und Skifahren zu den unfallträchtigsten Sportarten. Warum machen wir es dann? Kurzfristiger Lustgewinn. Dagegen ist nichts zu sagen, wir sollten uns dessen nur bewusst sein.

Auch Wahlergebnisse beweisen regelmäßig, dass Menschen nicht unbedingt die Partei wählen, die tatsächlich ihre Interessen vertritt, sondern sich eher von irrationalen Aspekten leiten lassen. Meistens wählen wir nach Milieu und Aussehen. Uns sind die Politiker sympathisch, die in ähnlichen Lebenswelten wie wir zuhause sind: urban oder ländlich, progressiv oder konservativ, alternativ oder traditionell. Und all das machen wir weniger an konkreten Aussagen fest als eher an der äußeren Erscheinung (siehe erster Eindruck). Die wenigsten lesen tatsächlich Parteiprogramme und könnten vor einer Bundestagswahl auch nur drei zentrale Forderungen der Partei nennen, die sie zu wählen beabsichtigen. Erwiesenermaßen geben wir unsere Stimme lieber attraktiven als unattraktiven Menschen. Auch die Finanzkrise hat eindrucksvoll gezeigt, wie irrational seriös auftretende Banker und Experten entscheiden, wenn ihnen kurzfristige Anreize den Sinn vernebeln. Kaum einer hat die Blase auf dem US-amerikanischen Hypothekenmarkt kommen sehen, weil alle religiös an die unsichtbare Hand des Marktes geglaubt haben. Gesunder Menschenverstand wird öfter beschworen als eingesetzt.

> Wenn du denkst, dass du denkst, dann denkst du, dass du denkst. (Frei nach Gunther Gabriel[1]).

Schnelles und langsames Denken

Was steuert unser Denken und Handeln am meisten? Gefühle. Impulse, die schneller in uns entstehen, als wir bewusst wahrnehmen können. Der Kognitionspsychologe Daniel Kahnemann unterscheidet zwischen

---

[1]Den Text zu Juliane Werdings Song „Wenn du denkst, du denkst" schrieb Gunther Gabriel.

zwei Arten von Hirntätigkeit: schnelles Denken und langsames Denken. Er spricht von System 1 und System 2 – wobei es sich hierbei nicht um Hirnareale handelt, sondern um Funktionen (Kahnemann 2016, S. 33).

Unter schnelles Denken fallen Intuition, Routine, erster Eindruck, Expertenlösung, kurz: alles, worüber wir nicht nachdenken müssen. Das können auch Antworten sein, die aus der Pistole geschossen kommen, weil die dazugehörige Information schon tausendfach abgerufen wurde. Sonne, Mond und …? In Paris steht der …? Oder Emotionen. Der Anblick einer Vogelspinne löst unmittelbar Gefühle und Bewertungen in System 1 aus.

Für die Antwort auf die Frage „Wie viel ist 17×34?" müssen wir nachdenken. Das langsame Denken, System 2, ist zuständig für Berechnung, Konzentration, Impulskontrolle, Logik. Kurz: alles, was Aufmerksamkeit und damit auch Energie braucht.

System 1 ist ständig aktiv, System 2 nur, wenn wir es brauchen und bewusst einschalten. Das ist der Hintergrund für eine der verblüffendsten Erkenntnisse der Kognitionspsychologie: Nur 2 % unseres Denkens sind bewusst.

Das können wir zunächst kaum glauben. Doch wir alle haben vermutlich schon mal auf einer langen Autobahnfahrt eine anregende Unterhaltung geführt und vielleicht fast unsere Ausfahrt verpasst, weil wir so ins Gespräch vertieft waren. Wer hat die letzten 50 km eigentlich auf den Verkehr geachtet und das Auto gesteuert? Unser Unterbewusstsein. Bei allen automatisierten Alltagstätigkeiten wie Gehen, Duschen, Essen usw. ist ein Großteil der Gehirnkapazität frei für assoziatives Denken. Wir führen ein ununterbrochenes Selbstgespräch mit uns und könnten wenig vom Inhalt wiedergeben, würde uns jemand danach fragen. Es denkt in uns. Ständig. Und das meiste kriegen wir kaum mit.

Wenn Männer schweigen und Frauen fragen „An was denkst du gerade?" – nicht misstrauisch werden, wenn als Antwort nur das wenig überzeugende „nichts" kommt. Die meisten wissen tatsächlich nicht, an was sie gerade gedacht haben, weil es nur der übliche assoziative Gedankenstrom in System 1 war.

Das Problem: System 2 ist überzeugt, die exekutive Kontrolle zu haben. Es hält sich für den Kutscher, der die Zügel in der Hand hält. Das mit den Zügeln stimmt. Nur lassen sich die Pferde selten vorschreiben, wo sie hingaloppieren. System 1 ist schnell und assoziativ unterwegs, das *Nach*denken kommt da*nach*.

System 1 ist daher meist die Basis für das, was System 2 tut. System 1 generiert ständig Vorschläge (Eindrücke, Intuitionen, Absichten, Gefühle). Wenn System 2 sie unterstützt, werden daraus Überzeugungen und willentlich gesteuerte Handlungen. Und so entsteht verkürzt gesagt unsere subjektive Realität: System 1 konstruiert eine Geschichte, die System 2 dann glaubt.

Was heißt das für unsere Entscheidungen? System 1 trifft die Vorentscheidung. Eine Faustregel besagt, dass 70 % aller Entscheidungen reine Bauchentscheidungen sind. Meine These: Die restlichen 30 % sind auch Bauchentscheidungen – nur möchte System 2 im Nachgang ein paar Sachargumente hören, um sich einreden zu können, es sei eine Kopfentscheidung gewesen.

Worauf können wir als Präsentatoren achten, wenn wir zu Entscheidern sprechen bzw. wenn wir mit unserem Vortrag Entscheidungen beeinflussen oder herbeiführen wollen? Einfach ist es, wenn die Bauchentscheidung ohnehin schon in die gewünschte Richtung gefallen ist. Dann liefern die Sachargumente die Legitimation, sich mit der innerlich bereits getroffenen Bauchentscheidung auch wohl zu fühlen. Ansonsten gilt:

> Sachargumente reichen nicht.

Zumindest nicht bei Entscheidungen, die schwerfallen, z. B. weil sie hohe Kosten, Umgewöhnung oder Gegenwind nach sich ziehen. Widerstände werden nie allein mit Vernunft beiseite geräumt, denn sie liegen nicht im Kopf, sondern tiefer. Wo Widerstände im Raum sind, müssen wir den skeptischen Verstand erst knacken, d. h. öffnen, damit er überhaupt bereit ist, Lösungsansätze zu prüfen. Der Philosoph Arthur Schopenhauer sagte sinngemäß: Was das Herz nicht kennt, lässt der Verstand nicht rein (Schopenhauer 1859).

Zusammengefasst

* Eine gute Rede transportiert Inhalt, Haltung und Leidenschaft.
* Wer gar keine Gefühle zeigt, dem vertrauen wir weniger.
* Die meisten Entscheidungen werden unbewusst getroffen.
* Sachargumente allein reichen oft nicht, um zu überzeugen.

Soweit die neueren Erkenntnisse der Psychologie. Doch wie können wir sie in unseren Präsentationen oder Wortbeiträgen nutzen? Wie können wir tatsächlich mit Worten bewegen? Das ist die Königsdisziplin der Rhetorik: Überzeugen und Inspirieren.

5.3   Überzeugen und Inspirieren

5.3.1 Ohne Emotion keine Motion

Wenn Menschen die Notwendigkeit einer Veränderung oder einer Investition zwar vernunftmäßig verstanden haben, aber dennoch Bauchschmerzen damit haben, dann werden sie innerlich weiter gegen sie ankämpfen. Oder sie stimmen nach außen hin zu, sabotieren das Ganze aber insgeheim. Das ist irrationales, kindisches Verhalten, aber den meisten von uns vermutlich nicht völlig fremd. Zum Beispiel: Ich weiß, ich sollte mehr Sport machen, aber … Ich weiß, ich sollte mal ein Testament aufsetzen, aber … Ich weiß, ich sollte mit dieser Mitarbeiterin ein Kritikgespräch führen, aber … Wir haben immer gute Ausreden. Wir wissen, was wir tun sollten, aber handeln nicht danach. Wir handeln erst dann, wenn die Kosten es *nicht* zu tun, spürbar größer werden als die Mühen der Entscheidung und Umsetzung.

Um Entscheidungen beeinflussen zu können, sollten wir wissen, worauf genau sie basieren. Von außen betrachtet auf einer Abwägung des Für und Wider. Doch im Kern wirkt das einfache Prinzip von Schmerzvermeidung und Lustgewinn. Das sind unsere inneren Treiber. Was wollen wir auf jeden Fall vermeiden? Und was ist für uns verlockend? In der Regel ist die Schmerzvermeidung die stärkere Antriebskraft. Wer ein Haus haben möchte, hängt sich rein. Wer den akut drohenden Verlust seines Hauses abwenden muss, hängt sich mehr rein.

Freischaffende Künstler werden manchmal bewundert für ihren Mut, ein Leben ohne Netz und doppelten Boden zu führen. Dabei ist es doch so: Sie können nicht anders. Ein Anstellungsverhältnis würde sie zu sehr einengen. Von anderen vorgeschrieben bekommen, was sie tun und lassen sollen, wäre ihr größter Schmerz, den sie unbedingt vermeiden wollen. Vermutlich leiden sie auch gelegentlich unter der finanziellen Unsicherheit. Aber der Preis des Freiheitsverlustes wiegt schwerer. Bei Angestellten ist es umgekehrt. Sie hätten gern mehr Autonomie. Aber im Zweifelsfall ist ihnen die Sicherheit wichtiger bzw. die Vermeidung von Unsicherheit. Es sei denn, der Leidensdruck erhöht sich bis zur Schmerzgrenze. Plötzlich sagen wir: „Jetzt reicht es!" Dann wir treffen neue Entscheidungen. Im Vertrieb wurde früher häufig mit Angst (Pain) gearbeitet, in der Lebensversicherungsbranche nannte man das „Sargdeckelklappern". *„Sie wollen doch sicher nicht, dass …"*

Beispiel

Ein älterer Hamburger ruft seinen erwachsenen Sohn an, der seit einigen Jahren in Hongkong lebt. „Lieber Sohn, sprich bitte noch mit niemandem darüber, aber ich werde mich von eurer Mutter trennen. In aller Freundschaft, aber wir haben uns auseinandergelebt, ich werde die Scheidung einreichen." – Der Sohn ist entsetzt. „Bitte, Papa, tu nichts Übereiltes, können wir nicht als Familie darüber reden?! Weißt du was, ich nehme mir über Ostern ein paar Tage frei und komme. Bitte unternimm bis dahin nichts!" – Sofort ruft der Sohn seine Schwester an, die in London lebt, und erzählt ihr von dem Gespräch. Auch die Schwester ist schockiert. „Unsere Eltern waren doch immer so ein gutes Paar! Das darf nicht wahr sein! Ich hatte zwar etwas anderes vor, aber dann komme ich auch nach Hamburg. Wir müssen unserem Vater das ausreden!" Sie ruft zuhause an und erzählt ihrem Vater von den Reiseplänen. Der ältere Herr geht in die Küche zu seiner Frau und sagt vergnügt: „Stell dir vor Liebling: Beide Kinder kommen uns an Ostern besuchen! Und sie zahlen sogar ihre Flüge selbst!"

Beide Kinder möchten ihre Eltern als glückliches Paar sehen. Doch diese Aussicht motiviert sie nicht hinreichend für einen Besuch. Erst die Angst vor deren Scheidung ist Antrieb genug, sich in den Flieger zu setzen. Schmerzvermeidung ist oft unser stärkster Antrieb. Übertroffen nur von der Kombination: eine Handlung verspricht zugleich Gewinn *und* vermeidet Schmerz.

5.3.2 Die Motivatoren Pain und Gain

Bei uns allen basieren Entscheidungen auf Pain und Gain. Worin wir uns voneinander unterscheiden, sind die Antworten auf zwei Fragen: Was bereitet uns Freude? Und was wollen wir um jeden Preis vermeiden? Wenn eine Entscheidung bei uns in diesen Bereichen etwas auslöst – und das ist neurobiologisch gemeint – dann sind wir bereit, Dinge neu zu bewerten und andere Entscheidungen als bisher zu fällen. Das limbische System, unser Gefühlszentrum, muss involviert sein, sonst bewegen wir uns nicht.

> Um andere zu bewegen, müssen wir uns selbst bewegt zeigen.

Viele tun sich damit schwer. Sie *haben* Gefühle, aber sie *zeigen* sie nicht. Das ist wie im Straßenverkehr mit den Autofahrern, die keinen Blinker setzen, nach dem Motto: Ich weiß ja, wo ich hin will, und die anderen geht es nix an. Doch, Absicht ankündigen hilft den anderen, weil die sonst das Abbiegen erst bemerken, wenn es schon im Gange ist. Also: Gefühle haben ist schön. Sie zeigen ist besser. Dann haben auch die anderen was davon. Die emotionale Achterbahnfahrt ist die Psychologie hinter jeder starken Rede. Es muss ja nicht der 5er-Looping sein. Es reicht, sich ohne Maske und Versteckspiel und damit authentisch und verletzlich zu zeigen. Gerade die Tatsache, dass wir nicht perfekt sind, sondern auch gelegentlich Zweifel und Herausforderungen zu bestehen haben und darüber offen sprechen, ist inspirierend für andere. Paradoxerweise wirken wir stärker und vertrauenswürdiger, wenn wir uns auch mal schwach oder verletzlich zeigen. Die

Psychologin Dr. Brené Brown sagt in ihrem berühmten TED-Talk: „Verletzlichkeit klingt wie Wahrhaftigkeit und fühlt sich an wie Mut. Wahrhaftig und mutig sein ist nicht immer angenehm. Aber es ist nie Schwäche." (Brown 2010).

5.3.3 Das Solution Statement

Eine gängige Dramaturgie, um die starken inneren Treiber Pain und Gain zu nutzen, ist das im Marketing bekannte Solution-Statement. Zu Beginn der Rede ist der Gemütszustand unserer Zuhörer vermutlich auf mittlerem Niveau. Sie sind weder euphorisch noch niedergeschlagen in das Meeting gekommen. Wir holen sie auf neutralem Boden ab mit dem Statement, das in einem Satz das Thema vorstellt und den Kontext liefert. Machen wir nun gleich unseren Vorschlag zu diesem Thema, wird sich, wenn es ein guter Vorschlag ist, die Stimmung leicht aufhellen. Doch der Anstieg vom neutralen Stimmungs-Ausgangspunkt zur Lösung war nicht steil. Der gefühlt Mehrwert, den unsere Lösung gegenüber dem Status quo bietet, ist – na ja, ganz okay. Vielleicht auch ordentlich, sinnvoll usw. Das reicht für Kleinkram. Aber das reicht nicht, um andere dazu zu bringen, ein sechsstelliges Budget zu bewilligen oder sich auf den mühsamen Weg eines großen Change-Prozesses zu begeben.

Daher graben wir ein Loch, ein Stimmungsloch. Wir beweisen nun, warum dieses Thema nicht nur wichtig, sondern auch problematisch ist. Wir beleuchten ausführlich die negativen Konsequenzen, die drohen, wenn wir in dieser Situation *nicht* handeln. Wir dürfen sogar den Teufel an die Wand malen, wenn wir Anhaltspunkte dafür haben, dass es ihn gibt. Belege können sein: konkrete Beispiele, Zahlen, Studien, Statistiken, eigene Erlebnisse, Aussagen glaubhafter Dritter, Prognosen u. v. m.

> Wir dürfen sogar den Teufel an die Wand malen, wenn wir Anhaltspunkte dafür haben, dass es ihn gibt.

Nun haben wir Betroffenheit ausgelöst. Und erst jetzt ist der Verstand offen für die Einsicht: Stimmt, das ist tatsächlich ein Problem. Noch nicht heute, aber bald, wenn wir nicht handeln.

Nun schlagen wir eine Brücke zum Ausweg und bieten eine Lösung oder Lösungsvorschläge an. Da wir aus der dunklen Tiefe unseres Stimmungslochs kommen, ist es nun ein viel dramatischerer Kontrast, wenn zuletzt die gute Nachricht im Raum steht. Wir landen vermutlich auf dem gleichen Stimmungsniveau wie ohne eingeschobene Problemerörterung, aber der gefühlte Mehrwert unserer Lösung ist nun wesentlich höher (s.Abb. 5.3).

Aufbau des Solution Statement

- **Statement:** ein neutraler, faktenbasierter Satz, um das Thema einzuleiten
- **Problem:** nun schildern wir eine negative Kausalkette die mit Fakten beginnt und möglichen worst case Folgen endet
- **Bridge:** eine rhetorische Frage als Überleitung zur Lösung (z. B. „was können wir tun?" – oder „Welche Lösung bietet sich an?")
- **Solution:** Die Lösung hat Alleinstellungsmerkmale und wir zeigen auf, welchen Nutzen diese haben.

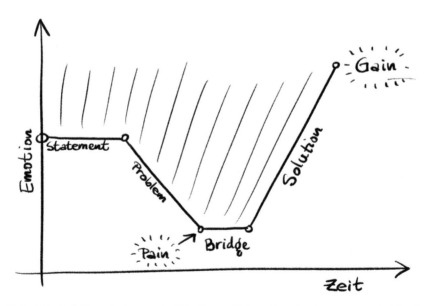

Abb. 5.3 Solution Statement. (Mit freundlicher Genehmigung von © Martin Cambeis 2018. All Rights Reserved)

Soweit der klassische Marketing-Pitch, der uns überall in den verschiedensten Abwandlungen begegnet, in Werbung, Broschüren, Filmen, PR. Der Kern ist die Grundstruktur fast aller Geschichten: Thema > Problem > Lösung. Mit anderen Worten: neutrale Ausgangssituation > schlechte Nachricht > gute Nachricht.

Fragen wir „Was willst du zuerst hören, die gute oder die schlechte Nachricht?", dann antworten die meisten: „Erst mal die schlechte" (und Zyniker antworten dann: „Die schlechte Nachricht ist, es gibt keine gute"). Wir hören lieber erst die schlechte, denn dann erholen wir uns wieder mit der guten. Das ist die Grund-Dramaturgie jeder guten Geschichte. Es fängt harmlos an, dann passiert was Schlimmes, die Helden geraten in Schwierigkeiten, zuletzt das Happy End. Mit dieser Stimmung wollen wir aus dem Kino bzw. dem Meeting gehen.

5.3.4 Menschen mögen Möglichkeiten

Eine Lösung oder mehrere? Ein häufiges Vorgehen beim Überzeugen: Wir werben nur für *unsere* Lösung, *unseren* Vorschlag, *unser* Produkt, *unsere* Idee. Warum? Gibt es tatsächlich keine Alternativen? Manchmal mag das so sein. Aber oft führen viele Wege nach Rom. Wir sind überzeugt, es gibt nur eine richtige Strategie. Andere sehen das anders, weil sie andere Präferenzen oder an unserer Route etwas auszusetzen haben. Dann sollten wir diese Wünsche oder Bedenken adressieren, sonst bleiben die Widerstände bestehen und suchen sich ihre Bahn. Das Entstehen der AfD sollte allen eine Warnung sein, die anderen eine ungeliebte Lösung als alternativlos verkaufen wollen. Nichts ist alternativlos.

Menschen möchten Auswahl haben – aber nicht zu viel. Sieben Lösungsvorschläge stiften nur Verwirrung, denn Entscheiden ist anstrengend, und bei zu vielen Optionen wird das Abwägen unübersichtlich. Zwei wiederum ist zu wenig. Zwei Optionen, das fühlt sich an wie Erpressung („Geld oder Leben"). Aller guten Dinge sind drei – also sollten wir drei Lösungsvorschläge machen. Bei jedem nennen wir gleich viele Vor- und Nachteile. Denn wenn wir ehrlich sind, haben auch die anderen Ideen Vorteile – nicht nur unsere eigene –, und wir sollten die Vorschläge der anderen nicht schlecht reden, wenn wir sie nicht verprellen möchten. Wenn wir drei mögliche Wege sachlich mit Pro und Kontra gegenüberstellen, was denken die Zuhörer über uns? Sie denken: „Endlich mal jemand, der gründlich nachgedacht und die Sache aus mehreren Blickwinkeln betrachtet hat."

Es schafft Vertrauen, wenn wir anderen nicht einfach unsere Idee aufoktroyieren, sondern die Souveränität haben, unsere Idee mit anderen in Wettstreit treten zu lassen. Wobei zu diesem Zeitpunkt unsere Präferenz noch nicht zu erkennen sein darf. Wenn wir drei Vorschläge machen, zwei mit Skepsis in der Stimme und einen, bei dem sich unser Gesicht aufhellt, dann weiß jeder, das war keine ernstzunehmende Auswahl, die anderen beiden Vorschläge waren nur Zählkandidaten.

Stellen wir aber alle Lösungen gleichberechtigt nebeneinander, ist die Wirkung: „Ah, die Person hat sich umfassend Gedanken zum Thema gemacht." Vielleicht auch: „Sehr gut, er/sie hat erkannt, dass auch die von *mir* präferierte Lösung ihre Vorteile hat." – Die Reaktanz sinkt. Die Bereitschaft von Menschen, eine ungeliebte Lösung mitzutragen, ist nachweislich höher, wenn auch ihre Vorschläge in Betracht gezogen wurden, selbst wenn diese letztlich verworfen werden. Ein konkretes Beispiel, wie mit dieser Redestruktur eine politische Veränderung herbeigeführt wurde, ist die Einführung des sog. Bestellerprinzips.

Beispiel

Im Sommer 2008 wurde gegenüber unserer Wohnung ein sehr tiefes und breites Loch gegraben, die künftige Tiefgarage eines neuen Wohnkomplexes. Das Rattern der Presslufthammer, das Dröhnen der Bagger von früh bis spät, die Staubbelastung, der Dreck – es wurde bald unerträglich. Uns war klar, diese Großbaustelle würden wir noch mindestens zwei Jahre lang vor der Nase haben. Wir wollten weg. Bald war eine schöne und geräumige Altbauwohnung im benachbarten Stadtviertel gefunden, in einer ruhigen Seitenstraße. Natürlich mit Makler, d. h. bei der Besichtigung musste jeder Interessent einen Maklerauftrag unterzeichnen. Eine schriftliche Lüge, denn ursprünglich beauftragt hatte den Makler natürlich der Eigentümer. Auch ich unterschrieb den Zettel, weil mir klar war: Anders kommst du in einem nachfragestarken Markt nicht an eine Wohnung.

Einige Tage später rief mich der junge Mitarbeiter der Maklerfirma an und gratulierte: „Wir haben uns für Sie entschieden, Sie bekommen die

Wohnung!" Ich sagte: „Die Wohnung gefällt mir nach wie vor, sie hat nur einen Haken." „Oh, welchen denn?" „Der Haken sind Sie."

Das Überweisungsformular hatte ich schon halb ausgefüllt, aber bei der Unterschrift war ich ins Zögern gekommen. Ich sah nicht ein, warum ich jemandem mehrere tausend Euro überweisen sollte, dafür, dass er mir bei einem Massenbesichtigungstermin die Tür geöffnet und zwei Fragen beantwortet hatte. Seine Dienstleistung hatte er ganz klar im Auftrag und Interesse der Wohnungseigentümer erbracht. In meinem Interesse wäre z. B. eine günstigere Miete gewesen. Aber natürlich hatte der Makler dem Eigentümer zur maximal möglichen Miete geraten, denn von der hing auch seine Provision ab. Ich war sauer. Warum lassen sich Millionen Mieter das gefallen? Zwei Parteien schließen einen Vertrag zu beiderseitigem Nutzen – und zahlen soll ein Dritter, der keine andere Wahl hat? Denn Wohnen ist kein Konsum wie der Kauf eines Schokoriegels, den ich auch bleiben lassen kann. Wir alle *müssen* irgendwo wohnen – und wenn Vermieter einen Makler dazwischenschalteten, wurden Mieter de facto gezwungen, die Kosten zu übernehmen, andernfalls gingen sie leer aus. Ich recherchierte und fand heraus, dass die Maklerprovision im Wohnungsvermittlungsgesetz geregelt ist. Doch dort stand nur etwas zur Höhe (zwei Nettokaltmieten), nicht jedoch *wer* zahlt. Ein Nebensatz, der klarstellt, dass nur der Auftraggeber zahlt, würde reichen.

Zeitgleich war auch Maklern aufgefallen, dass ihr Ruf durch diese Praxis gelitten hatte, und es wurde thematisiert, ob man statt der prozentualen Provision eine Vermittlungspauschale ins Gespräch bringen sollte. Und Mietervereine und SPD hatten den Gedanken, Mieter und Vermieter könnten sich die Provision je zur Hälfte teilen. Mir schien es gerechter, wenn der zahlt, der beauftragt, so wie bei anderen Dienstleistungen auch.

Am 25. Oktober 2010 hielt ich auf einer Stadtversammlung der Münchner Grünen eine fünfminütige Rede. Ich schilderte kurz das Problem und stellte die drei Lösungsansätze vor: 50:50, Pauschale oder Bestellerprinzip. Mein Schlusssatz lautete: Wer zahlt, schafft an. Wer anschafft, sollte auch zahlen. – Der Antrag wurde (durchaus bei vielen Gegenstimmen) angenommen und als Auftrag an die grüne Bundestagsfraktion weitergereicht. SPD-Abgeordnete griffen die Idee auf und sagten zu, sie im Falle einer rot-grünen Koalition statt ihres Konzepts umzusetzen. 2013 kam es dann zu einer großen Koalition aus CDU/CSU und der SPD. Zusammen mit der weniger erfolgreichen Mietpreisbremse wurde die Änderung des Wohnungsvermittlungsgesetztes beschlossen – und irgendwer fand freundlicherweise noch einen griffigen Namen für die Idee. Als Bestellerprinzip trat es am 01.06.2015 in Kraft. Die Bundesregierung schätzt, dass Mieter dadurch 500 Mio EUR jährlich sparen. Mittlerweile wird diskutiert, es auch beim Immobilienkauf einzuführen. Kurze Rede, große Wirkung.

5.3.5 Weiche Ziele – wenn es nicht nur um den Inhalt geht

Nicht jeder wichtige Redebeitrag zielt auf eine Entscheidung. Manch-mal wollen wir auch nur informieren oder zum Nachdenken anregen. Auch dann spielen Gefühle eine wertvolle Rolle. Wenn Information völlig emotionsfrei und knochentrocken vorgetragen wird, bleibt wenig über den Tag hinaus hängen. Und wenn wir zum Nachdenken anregen wollen, gilt wieder Schopenhauer: die Gedanken, die das Herz nicht wichtig findet, werden vom Kopf gar nicht erst gewogen. Gilt auch das in unserem Fall nicht, kommen wir auf die Grundlage aus Abschn. 1.2 zurück: Die erste Botschaft bist du. Manchmal sind wir als Person nicht nur die erste, sondern die ganze Botschaft. Wer auf der Verbandstagung oder der Kirchensynode den Haushaltsplan vorstellt, darf getrost damit rechnen, dass sich nur wenige tatsächlich im Detail für die Zahlen inter-essieren. Die Haushaltsrede steht als festes Ritual auf der Tagesordnung, oft schon aus satzungsrechtlichen Gründen. Dann wollen die Zuhörer nur den guten Gesamteindruck mitnehmen: Die Person ist die rich-tige für den Job, wir sind in guten Händen. Ich habe zwar nicht alles verstanden, aber ich vertraue dem Vortragenden, dass er die richtigen Schwerpunkte setzt und sinnvolle Entscheidungen fällt. Gleiches gilt für den Auftritt des CEO auf der Betriebsversammlung und ähnliche Anlässe. Man ist als Zuhörer nicht in erster Linie gekommen, um etwas zu hören, was ohnehin schon im Intranet steht, sondern man macht sich mal ein Bild von einer Führungskraft, die man selten zu sehen bekommt. Der Botschafter ist die Botschaft.

Ähnlich ist es zudem bei manchen Vorstands- oder Aufsichtsrats-präsentationen. Die Eckdaten wurden schon vorab als Memo verschickt und die Windrichtung informell geklärt. Die Entscheidung ist quasi gesetzt, die Präsentation im Gremium ist nur noch das Befolgen des Dienstweges, damit auch fürs Protokoll abgenickt wurde. Auch dann liegen die Ziele der Präsentation eher im Bereich der Beziehungsebene: Bestätigung, Selbstdarstellung, Vertrauen herstellen, Beziehungspflege.

> **Zusammengefasst**
> - Wir bewegen uns nur, wenn das limbische System beteiligt ist.
> - Die großen inneren Treiber sind Lustgewinn und Schmerzvermeidung.
> - Lösungen überzeugen dann, wenn sie einen Schmerz beseitigen.
> - Nichts ist alternativlos: Biete Optionen an!

Der römische Rhetor Marcus Fabius Quintilianus schrieb: „Praxis ohne Theorie leistet immer noch mehr als Theorie ohne Praxis." Höchste Zeit also, dass wir uns wieder dem eigentlichen Vortrag zuwenden. Wir haben uns gute Gedanken gemacht, formuliert, strukturiert und vielleicht Folien dazu erstellt. Nun zu dem Moment, auf den es ankommt.

Literatur

Brown Brené (2010) The power of vulnerability. https://www.ted.com/talks/brene_brown_on_vulnerability. Zugegriffen: 15. Nov. 2018

Kahnemann D (2016) Schnelles Denken, langsames Denken. Penguin, München

Precht RD (2010) Die Kunst, kein Egoist zu sein. Wilhelm Goldmann, München

Schopenhauer A (1859) Die Welt als Wille und Vorstellung. Brockhaus, Leipzig

Switched on Leaderhsip (2015) How to engage and inspire your tea – interview with Chris Atkinson. Issue 33. Christele Canard, Brisbane

6

Showtime – Proben und PowerPoint

Zusammenfassung Bisher ging es um Körpersprache und die Planung einer Präsentation. Nun gehen wir gewissermaßen auf die Bühne. Wir besprechen den Wert von Probedurchläufen sowie den Umgang mit PowerPoint. Dazu gehören grundlegende Tipps für die Gestaltung sowie den Einsatz von Folien. Im zweiten Teil des Kapitels finden wir heraus, woher Nervosität kommt, wie wir sie mildern können und was wir tun können, wenn wir komplett den Faden verlieren.

6.1 Profis proben

Beim Theater gibt es die sogenannte Kostümprobe. Das ist ein Probedurchlauf, bei dem die Schauspieler zum ersten Mal auch genauso hergerichtet werden wie später bei den Aufführungen. Es wird geschminkt, gepudert, toupiert und eingekleidet, obwohl noch kein Zuschauer das zu sehen bekommt. Warum das wichtig ist, musste ich auf schmerzhafte Art lernen.

© Springer Fachmedien Wiesbaden GmbH, ein Teil von Springer Nature 2019
D. U. Schott, *Souverän präsentieren – Die erste Botschaft bist Du*,
https://doi.org/10.1007/978-3-658-24848-2_6

> **Beispiel**
>
> Als Sänger einer A-cappella-Gruppe sollte ich den Abend als Außerirdischer mit einer grünen Gummimaske eröffnen. Während der Proben übte ich nur meinen Text und sagte mir: Die Maske brauche ich dazu nicht. Ich beging den fatalen Fehler, sie am Abend der Premiere unmittelbar vor meinem Auftritt das erste Mal anzuziehen. War es der enge Sitz oder das Material? Jedenfalls raubte mir die Maske den Atem. Ich bekam kaum Luft und die chemischen Ausdünstungen des billigen Latex legten sich mir auf die Stimmbänder. Ich stand auf der Bühne und bekam keinen Ton heraus. Als Solist einer A-cappella-Gruppe. Nackter geht's nicht.

Wenn möglich, sollten wir uns als Präsentatoren vorab mit dem Raum bzw. der Bühne vertraut machen. Wir sollten die Technik testen und prüfen, ob alles funktioniert: Mikrofon, Projektor, Tonanlage, Steckverbindungen. Und wir sollten eine Generalprobe machen, d. h. zumindest einen kompletten Durchlauf. Das geht in den seltensten Fällen am späteren Tatort, aber dann sollten wir den späteren Realbedingungen wenigsten nahekommen. Heißt: im Stehen die Tonspur laut sprechen, als wären schon Zuhörer dabei. Vielleicht stehen sogar Kollegen, Freunde oder Lebenspartner zur Verfügung. Das Ganze im Sitzen einmal durchmurmeln ist keine Probe. Dabei entwickeln wir kein Gefühl, wie die Worte wirken, wo wir Pausen machen müssen, wo wir betonen sollten und vor allem wie lang das Ganze ist. Viele Redner stellen erst auf der Bühne fest, dass ihr Vortrag länger dauert als ihr Zeit-Slot und geben dann Gas um trotzdem alle Inhalte in der gegebenen Zeit durchzupreschen.

> **Beispiel**
>
> Der Bestseller-Autor Tim Robbins hatte sich bei seinem ersten TED-Talk 2006 inhaltlich zu viel vorgenommen und zudem nicht damit gerechnet hatte, dass etwas Unvorhergesehenes seinen Ablauf durcheinander bringen könnte. In der ersten Reihe saß Al Gore, und es entwickelte sich ein lustiger Schlagabtausch, der Robbins Zeit kostete. Gegen Ende hetzte er durch seine Folien und bekam gnädig mehr Zeit zugestanden, um seine Geschichte zu Ende zu erzählen. Dennoch ein starker Auftritt, aber man wünscht sich, er hätte langsamer gesprochen – oder weniger reingepackt.

Entspannt beginnen
Einerseits sprechen wir adrenalinbedingt beim Auftritt schneller als sonst. Andererseits dauert es länger, Worte laut und deutlich auszusprechen, als sie halblaut vor sich hin zu nuscheln. Als Sprecher von Fernsehbeiträgen habe ich von Redakteuren tausendmal den Satz gehört: „Bei der Abnahme hat das noch gepasst." Das glaube ich. Aber bei der Abnahme mit der Chefin vom Dienst hast du nicht so deutlich artikuliert und betont wie ich jetzt vor dem Mikrofon. Bei vielen Wörtern summiert sich das und plötzlich brauchen wir für einen durchgetakteten 30-Minuten-Vortrag 34 min. Zudem sollten wir immer einen Puffer einplanen für Unvorhergesehenes. Der Beamer will nicht, das Mikrofon hält nicht, wir klicken in die falsche Richtung, es gibt Zwischenrufe, wir machen doch endlich mal Sprechpausen – oder uns fällt spontan etwas ein. Und das ist wunderbar, das ist live, so soll es sein. Nur: Das kostet Zeit und die sollten wir einplanen. Habe ich 40 min zur Verfügung, plane ich für 35 – höchstens.

> Nicht alles reinpressen, was geht. Lieber einen Zeitpuffer haben als hetzen.

Bevor es losgeht
Regelmäßige Flüssigkeitsaufnahme hält den Denkapparat fit und die Stimme geschmeidig. Achtung: Kaffee und Tee machen die Mundschleimhaut trocken (außer Früchtetee). Am besten stilles Wasser trinken. Zuviel Kohlensäure könnte im falschen Moment wieder raus wollen.

Letzter Kleidungscheck. Kein Marmeladenrest am Kinn? Kein offener Hemdknopf? Oder eine Haartolle, die kurios absteht (und ich zähle hier nur eigene Optik-Pannen auf)? Vielleicht kann nochmal jemand drüber gucken, bevor wir uns zeigen? Einmal schütteln, die Gesichtsmuskulatur entspannen, um nicht mit dem verbissenen Ausdruck eines Ironman vor die Menschen zu treten. Einatmen, ausatmen. Los!

6.1.1 Präsentieren mit Folien

Ich bin kein Fan von Folien, ich mache lieber PowerPoints ohne PowerPoint. Die Tonspur würde mir als auditivem Typ reichen. Doch PowerPoint ist nun mal das gängigste Präsentationstool weltweit. Oft sprechen Menschen von einer Präsentation und meinen damit den Foliensatz. Dieses Buch wäre daher nicht vollständig, wenn wir nicht kurz auf die wichtigsten Dos and Don'ts beim Präsentieren mit Power-Point (oder Keynote, Prezi usw.) eingehen würden.

Das Sündenregister ist allen bekannt: zu viele Folien, zu überladen, zu kleine Schrift, verwirrende Grafiken und Animationen, Inkonsistenz oder Redundanz zur Tonspur.

Die Vorteile liegen auch auf der Hand: Folien lassen sich gut vorbereiten, sehen schick aus, wenn sie gut gemacht sind, und dienen zugleich als Handout nach der Präsentation. Zudem lassen sich Folien im Gegensatz zu Flipcharts oder Whiteboard in der Größe skalieren, sodass ich auch ein großes Auditorium damit bespielen kann.

Zunächst zur häufigsten Unsitte. Auf vielen Folien ist einfach zu viel drauf. Nur die Essenz sollte drauf stehen. Häufige Sorge: Mein Chef besteht auf Vollständigkeit. Das Publikum ist kritisch, es müssen alle wichtigen Details gezeigt werden usw. Das verstehe ich gut. Wird der Foliensatz nicht ohnehin als Handout verteilt, verschickt oder bereitgestellt? Dann erstellen wir *zwei* Foliensätze: einen vollständigen mit allem Kleingedruckten. Und einen zweiten nur für die Präsentation, bei dem die Detailfolien ausgeblendet sind und starke Bilder mit wenig oder keinem Text dominieren.

> Erstelle zwei Foliensätze. Einen schlanken zum Zeigen und einen kompletten als Handout.

Denn das ist der größte Vorteil von Folien: Wir können Bilder zeigen. Dafür wurde PowerPoint erfunden. Die Tonspur liefert nur Sprache (digitale und lineare Kommunikation), die vom Hirn erst verstanden und eingeordnet werden muss. Abstrakte Inhalte wenden sich an die linke Hirnhälfte, die für Kognitives zuständig ist. Um auch die rechte Hirnhälfte (schnelles Denken) zu aktivieren, sollten Bilder gezeigt werden. Das war die Idee hinter diesem Tool: ganzheitlich präsentieren. Leider haben die Anwender bald entdeckt: Man kann in die Folien auch hineinschreiben! Mittlerweile ist PowerPoint das neue Word, und viele Vortragende nutzen es als Gedächtnisstütze. Sie verteilen fast das ganze Manuskript auf Folien und lesen dann nur noch ab, was da steht. Ein Jammer, wenn Folien nur das bieten, was die Tonspur besser kann: Text. Lesen und Zuhören zugleich ist eine Doppelbelastung für die linke Hirnhälfte, die rechte verkümmert. Daher sollten wir Folien in erster Linie nutzen, um Bilder zu zeigen.

Die wichtigsten Tipps für das Erstellen von Folien

- Ein starkes Bild pro Folie – möglichst wenig Text
- Wenn schon Text, dann keine ganzen Sätze, sondern Bulletpoints
- Wenn schon Bulletpoints, dann nicht mehr als sechs pro Folie
- Schriftgröße: Minimum 36 Punkt für Text, 44 Punkt für Überschriften
- Sparsam mit Animationen umgehen – weniger ist mehr

Beim Präsentieren lauern die nächsten Fallstricke: Entweder auf den Folien steht das, was der Redner ohnehin sagt (Redundanz), dann hätte er sich die Folie sparen können. Oder es steht etwas drauf, was gerade gar nicht zur Tonspur passt (Inkonsistenz), dann sind die Zuhörer verwirrt. Beim Fernsehen heißt das Text-Bild-Schere. Zuviel Geschriebenes schränkt zudem unsere Flexibilität ein. Wer plötzlich feststellt, dass die Zeit knapp wird, der sagt womöglich so etwas Bescheuertes wie: „Eigentlich wollte ich darauf noch eingehen, aber das überspringe ich jetzt aus Zeitgründen …". Und dann wird schnell im Foliensatz weitergeklickt. Jetzt fühlen sich die Zuhörer um Inhalt betrogen. Und merken, dass der Redner ein schlechtes Zeitmanagement hat. Idealerweise wissen wir vorher, wo die Abkürzungen sind, und springen so, dass es keiner merkt. Und es merkt ja keiner, wenn wir nicht explizit darauf hinweisen. Die anderen kennen unseren ursprünglichen Plan nicht. Es sei denn, die Agenda war zu detailliert – wovon ich abrate. Und wie komme ich schnell fünf Folien weiter, ohne dass alle mitbekommen, dass ich springe? Ganz einfach. Mit der Eingabe „Seitenzahl – Return" lande ich direkt auf der gewünschten Folie. Dazu muss ich allerdings die Seitenzahlen meiner Folien kennen oder einen sehr schlanken Foliensatz haben. Der Präsentainment-Geschäftsführer Andreas Bornhäußer schreibt: „Die Notwendigkeit, sich an den betriebenen Vorbereitungsaufwand halten zu müssen, nimmt im umgekehrten Verhältnis proportional zum tatsächlich betriebenen Vorbereitungsaufwand ab" (Bornhäußer 2001, S. 19). Einfach ausgedrückt: Je klarer und einfacher meine Struktur, desto leichter kann ich sie verlassen.

Weiteres Risiko bei Text: Wir sprechen noch über den ersten Bulletpoint, das Publikum liest bereits den fünften. Die Aufmerksamkeit sollte sich nie zwischen Folie und Redner entscheiden müssen. Geteilte Aufmerksamkeit ist doppelte Verwirrung. Wobei die Aufmerksamkeit automatisch mehr bei den Folien ist, wenn, wie in 98 % aller Konferenzräumen der Welt, die Leinwand genau mittig platziert ist. Folien sind so dominant geworden, dass wir oft gezwungen sind, seitlich zu stehen, damit alle gut die Leinwand sehen können. Und die meisten Präsentatoren fühlen sich sogar wohl damit, denn sie stehen nicht gerne im Mittelpunkt und sind ganz froh, wenn die Projektion im Zentrum ist. Wo immer möglich, baue ich das um. Seien Sie nicht der Sidekick in der eigenen Präsentation und lassen Sie sich nicht von Folien die Schau stehlen.

> Folien sind Robin, Du bist Batman.

Die wichtigsten Tipps für das Präsentieren mit Folien
- Kein „betreutes Lesen"[1] – alle im Raum können selbst lesen, was auf der Folie steht.
- Bei Text still mitlesen, dann wissen wir, wie lange wir Zeit geben müssen.
- Zugewandt bleiben, nicht zur Leinwand umdrehen – der Laptop ist der Monitor.

---

[1]Formulierung von A. Bornhäußer S. 101.

> - Tonspur ist komplementär zum Bild.
> - Aufmerksamkeit steuern – Folie an, wenn es etwas zu zeigen gibt, Folie aus, wenn wir sprechen.

Sogar Menschen, die seit vielen Jahren mit PowerPoint präsentieren, ist nicht bewusst, dass man Folien live an- und ausschalten kann. Ich meine nicht die Funktion Folie ausblenden (dafür muss ich mich vorher entscheiden), sondern die Black-Funktion. Unabhängig davon, ob man mit PC oder Mac projiziert, schaltet im Präsentationsmodus ein Druck auf die B-Taste die Leinwand auf Schwarz. „B" wie „black" und das Bild ist weg. Nochmal B, und die Folie ist wieder zu sehen. Auf den meisten Presentern gibt es ebenfalls eine Taste dafür. So kann ich die Aufmerksamkeit steuern und auch dann im Zentrum stehen, wenn die Leinwand mittig hängt. Sollen die Menschen mir zuhören, schalte ich die Folie weg und stehe im Zentrum. Gibt es etwas zu gucken oder zu lesen, trete ich einen Schritt zur Seite und schalte sie an. Wird es im Raum zu dunkel, wenn ich auf Schwarz schalte, drücke ich die W-Taste („W" wie „white"), dann wird die Leinwand hell und weiß. Wem diese Funktion nicht geheuer ist, der kann auch schwarze bzw. leere Folien einbauen. So haben unsere Worte volle Aufmerksamkeit.

Für die Verspielten, die gerne überraschen wollen, gibt es noch ein Gimmick, das ebenfalls die wenigsten kennen. Die Tastenkombination Strg-P oder Command-P verwandelt den Mauszeiger in einen Pencil und ich kann live in eine Folie hineinmalen. Etwas krakelig, verblüfft aber alle. Das Ergebnis ist nicht permanent, nach dem Umschalten auf die nächste Folie sind die Linien weg.

6.1.2   Umgang mit dem Presenter

Was wir mal in der Hand haben, geben wir nicht mehr her. So ist es oft auch bei dem kleinen Gerät, mit dem wir die Folien weiter schalten (Presenter oder Klicker). Somit ist immer eine Hand belegt. Das ist nur dann sinnvoll, wenn die Folien zügig wechseln. Ansonsten wirkt es entspannter und souveräner, wenn wir den Presenter erst in die Hand nehmen, wenn wir ihn brauchen. Dazwischen weglegen, damit beide

Hände frei sind für Gestik. Es kostet nur eine halbe Sekunde, ihn sich zu holen, die Zeit haben wir, wir sollten ohnehin mehr Sprechpausen machen.

> **Profi-Tipp: Presenter in die andere Hand**
>
> Die meisten nehmen den Presenter instinktiv in die Hand mit der sie auch schreiben. Das ist jedoch meist auch die aktivere Hand. Die Folge: wir wedeln mit dem Ding durch die Luft. Oder es wird dramatisch Richtung Bühnenhintergrund geklickt – obwohl doch der Rechner das Infrarotsignal empfängt und nicht die Leinwand. Daher am besten das Gerät in die *nicht-dominante* Hand (für Rechtshänder also die Linke) nehmen. Dann haben wir unsere „Haupthand" immer frei für asynchrone Gestik und die Klicker-Hand hängt seitlich entspannt und erledigt ihre Aufgabe unauffällig (s. Abb. 6.1). Keine Sorge, die Folien schalten auch weiter, wenn wir Richtung Boden klicken.

Wie viel Zeit verbringen wir mit dem Erstellen von Folien? Meist geht ein Großteil der Vorbereitungsarbeit für eine Präsentation in das Optimieren von Folien. Würden wir nur die Hälfte dieser Zeit darauf verwenden, uns über Relevanz und passende Körpersprache Gedanken zu machen, wir könnten mehr erreichen.

Abb. 6.1 Nicht mit dem Presenter winken. (Mit freundlicher Genehmigung von © Martin Cambeis 2018. All Rights Reserved)

Und manchmal haben wir null Zeit in die Folien gesteckt, denn das hat ein anderer getan. Präsentieren sollen wir trotzdem.

Die Präsentation eines anderen halten

Der Albtraum vieler. Wichtige Präsentation auf der Sales-Konferenz. Der Kollege, der präsentieren soll, fällt kurzfristig aus und der Chef sagt: „Mach du das doch, du bist in derselben Abteilung". Klar, wir sind auch vom Fach, aber nicht so tief im Thema drin wie der Kollege. Und die Folien sind schon gar nicht unsere. Die hätten wir ganz anders gestaltet. Und einige verstehen wir gar nicht. Was tun?

Es gibt drei Möglichkeiten:

1. **Ehrlichkeit:** „Sorry, ich springe hier nur ein, ist eigentlich nicht mein Thema. Ich rattere das jetzt professionell runter, aber bitte keine Nachfragen, ich versteh selbst kaum, was ich hier vortrage." Das wäre brutal authentisch, aber nicht unbedingt klug.
2. **Bluff:** Mit Schwung und Mut zur Lücke präsentieren. Das Publikum weiß ja nicht, wie die Präsentation eigentlich hätte sein sollen. Geht erstaunlich oft gut – wenn man die Selbstsicherheit mitbringt. Bei kritischen Nachfragen kann ich immer noch einräumen, dass ich kurzfristig eingesprungen bin.
3. **Aneignen:** Die vermutlich beste Variante ist auch die aufwendigste. Sich die Präsentation zu eigen machen, d. h. gründlich mit ihr beschäftigen und sie für sich selbst und für das Publikum anpassen. Dann sollten wir aber auch die Prokura haben, Folien zu verändern oder rauszuschmeißen.

Zusammengefasst

- Profis proben, denn das schafft Sicherheit und vermittelt ein Gefühl für Länge.
- Besonders die ersten Sätze sollten bewusst langsam gesprochen werden.
- *Wir* sind die Präsentation – nicht der Foliensatz.
- Präsentationen anderer sollten wir uns zu eigen machen.

Immer wieder erzählen mir Trainingsteilnehmer, dass sie gerade in dieser Situation besonders nervös sind. Sie sollen das Lied eines anderen singen. Andere sind *immer* aufgeregt. Beim Radio hatte ich einen Kollegen, der stand jedes Mal, kurz bevor er „on air" ging, so unter Strom, dass ich mich fragte: Warum hat er ausgerechnet diesen Beruf ergriffen? Auch beim Theater habe ich Schauspielkollegen erlebt, die jeden Abend unter starkem Lampenfieber litten. Mir wäre das zu belastend für das Nervenkostüm. Aber manche gehen es offenbar therapeutisch an und suchen die Konfrontation mit ihren größten Ängsten. Wobei es gut wäre, wenn die Desensibilisierung auch irgendwann hilft. Ein bisschen Kribbeln ist gut. Doch was, wenn die Aufregung so groß ist, dass sie die Performance nicht mehr belebt, sondern blockiert?

6.2   Nervosität: Lieber tot als eine Rede halten?

Magensausen, trockener Mund, zittrige Stimme, schwitzige Hände, Faden verlieren bis zum völligen Blackout: Das sind die gängigen Symptome starken Lampenfiebers. Gestorben ist dabei in jüngster Zeit keiner. Der einzige mir bekannte Fall, bei dem jemand direkt im Anschluss an seine Rede verschieden ist, war Swami Yogananda 1952 in Los Angelos, aber der hat das auch in etwa so vorausgesagt. Und wer will ihm vorwerfen, dass er sich an seine Prophezeiung gehalten hat? Und einer hat mal eine Rede vier Wochen später mit dem Tod bezahlt. Am 4. März 1841 hielt William Henry Harrison, der 9. Präsident der Vereinigten Staaten, vor dem Weißen Haus seine Amtseinführungsrede. Es war ein bitter kalter Tag in Washington und Harrison weigerte sich, Hut und Jacke zu tragen. Harrison sprach zwei Stunden lang in der eisigen Luft und zog sich dabei eine schwere Lungenentzündung zu, an der er einen Monat später starb. Wir sollten also die Erkältung mehr fürchten als den Auftritt. Doch offenbar finden viele Auftreten schlimmer als Abtreten.

„Lieber tot als eine Rede halten". Dieses Umfrage-Ergebnis geistert seit Jahren durch Kommunikationstrainings. Tatsächlich rangiert die Glossophobie (Angst vor dem öffentlichen Reden) auf US-amerikanischen Ranglisten der größten Ängste regelmäßig unter

den Top 5 und liegt in manchen Umfragen auf Platz 1, während die
Angst vor dem Tod Platz 2 einnimmt (Croston 2012). Kaum zu glauben. Viele würden auf einem Begräbnis also lieber im Sarg liegen als
die Trauerrede halten? – Vielleicht haben die Leute eher Angst vor der
Angst, weil sie wissen, dass sie es versauen, wenn das Lampenfieber die
Oberhand gewinnt? Haben wir nicht Angst vor dem Reden, sondern
vor der Nervosität? Fest steht, die Nervosität ist da, fast bei allen. Und
wir überschätzen oft die möglichen negativen Folgen eines schlechten
Auftritts. Allerdings lässt sich das aus unserer Menschheitsgeschichte gut
erklären.

Beispiel

Am Gründonnerstag im Jahre 1527 fand in der Münchner Frauenkirche
gerade ein vorösterliches Abendmahl statt, als der Messerschmied Ambrosi
Lossenhammer (ein echter Schmied-Name!) aufstand und laut in die Kir-
che rief: „Gott ist nicht im Brot! Drum sollte man es auch nicht anbeten!"
Hui.
   Heute würden wir sagen: Warum nicht? Kann man so sehen. 1527 allerdings war man in religiösen Angelegenheiten weniger entspannt. Keine
Sorge, Lossenhammer wurde nicht gleich hingerichtet. Der Messerschmied
wurde 47 Tage lang gefoltert und erst *dann* hingerichtet. Geköpft, um
genau zu sein.

6.2.1 Das alte Alarmsystem

Über Jahrtausende war es für uns lebensgefährlich, ohne Deckung in
der Savanne zu stehen. Wie schnell konnte da ein hungriger Löwe auf
uns aufmerksam werden oder ein feindlicher Pfeil geflogen kommen.
Später wurden wir zivilisierte Leute, lernten die Schrift und gingen fest-
lich gekleidet in Gottesdienste. Aber nun machten wir uns wegen Fragen der Glaubensauslegung gegenseitig einen Kopf kürzer. Während der
Inquisition lebte ein ganzer Orden davon. In Zeiten der Feudalherr-
schaft oder später in Diktaturen konnte es ebenfalls Kopf und Kragen
kosten, sich mit eigener Meinung zu sehr aus dem Fenster zu lehnen. In
einigen Gegenden dieser Welt ist das heute noch so. Nur in den Indus-
trieländern hat sich das in den letzten Jahrzehnten gedreht. Plötzlich

sollen wir uns exponieren, uns zeigen, wie wir sind, Querdenker sein und bitte, bitte, eine provokante Rede halten. Das ist relativ neu. Wir wissen es. Aber die Evolution hat das Memo nicht bekommen. Sie braucht etwas länger. Deshalb reagieren wir in einer schutzlosen Lage wie auf der Bühne immer noch so wie unsere Vorfahren. Leichtes Unbehagen bis hin zu offener Panik.

> Die Evolution hat das Memo nicht bekommen. Deshalb drückt das Kleinhirn den Panik-Knopf.

Wie viele Ambrosi Lossenhammers es wohl in der Menschheitsgeschichte gegeben hat? Mutige Selbstdenker, die sagten, was ihnen durch den Kopf ging. Oder die taten, was ihnen ihr Gewissen eingab, ohne Rücksicht auf ihr eigenes Leben? So, wie während der Französischen Revolution die mutige Charlotte Corday, die den blutrünstigen Jakobiner Jean Paul Marat in dessen Badewanne erdolchte, bevor er noch mehr Unschuldige auf die Guillotine schickt. Und dafür selbst enthauptet wurde.

Wie viele dieser Helden und Heldinnen konnten Kinder zeugen, bevor sie zum Henker mussten? Wahrscheinlich wenige. Und deswegen sind wir nervös vor Auftritten. Wir stammen von den Vorsichtigen ab – denn die haben überlebt. Die Mutigen, diejenigen, die in der Schlacht an vorderster Front ins Getümmel ritten, die hat es meist auch als erste erwischt. Die Tapfersten konnten zum Gen-Pool der Menschheit nicht so viel beitragen. Wir sind mehrheitlich die Nachfahren derer, die nochmal nachgedacht und dann lieber die Klappe gehalten haben. Und heute sollen wir auf die Bühne! – Kein Wunder, dass die alte Alarmanlage in unserem Kleinhirn losgeht und Adrenalin ausschüttet.

> Wir stammen von den Vorsichtigen ab. Denn die haben überlebt.

Und was macht Adrenalin im Körper? Es bereitet uns auf die beiden Panikreaktionen unseres tierischen Erbes vor: Flucht oder Angriff, fight or flight. Dafür geht alles Blut in die Muskeln, damit wir entweder zuschlagen oder schnell weglaufen können. Dieses Blut und der von ihm transportierte Sauerstoff fehlen dann an anderer Stelle, vor allem im Großhirn. Die Folge: Wir können nicht mehr klar denken, wir werden fahrig – und reden zu schnell.

Nervosität macht blöd
Am liebsten würden wir, wenn es unangenehm wird, tatsächlich fliehen. Einfach raus aus dem Scheinwerferlicht. Oder wenigstens dem Müller aus dem Marketing, der grad so fies grinst, die Fresse polieren. Dem noch funktionierenden Rest unseres Großhirns ist klar: Das können wir beides nicht bringen. Und wenn weder Flucht noch Angriff möglich ist, erstarren wir vor Angst wie das Kaninchen vor der Schlange. Blackout. Leider gibt es keinen Knopf, den wir für sofortigen Adrenalinabbau drücken können. Ist das Hormon erst mal im Blut, dauert es eine Weile, bis es sich wieder abbaut. Wir kennen das vom Beinahe-Unfall. Es hätte fast gekracht, wir erkennen, dass es nochmal gut gegangen ist, sind aber nicht sofort wieder entspannt, sondern zittern noch eine Weile nach, weil es eben dauert, bis der Adrenalinpegel wieder sinkt. Der Schreck fährt schneller in die Gliedern hinein als wieder heraus.

In diesem Moment ist unsere schlimmste Befürchtung wahr geworden. Wir blamieren uns und alle sehen es. Wir fühlen uns wie der Gladiator im Zirkus Maximus und gleich senkt sich der Daumen. Wir würden am liebsten im Boden versinken.

Mir ist das drei Mal passiert. Zweimal als Musiker – Text weg, keine Ahnung, welcher Teil jetzt kommt, Mist, jetzt merkt es jeder. Beim zweiten Mal war es ein großer Auftritt in Friedrichshafen (der Premierenabend mit der Gummimaske) und in der Zeitungskritik am nächsten Tag wurde zu Recht die Frage aufgeworfen, ob die *Meedels* (so hieß die Gruppe) mit mir als Neuzugang den richtigen Griff getan hatten. Beim nächsten Mal war ich besser vorbereitet. Die restliche Tournee lief super.

Das dritte Mal war meine Antrittsrede als neuer Teamchef bei einem Hörfunksender. Mir blieb vor Nervosität die Spucke weg, und zwar derart, dass ich fast keinen Ton mehr rausbrachte. Als Radiomoderator! Ich hätte mich gern an Ort und Stelle erschossen. Zum Glück konnte mir keiner eine geladene 45er in die Hand drücken, daher lebe ich noch und kann feststellen: Ich habe es nicht nur überlebt, es war mit Abstand betrachtet auch keine große Sache. Klar, das hätte man sich lieber erspart, aber nach einigen Tagen denkt kein Mensch mehr dran – außer man selbst. Tiere sind da lebensklüger. Die Gazelle, die vom Löwen angegriffen wird, rennt um ihr Leben. Kaum ist die Gefahr vorüber, schüttelt sie sich kurz und grast friedlich weiter. Wir sind noch Monate später innerlich aufgewühlt, wenn wir nur dran denken.

6.2.2 Tipps, um ruhiger zu werden

Was können wir tun? Vor allem: uns klar machen, dass die Aufgeregtheit normal ist. Und uns über Jahrtausende geholfen hat zu überleben. Wenn wir also das nächste Mal in uns Nervosität aufsteigen spüren, können wir ihr zurufen: „Hallo, altes Alarmsystem! Schön, dass du dich meldest. Vielen Dank für die guten Dienste in früheren Zeiten. Zur Info: Heute wird nicht geschossen. Ich darf hier was sagen – alles in Butter."

Schon jetzt sollte sich die Angst vor der Angst legen, bis nur noch das übrig bleibt, was wir bei einem Auftritt gut brauchen können: eine leichte Aufregung und Gespanntheit des Wesens, die uns wach und präsent sein lässt.

Weitere Strategien:

- Gute Vorbereitung: Das sollte selbstverständlich sein. Je besser vorbereitet, desto sicherer.
- Probedurchläufe: Profis proben, wir sollten es auch tun.
- Mentale Affirmation: Ich bin top vorbereitet und daher entspannt auf der Bühne usw.
- Power Posing: Sich mit Stift zwischen den Zähnen zum Lächeln zwingen, bis wir uns so fühlen, wie wir aussehen. Dazu noch die Arme hoch recken. Nach zwei Minuten schießen die Endorphine ein.
- Angst abschütteln: Überschüssiges Adrenalin muss raus, da hilft etwas Bewegung unmittelbar vor dem Start.
- Luft ablassen: Einmal kräftig ein- und ausatmen vor den ersten Worten.

- Slow Motion als Gegenmittel: Bewusst langsam sprechen, um dem Gehirn zu signalisieren: Das mit dem Adrenalin war ein Fehlalarm, mir geht es gut.

Meine Lieblingsstrategie ist das friendly face. Manchmal macht einen jemand im Publikum nervös, der abweisend oder desinteressiert guckt. Meistens steckt keine Absicht dahinter, derjenige ist sich seiner Mimik schlicht nicht bewusst. Aber mich verunsichert das in den ersten Minuten. Also suche ich mir ein freundliches Gesicht. Wer schaut mich offen und wohlgesonnen an? Dort gucke ich hin, diese Person spreche ich anfangs bevorzugt an und tanke Sicherheit, bevor ich dann die Augen weiter wandern lasse.

Manchmal hört man immer noch den albernen Tipp, man solle sich das Publikum nackt vorstellen, um übermaßigen Respekt abzubauen. Hm. Will ich wirklich *dieses* Bild im Kopf haben, just in dem Moment, da ich mich auf meine Worte konzentrieren sollte? Ich halte das für keine gute Idee.

Die bessere Variante ist, sich daran zu erinnern, dass statistisch gesehen nur die wenigsten unter den Zuhörern geborene Rampensäue sind. Die meisten wären an unserer Stelle jetzt auch ein wenig nervös und empfinden eher Mitgefühl als Schadenfreude, wenn wir rot anlaufen. Sie sind froh, dass es nicht ihnen passiert ist – aber es will auch keiner anderen länger beim Leiden zuschauen. Sie freuen sich noch mehr, wenn wir uns wieder fangen und einfach weitermachen.

Außer dem alten Alarmsystem gibt es noch weitere Ursachen für Nervosität. Manchmal steht wirklich viel auf dem Spiel für uns. Dann brauchen wir etwas Vertrauen ins Leben. Was auch immer wir uns erhoffen, wenn es sein soll, wird es so kommen. Wenn nicht, dann soll es nicht sein, daran ändert mehr oder weniger Aufregung auch nichts. Gib dein Bestes und entspann dich! Mehr als dein Bestes geht schließlich nicht. Und unser Bestes ist immer unser Bestes unter den gegebenen Umständen, die auch mal gegen uns sein können. Wenn unser Bestes tatsächlich nicht gut genug ist, können wir daran im Moment auch nichts ändern.

> Gib dein Bestes – das sollte reichen. Denn mehr als das Beste geht nicht, oder?

Und dann ist da noch ein Bösewicht: Erwartungen. Die der anderen überschätzen wir oft. Die meisten Geschäftsleute haben schon etliche todlangweilige Präsentationen über sich ergehen lassen müssen und erwarten wenig. Die Latte liegt meist niedrig. Gegen die Masse der Mittelmäßigen sollten wir gewinnen können. Schlimmer sind die eigenen Erwartungen. Wir sind unser ärgster Feind. Und auch wenn wir die anderen zur Erfüllung unserer Vision brauchen, müssen wir nicht in servile Katzbuckelei verfallen. Ein gesundes Selbstwertgefühl sollte uns davor bewahren, uns allzu abhängig von der Bewertung anderer zu machen.

> Hab dich lieb, dann können die anderen dich gern haben.

Nicht falsch verstehen: Es ist in Ordnung, hohe Erwartungen an sich zu haben. Aber ein Auftritt ist keine Sache von Muskelkraft, bei der ich mich einfach mehr anstrengen kann und dann wird das Ergebnis besser. Ein Auftritt ist – selbst in einem sehr nüchternen Kontext – fast so etwas wie ein künstlerischer Akt, der mal besser, mal weniger gut gelingt. Es ist ein lebendiger Austausch, zu dem zwei gehören: das Publikum und ich. Quasi zwei Unbekannte in der Gleichung, denn meine Tagesform habe ich nicht völlig unter Kontrolle. Die der anderen erst recht nicht. Eine Rede ist live und nie völlig im Voraus berechenbar. Erfolg und Niederlage gehören beide zum Spiel. Wir geben alles, was geht – aber mit stählernem Willen erzwingen zu wollen reißt die Performance womöglich erst recht zu Boden. Wir müssen aushalten, dass Unvorhergesehenes passiert und locker damit umgehen. Das Ding verkrampft auf die Zielgerade schieben wollen, macht uns nicht sympathisch. Im Gegenteil, wir können sehr an Sympathie gewinnen, wenn die anderen erleben, dass wir mit Pannen locker umgehen. Der Vorstandsvorsitzende, dem auf dem Weg zum Rednerpult das Manuskript aus der Hand gleitet, das dann aufgehoben und erst mal wieder sortiert werden muss, hat schon halb gewonnen, wenn er darüber lachen kann.

> Kleine Pannen lassen uns sympathisch wirken, wenn wir locker damit umgehen.

Die Sozialpsychologie kennt das als den Pratfall-Effekt. Je kompetenter wir eine Person einschätzen, desto liebenswürdiger wird sie in unseren Augen, wenn ihr ein kleiner Fehler unterläuft. Die Panne macht den Übermenschen wieder menschlich. Wenn hingegen der durchschnittliche Otto-Normal-Kompetente einen Lapsus produziert, gibt es keinen Bonus, sondern dann greift die Schublade des ersten Eindrucks. Aha, Fehler gemacht, offenbar kein Genie. Wenn Menschen deine Fehler „süß" finden, halten sie dich offenbar für sehr kompetent, wenn nicht gar einschüchternd.

6.2.3 Blackout-Strategien

Nun noch zum Worst Case: Wir verlieren komplett den Faden. Rien ne va plus. Blackout. Erst mal: keine Panik! Meist geht gleich wieder das Licht an. Nichts anmerken lassen. In diesem Moment machen wir unwillkürlich eine Mini-Pause, von der wir denken, dass sie bestimmt allen verdächtig vorkommt. Wir sind verraten! Dabei hat noch keiner was gemerkt, denn unser kurzes Schreckpäuschen ist vermutlich 0,3 s lang – ein Wimpernschlag. Wir haben auf der Bühne oder unter Stress kein zuverlässiges Zeitgefühl. Eine Minute mit Blasendruck vor der besetzten Toilette kann uns vorkommen wie eine Ewigkeit. So ist es auch im Rampenlicht der ungewohnten Aufmerksamkeit. Das erhöhte Adrenalin lässt uns auf höherer Umdrehung laufen, und Sekundenbruchteile kommen uns lang vor. Ein kurzer Gedankenabriss passiert auch sehr geübten Rednern. Die meisten sind nur kontrolliert genug, es sich nicht anmerken zu lassen. Sie überspielen es – und einen Moment später fällt ihnen wieder ein, was sie sagen wollten. Hier der Notfahrplan des Bühnenprofis:

- Einmal ein- und wieder ausatmen und dabei entweder bedeutungs-voll in die Menge oder sinnierend auf den Boden gucken. Wir beruhigen uns und voilà, da ist er wieder, der rote Faden.
- Falls uns nur in den Kopf kommt „Hilfe, ich weiß grad echt nicht, wie es weitergeht!", können wir jemanden fragen, der sich auskennt, und zwar die Person, die diese Präsentation erstellt hat, also uns. Nur verkleiden wir es als rhetorische Frage an die Zuhörer. „Was heißt das nun für uns? – Was wollen wir als nächstes betrachten? – Was fehlt jetzt noch? – Wie geht es nun weiter?" Usw.
- Abwarten, Kunstpause, oft fällt einem tatsächlich die Antwort auf die Frage ein, weil irgendein Teil unseres Gehirns zugehört hat und weiß, was als letztes gesagt wurde. Das ist wie beim automatischen Sichern auf dem Rechner. Wir können auch unsere letzten Worte laut wiederholen, falls sie noch im Arbeitsspeicher sind. Kann helfen, wieder in die Spur zu finden.
- Immer noch keine Erleuchtung? Ok, jetzt wird es ernst, dann muss das letzte As aus dem Ärmel gezogen werden: In der Sakko- oder Hosentasche habe ich immer einen Zettel mit den wichtigsten Stichworten. Ich sage: „Das, was jetzt kommt, ist mir besonders wichtig, deshalb hab ich mir das aufgeschrieben, damit ich es auf keinen Fall vergesse." – Dann ziehe ich den Zettel aus der Tasche und lese, wie es weiter geht. Nun sollte allerdings keine Banalität kommen. Obwohl – man kann alles gut verkaufen. Selbst wenn ich dann sage: Mittagessen ist um 12:30 Uhr, ist das ein Lacher. Und wenn der Zettel nicht weiterhilft, weil nur große Kapitelüberschriften drauf stehen und ich keinen Schimmer habe, wo im Ablauf ich bin, dann punkte ich mit Ehrlichkeit: „Sorry, jetzt bin ich völlig aus dem Tritt gekommen und muss erst mal nachgucken, wo wir sind". Nimmt einem auch keiner übel.

Profi-Tipp: Im Zweifelsfall ablesen

Das mit dem Zettel mache ich als Moderator zur Sicherheit immer bei schwierigen Namen, Abkürzungen oder Fachbegriffen. Bevor ich mich oder den Gast blamiere und jemand falsch betitle oder einen zentralen Begriff falsch spreche, lese ich das lieber sauber ab. Und verkaufe es ehrlich: „Ich möchte das ablesen, damit ich das auch richtig sage." Leuchtet jedem ein.

Beispiel

Auf einer sozialpolitischen Veranstaltungsreihe musste ich mehrfach Irmgard Badura ankündigen, die damalige „Beauftrage der Bayerischen Landesregierung für die Belange von Menschen mit Behinderung". Sowohl der lange Titel als auch der etwas ungewöhnliche Nachname waren ein potenzieller Stolperstein. Beim ersten Mal habe ich es gerade noch unfallfrei rausgebracht. Beim nächsten Mal bin ich kein Risiko eingegangen und hab den Spickzettel mit Ihrer Visitenkarte darauf aus der Tasche gezogen und abgelesen. Die Leute hörten den langen Titel und hatten sofort vollstes Verständnis.

Am besten, wir gehen nachsichtig mit uns um. Irren ist menschlich. Und Nervosität erst recht. Ich musste bei Moderationen schon oft bluffen und bei wenig Ahnung kompetent wirken. Ich verfahre dann nach der Devise: den Pfeil abschießen und das, was man getroffen hat, zum Ziel erklären.

Zusammengefasst

* Nervosität ist die Reaktion eines alten Alarmsystems.
* Was hilft: Ausatmen, Zeit lassen, friendly face.
* Eigene Erwartungen hinterfragen nimmt Druck raus.
* Beim Blackout pausieren. Oft kommt der rote Faden wieder.

Wenn jemand vorne steht und sichtbar sehr nervös ist, entsteht oft auch keine gute Verbindung zum Publikum. Wie auch? Die Person ist zu sehr mit sich selbst beschäftigt. Doch wenn es uns nicht gelingt, einen guten Rapport mit den Zuhörern herzustellen, war alle Mühe vergeblich.

Literatur

Bornhäußer A (2001) Präsentainment. Die hohe Kunst des Verkaufens. Benleo Verlag, München

Croston G (2012) The thing we fear more than death. https://www.psychologytoday.com/us/blog/the-real-story-risk/201211/the-thing-we-fear-more-death. Zugegriffen: 15. Okt. 2018

Robbins T (2006) Why we do what we do. https://www.ted.com/talks/tony_robbins_asks_why_we_do_what_we_do. Zugegriffen: 15. Nov. 2018

7

Verbindung herstellen

Zusammenfassung Je stärker das Sachziel einer Präsentation mit einem Beziehungsziel verknüpft ist (sie müssen mich mögen, mir vertrauen, mir glauben, mir folgen usw.), desto wichtiger ist die Verbindung zum Publikum. Das leuchtet ein. Doch wie stellt man sie her? Und wie hält man sie auch im Laufe eines längeren Vortrags aufrecht? Darum geht es in diesem Kapitel.

Sieht man sich Mitschnitte von Politikerreden aus der Zeit vor dem Zweiten Weltkrieg an, fällt auf, dass diese Redner oft keinen Augenkontakt suchten, sondern über die Masse hinweg sprachen, den entschlossenen Blick auf einen unbestimmten Punkt am Horizont richtend. Vielleicht konnten sie sich so besser auf ihren Text konzentrieren (immerhin gab es damals keine Teleprompter). Vielleicht aber empfanden sie auch, dass sie – Priestern gleich – ihre Botschaften von einer höheren Ebene empfangend gar nicht an Einzelne richten mussten. Was ist schon das Individuum angesichts des göttlichen Auftrags? Derart enthoben zu präsentieren können sich heute allenfalls Diktatoren leisten, die sich keiner echten Wahl stellen. Alle anderen müssen um die Gunst des Publikums buhlen und daher den Kontakt suchen. Mancher muss das erst lernen.

© Springer Fachmedien Wiesbaden GmbH, ein Teil von Springer Nature 2019
D. U. Schott, *Souverän präsentieren – Die erste Botschaft bist Du*,
https://doi.org/10.1007/978-3-658-24848-2_7

Beispiel

1995 war ich ein erfolgreicher Radiomoderator in München. Eines Tages wurde ich als Warm-upper für die Pilotfolge einer neuen RTL-Talkshow engagiert. Warm-up heißt, das Studio-Publikum vor einer Aufzeichnung in Stimmung bringen, damit die Kameras wache, begeisterte Gesichter einfangen. Die Moderatorin hieß Bärbel Schäfer und das Neue am Konzept war: Das Publikum sollte nicht nur auf Befehl mit den Füßen trampeln und johlen wie sonst üblich, sondern mitdiskutieren. Daher sollte auch der Warm-up mehr sein als die übliche Ferienclub-Animation („Na, wollt ihr alle ins Fernsehen? Dann zeigt mal wie laut ihr KLATSCHEN KÖNNT!!"). Man wollte einen „journalistischen" Warm-up mit mehr inhaltlicher Interaktion. Es ging darum, das Studiopublikum zum Reden zu bringen. In meiner Morning-Show hatte ich oft Hörer am Telefon und die Produzenten dachten sich: Der kann gut mit Leuten. Tatsächlich war die Pilotfolge ein großer Erfolg. Für Bärbel Schäfer und auch für mich, denn der Warm-up kam glänzend an. Einige Wochen später kam ein Anruf aus Köln. Im Oktober würden die regulären Aufzeichnungen beginnen, ob ich zur Verfügung stünde. Warm-up war nicht mein Ziel, aber ein potenzielles Sprungbrett. Also ging ich für zwei Monate nach Köln.

Erster Tag der Aufzeichnungen: Ich betrat die große Studiohalle in Hürth-Kalscheuren und war top vorbereitet. Ich hatte mir Gags geschrieben, die einen Bogen von aktuellen Aufregern zum Thema der Sendung schlagen würden und mir gute Fragen für das Publikum überlegt. Große Kameras bewegten sich zwischen den Kulissen und auf den ansteigenden Rängen saßen ganze Busladungen Menschen, die sich auf einen unterhaltsamen Nachmittag beim Fernsehen freuten.

Gleich mein erster Satz war ein Kracher. Spitzen-Gag! Allerdings kam nicht die gewünschte Reaktion. Es kam – nichts. Kein Lacher. Kein Mucks. Die Leute sahen mich unverwandt an. Ich war etwas verunsichert, das hatte ich mir anders vorgestellt. Gleich schob ich die nächste Pointe hinterher. Auch die zündete nicht. Nanu!? Sind die müde von der Busfahrt? Nach außen machte ich professionell weiter, innerlich wurde mir flau und ich hätte am liebsten abgebrochen. Es half nichts, da musste ich durch. Nach einigen Minuten war das Publikum bereit, immerhin die Mindestanforderungen zu erfüllen. Mal klatschen, mal johlen, mal „Buh!" rufen und dergleichen. Stimmung!? – Meine war am Boden. Zwei Stunden später würde die nächste Aufzeichnung starten. Was konnte ich anders machen? Mir fiel nichts ein. Das hatte doch beim Piloten so gut geklappt. Was war hier los?

Auch die nächste Runde mit neuem Publikum lief zäh. Es war, als würde ich gegen eine Wand sprechen. Kein Echo, keine Resonanz. Das zog mir den letzten Rest von Selbstbewusstsein aus den Adern, ich war völlig verzweifelt. Wie sollte ich noch zig Aufzeichnungen durchstehen? Ich konnte nicht mehr, ließ das Mikrofon sinken und setzte mich neben einen jungen Kerl, der ganz vorne rechts saß und sagte: „Tut mir leid, ich soll euch in Stimmung bringen – aber offenbar bin ich eine komplette Fehl-besetzung! Bitte hilf mir. Was mache ich falsch!?"

Nun geschah ein kleines Wunder. Die Stimmung drehte sich. Nachdem ich mit dem ersten Zuschauer im Gespräch war, riefen mir andere etwas zu, und erst in diesem Moment begann ich, all die Menschen auf den Bänken bewusst wahrzunehmen. Plötzlich waren wir im Dialog und der Warm-up lief.

Erst abends wurde mir klar, was los gewesen war. Ich war überzeugt, meine Gags und schlauen Fragen seien entscheidend, in die hatte ich viel Mühe gesteckt. Ich hatte mich so auf meinen Inhalt konzentriert, dass ich die Zuhörer darüber völlig vergessen hatte. Ich hatte sie nicht einmal rich-tig wahrgenommen. Sie waren nur klatschende Masse. Ich hatte *zu* ihnen gesprochen, aber nicht *mit* ihnen. Das hatten sie gespürt. Wie ein arrogan-ter Schnösel muss ich gewirkt haben. Kein Wunder, hatte keiner Lust, über meine vorbereiteten Witze zu lachen. Erst als die Fassade bröckelte und ich ehrlich gezeigt hatte, wie es mir geht, haben sich auch die Zuschauer geöffnet. Was für eine Lektion!

Am nächsten Tag war alles vom ersten Moment an anders. Ich habe erst mal Kontakt aufgebaut, bin auf Leute zugegangen, habe Small Talk gemacht, mich erkundigt, wo sie herkommen, ob der Busfahrer eine coole Socke ist, wer mit wem verwandt ist. Nichts davon war besonders originell, nichts davon war „journalistisch". Aber es hat funktioniert. Das Publikum und ich, wir waren für 15 min eine eingeschworene Gemeinschaft. Und haben eine Verabredung getroffen: Heute haben wir Spaß!

Es war eine der wichtigsten Erfahrungen meiner Laufbahn. Ich habe danach noch ca. 700 Veranstaltungen moderiert und unzählige Live-Sendungen. Später habe ich Hunderte Seminare in 15 Ländern gehalten. Und immer habe ich mir das Publikum oder die Teilnehmer in den ersten 30 s zum Freund gemacht. Indem ich auf Augenhöhe war und mich nicht wichtiger genommen habe als irgendjemanden im Raum. Diese innere Haltung ist entscheidend. Denn bei anderen Ver-anstaltungsformaten konnte ich nicht mit dem Mikrofon auf Leute zugehen und fragen, wie die Busfahrt war. Ich musste andere Wege fin-den, diese Verbindung herzustellen, und habe sie gefunden.

Warm-up heißt: Nicht gleich losrattern – erst mal die Verbindung herstellen.

Wenn die Rede der Hauptgang ist und die Eröffnung die Vorspeise, dann ist der Warm-up der Aperitif, der Gruß aus der Küche, das Magentratzerl wie man im Bayerischen sagt.

7.1   Von Antenne bis Augenhöhe

Nach meiner RTL-Erfahrung habe ich diesen Moment des sich Verbindens als Warm up abgespeichert. Das können wenige Sekunden sein, das kann sich über einige Minuten hinziehen, wenn z. B. eine technische Verzögerung überbrückt werden muss. Oder wir noch warten müssen, bis alle Teilnehmer eines Meetings da sind, weil es vorher nicht starten soll. Wie stellen wir die Verbindung her? Hier die sechs Dinge, auf die ich mal mehr, mal weniger bewusst achte:

1. **Antennen ausfahren:** Schon bevor ich dran bin, schaue ich mir die Leute an und nehme Witterung auf. Wie ist die Stimmung, was verraten mir die Gesichter, die Bewegungen, die Gruppierungen. Sind die Menschen angespannt, gibt es Fraktionen, kennen sich alle oder irren manche allein umher? Sehe ich Erschöpfung, weil schon viel auf dem Programm stand? Wie ist die Energie, was werden diese Leute gleich von mir brauchen? Muss ich Energie reingeben oder Druck rausnehmen? Einen starken Impuls setzen, damit alle wieder wach werden? Oder ihnen mit einem langsamen Anlauf Zeit geben zu verdauen, was bisher war? Hier gibt es kein Rezept, es geht darum, die Antennen auszufahren und zu spüren, wo ich diese Menschen gleich abholen kann (s. Abb. 7.1). Das ist eine Frage von Intuition und Erfahrung und geht natürlich nur, wenn ich nicht vor lauter Nervosität nur mit mir selbst beschäftigt bin. Vergiss dich, es geht um die anderen!

2. **Der Gang auf die Bühne:** Basierend auf meinem Eindruck von der Stimmung passe ich schon meine ersten Schritte in die Aufmerksamkeit den Bedürfnissen der Menschen an. Wen brauchen sie jetzt? Den Dynamiker oder den Seriösen? Genau den kriegen sie. Entsprechend bewege ich mich. Ist das nicht unauthentisch? Nein, das bin trotzdem immer ich. Nur jeweils die Seite von mir, die jetzt gebraucht

Antennen ausfahren

Abb. 7.1 Verbindung. (Mit freundlicher Genehmigung von © Martin Cambeis 2018. All Rights Reserved)

wird. Ist das Anbiedern? Nein, Dienst an der Sache zu unser beider Vorteil.

3. **Blickkontakt mit dem Publikum aufnehmen:** Erst mal stehe ich nur aufrecht und mit guter Körperspannung da und blicke in die Runde. Und das klingt vielleicht banal, aber ich schaue die Menschen wirklich *an*. Ich zeige meine Freude, hier mit ihnen zu sein. Das ist kein langer Moment, das sind oft nur zwei Sekunden. Einatmen, Ausatmen. Das Avner Eisenberg Opening aus Abschn. 5.1.2. Positive Anspannung, räumliche Präsenz, meinen Platz auf der Bühne einnehmen, den Raum einatmen, Freude. Mein Gesicht sagt: Los geht's. *Lasst uns Spaß haben!*

4. **Die ersten Worte:** Wenn schon Stille eingekehrt ist und alle Blicke bei mir sind, dann kommt jetzt meine vorbereitete Eröffnung.

Wenn nicht, dann spreche ich ein paar Worte, einfach um für meine Eröffnung gleich die volle Aufmerksamkeit zu bekommen. Die Dinge, die ich in solchen Momenten sage, würden andere vermutlich als Icebreaker bezeichnen. Ich finde das ein komisches Wort. Welches Eis denn? Wir sind doch nicht am Polarmeer. Aber bitte. Was ich nicht sage, ist: „Hallo, herzlich willkommen" u. ä. Das kommt *nach* der eigentlichen Eröffnung. Was ich auch nicht sage, ist so was Dämliches wie „Test, Test … 1, 2, 3". Dann lieber: „Wie geht es euch?" Oder: „Mir scheint, Sie haben heute noch viel vor." Die Worte basieren auf den Beobachtungen in Schritt 1. Ich nehme Bezug auf die Stimmung im Raum, auf das, was ich sehe, was bisher war oder noch kommt. Abhängig vom Rahmen kann das eine witzige Bemerkung sein oder etwas relativ Banales. Es ist angemessener Small Talk. Wenig Inhalt, aber Beziehungsaufbau.

5. **Relevanz herstellen:** Nun kommen die ersten zwei Minuten, in denen ich hoffentlich die richtigen Gedanken vorbereitet habe, damit das Publikum denkt: Dieses Thema ist relevant für uns, gut, dass wir hier sind. Darauf verlasse ich mich nicht blind. Ich spreche gerade am Anfang langsam und deutlich (Sprech-Yoga), um nebenbei auch das Publikum lesen zu können. Steht die Verbindung, landen meine Worte dort, wo sie hin sollen? Wenn nicht, noch mehr Tempo rausnehmen, eine rhetorische Frage stellen und alle mitnehmen.

6. **Auf Augenhöhe mit dem Publikum:** Das Mitnehmen ist vor allem eine Frage der inneren Haltung. Die räumliche Situation bei vielen Präsentationen oder Vorträgen könnte uns zu der Annahme verleiten, wir seien die Hauptperson, denn wir stehen erhöht, im Scheinwerferlicht, alle Augen sind auf uns gerichtet. Ja, wir bündeln gerade die Aufmerksamkeit und wir sind in unserer momentanen Rolle auch die sichtbare Hauptfigur, der König im Raum. Aber was ist ein König ohne Untertanen? Eine Witzfigur. Erst die Anwesenden adeln den Redner. Sie sind die wichtigsten Menschen im Raum, denn für sie findet die Veranstaltung, der Vortrag, die Präsentation statt. Die Kunst guter Redner besteht darin, Nähe herzustellen, ohne dafür von der Bühne zu klettern. Mit Augenkontakt, Zugewandtheit und Offenheit können wir nahbar sein – ohne räumlich einen Meter näher an die Leute heranzurücken.

7.2 Die Präsentation als Dialog

7.2.1 Zuhören beim Sprechen

Alles lauscht und einer spricht? Der äußerlich monologische Charakter einer Präsentation sollte uns nicht in die Irre führen. Es bleibt ein gemeinsamer Gedankenaustausch. Nur sind dabei die Gedanken *einer* Person für alle hörbar, die der anderen nicht. Sie treten einzeln in einen stillen Dialog mit dem Gehörten. Wenn wir das als innere Haltung einnehmen, werden die anderen spüren, dass hier nicht nur „abgeladen" wird, sondern ein Austausch stattfindet. Ein Geben und Nehmen das sich in seiner Intensität hochschaukeln kann. Beide Seiten investieren Aufmerksamkeit. Aufmerksamkeit ist Energie.

> Wirkung ist Wechselwirkung. Wie wir hineinrufen, so resoniert es zurück.

7.2.2 Senden oder Empfangen

Extravertierte müssten sich leichter tun mit dem Verbinden als Introvertierte, könnte man meinen. Eher umgekehrt. Ausgeprägt extravertierte Menschen sind oft so stark auf Sendung, dass auf dem Rückkanal nur wenig bei ihnen ankommt. Introvertierte Menschen empfangen mehr, als sie senden und sind empfänglicher für die Schwingungen um sie herum. Die einen sind wie Lautsprecher, die anderen wie Mikrofone. Die einen können lernen, den anderen mehr Raum zu geben. Die anderen, deutlicher zu senden, damit wir ihre oft tiefen Gedanken auch hören.

7.2.3 Großes und kleines Publikum

Ist es leichter, die Verbindung zu zehn oder zu hundert Menschen herzustellen? Viele finden große Gruppen furchteinflößend. Dabei haben viele das Sprechen vor großem Publikum noch gar nicht erlebt, vielleicht besteht die Angst nur im Kopf. Mir geht es umgekehrt: 40 empfinde ich als angenehm, 400 als angenehmer. Ab 2000 macht es keinen Unterschied mehr. Meine größte Zuschauermenge waren einmal 20.000 Menschen auf dem Odeonsplatz in München, und von denen konnte ich ohnehin nur die vordersten paar Hundert wirklich wahrnehmen, nach hinten war es nur noch lärmende Masse. Wir sind verschieden, was das anbelangt. Als eher sensitiver Mensch empfinde ich es als einfacher, mich – mit dem sicheren Abstand einer Bühne – an eine große Gruppe zu wenden, die nehme ich als *ein* Wesen wahr, mit dem ich mich gut verbinden kann. Schwierig finde ich Kleingruppen mit drei bis fünf Teilnehmern, dann spüre ich Individuen und möchte mich mit jedem einzeln verbinden. Die Gefahr ist, dass ich mein Gegenüber so stark wahrnehme, dass ich meinen Faden verliere. Wer sich beim Vortrag vor wenigen Menschen wohler fühlt, ist vermutlich konzentrierter bei sich und seinem Inhalt und lässt sich weniger durch den Augenkontakt mit Einzelnen aus der Spur bringen.

7.2.4 Inklusivsprache – vom Ich zum Wir

Eine häufige Ursache, wenn die Distanz zwischen Redner und Publikum bestehen bleibt, ist Beziehungssprache, die fortwährend die Dualität von *Ich* und *Du* manifestiert. Sie führt in Präsentationen, in denen ein Wissensvorsprung geteilt werden soll, oft zur paternalistischen Ich-Form.

- „Ich erkläre euch jetzt mal …"
- „Ich zeige Ihnen nun …"
- „Ich möchte, dass ihr versteht, dass …"
- „Ich will Ihnen näherbringen …"

Es ist zwar nicht so gemeint, aber das klingt arrogant und von oben herab. Es drückt aus: „Ich schlau, du dumm." – „Ich Experte, du Anfänger." – „Ich Chef, du nix."

Das kommt uns normal vor, denn wir sind so geprägt worden, dass Eltern und Lehrer uns die Welt erklären. Doch sprechen wir so auf der Bühne, degradieren wir alle Anwesenden zu Schülern. Die merken es nicht bewusst, aber spüren es und bleiben innerlich leicht in der Reaktanz: „Red du nur." – Was interessiert mich, was *Du* willst? „Sprich mal von dem, was *wir* wollen!"

Eine weitere unnötige Sprachbarriere kann Exklusivsprache sein: zu viele Fachbegriffe, Jargon, Abkürzungen. In homogener Expertenrunde kann es ein Gemeinschaftsgefühl herstellen. Man ist unter sich und hat einen eigenen Wortschatz. Bei gemischtem Publikum sollte ich bedenken, ob ich nicht gerade diejenigen ausschließe, die keine fachlichen Insider sind.

Wenn wir gemeinsam mit anderen etwas erreichen wollen, warum sagen wir nicht *wir* statt *ich?* Inklusivsprache stellt Augenhöhe her und bestätigt sie fortlaufend. Ich erhebe mich nicht über andere oder sondere mich ab, sondern ich beziehe mich immer mit ein. Meine Erkenntnisse gelten doch auch für mich, oder?

- „Wir betrachten heute …"
- „Lasst uns gemeinsam entdecken …"
- „Wir sollten verstehen …"
- „Wir werden sehen, dass …"

Und wenn wir zu Kunden sprechen? Schließlich ist man doch nicht in der gleichen Firma. Macht gar nichts. Würden wir diese Sätze in Inklusivsprache *lesen,* würden wir vielleicht stutzen. Warum *„wir"?* Aber gesprochen fühlt sich das stimmig an. In diesem Moment sind wir eine Gemeinschaft, die gemeinsam etwas betrachtet und erfährt. Die Rollenverteilung (ich spreche, ihr hört zu) müssen wir nicht ständig betonen. We're in it together.

Übrigens ist auch dieses Buch weitgehend in Inklusivsprache geschrieben. Lasst uns nicht immer *ich* sagen, bloß weil wir grad den Hut des Sprechenden aufhaben. Ja, ich weiß, bei Kritikgesprächen und Gewaltfreier Kommunikation ist es anders, da wollen wir Ich-Botschaften senden, aber da gibt es auch tatsächlich zwei Parteien. In der Präsentation kann es nicht unser Ziel sein, ständig daran zu erinnern, dass wir verschiedene Perspektiven haben, wir wollen ja gemeinsam was erreichen.

> **Beispiel**
>
> Eine Frau sagt zu ihrem Gatten: „Ich hab mir überlegt, was ich dir heute Gutes tun könnte. Wie wäre es damit? Ich koche dir dein Lieblingsessen. Ich lasse dir ein Bad ein. Und ich schaue mit dir Fußball." – Darauf er: „Ich höre immer nur ‚ich', ‚ich', ‚ich'!"

7.2.5 Verbindung halten

Damit der Draht zwischen uns den anderen nicht abreißt, gibt es kleine Kniffe, die helfen, die Verbindung immer wieder zu erneuern. Dazu gehören vor allem interaktive Elemente wie Fragen.

- *Vielfalt:* Offene Frage machen das Tor weit. Viele Antworten sind möglich.
- *Fokus:* Geschlossene Fragen spitzen zu und stellen schnell Einigkeit her.
- *Wahl:* Alternativfragen vereinfachen eine Entscheidung.
- *Mitdenken:* Rhetorische Fragen laden zur stillen Beteiligung ein.

Teils führen diese Möglichkeiten allerdings weg von der Präsentation hinein in die Diskussion, dazu später mehr. Ein einfaches Mittel, um im Vortrag Beteiligung und Rückmeldung zu bekommen, ist das Handzeichen.

„Hand hoch, wer hat schon mal was mit Ratenzahlung gekauft?" Wenn ich dabei selbst die Hand hebe, muss ich nicht einmal „Hand hoch" sagen, dann wissen auch so alle, was sie tun sollen, und ich bekomme sichtbare Rückmeldung.

7.2.6 Rhetorische Fragen

Eines der cleversten, weil vielseitigsten Stilmittel, um die Aufmerksamkeit zurückzugewinnen oder Verbindung und Relevanz herzustellen, ist die rhetorische Frage. Was macht rhetorische Fragen so wirkungsvoll? – Genau! – Die Pause.

Deswegen verpufft dieses Stilmittel bei vielen. Sie machen danach keine Pause. Erst durch die lange Spannungspause danach kann die rhetorische Frage ihre Wirkung entfalten. Die Zuhörer sollen tatsächlich anfangen, über die Frage nachzudenken. Die Zeit müssen wir ihnen geben. Stellen wir eine rhetorische Frage und beantworten sie sofort selbst, indem wir ohne Pause weiterreden, können wir uns die Frage sparen.

Die Sprechpause ist überhaupt einer der schnellsten Wege, um die eigene Wirkung als Redner in Meetings, Präsentationen usw. sofort signifikant zu erhöhen. Außer wir setzen Pausen bereits häufig ein. Dann dürfen wir darauf achten, dass wir es nicht übertreiben, sondern auch flüssige Passagen im Vortrag haben.

Dies gilt für alle rhetorischen Stilmittel. Sie sind Krücken, die uns helfen, auf die Beine zu kommen, und sollten nicht Selbstzweck werden. Sobald wir sicher auf eigenen Füßen stehen, brauchen wir sie nicht mehr. Rhetorik, schicke Folien, cleverer Aufbau – das ist alles sinnvoll und unterstützt unsere Botschaft. Doch wir müssen aufpassen, dass die Botschaft davon nicht übertönt wird. Das Wichtigste bleibt das, was wir zu sagen haben. Und die Verbindung zum Gegenüber als Grundvoraussetzung, damit das, was wir sagen, auch landen kann.

Zusammengefasst

* Mach dir das Publikum zum Freund und verbinde dich.
* Verbindung heißt: Kontakt, Dialog, Augenhöhe, Relevanz.
* Inklusivsprache bedeutet vom „Ich und Du" zum „Wir".
* Interaktivität hilft, die Verbindung zu halten.

Eine der mächtigsten Brücken, um Verbindung herzustellen, ist die persönliche Geschichte. Wenn jemand begeisterter Segler ist, aber ein schlechter Redner, dann lass ihn mal auf der Bühne vom Segeln erzählen. Plötzlich leuchten die Augen und die ganze Person verändert sich. Dann tritt Rhetorik in den Hintergrund. Wenn wir lebendig von einem emotionalen Erlebnis erzählen, werden wir automatisch mitreißende Redner.

7.3   Storytelling

Eine Befragung der Wertekommission (2018) ergab: Für die meisten Führungskräfte ist Vertrauen der wichtigste Wert, an dem sie ihre Führung ausrichten. Wie sollen andere uns vertrauen, wenn wir uns hinter einer professionellen Maske verstecken, wenn sie uns nicht *spüren?* Sich unverstellt und ehrlich zeigen macht uns nicht angreifbarer, sondern greifbarer. Ein erster Schritt dazu kann sein, etwas von sich zu erzählen.

Beispiel

1992 rief mich ein blinder Hörer meiner Radioshow an und fragte, ob er mal live im Studio dabei sein dürfte, wenn ich auf Sendung bin. Während die Musik lief, kamen wir ins Gespräch. „Weißt du, was mich am blind sein am meisten nervt?" – Nun, war ich gespannt. „Ich werde nie Motorrad fahren können." Das berührte mich, denn ich fahre gern Motorrad. Ich überlegte. Und kam zu dem Schluss, dass das Bedienen der Maschine nicht das Problem ist, sondern nur, dass er den Weg und etwaige Hindernisse nicht sehen kann. Aber was, wenn der Weg sehr breit ist und es keine Hindernisse gibt? Dann müsste er fahren können. Damals war gerade der Flughafen München von Riem an seinen heutigen Standort umgezogen und die alten Start- und Landebahnen waren frei zugänglich. Ich packte ihn nach der Sendung auf meinen Roller und wir fuhren nach Riem. Ich hielt auf dem Vorplatz vor den Terminals an, erklärte ihm kurz Gas, Kupplung und Bremse und ließ ihn mit meiner 200er Vespa loszuckeln. Ich fuhr hinten als Sozius mit und lieh ihm meine Augen. Die ersten Meter waren wackelig, dann fand er die Balance. Nach einer röhrenden Minute im ersten Gang ermutigte ich ihn: „Komm, schalt höher, wir haben freie Bahn!" Zweiter Gang, wir wurden etwas schneller, der Fahrtwind flog ihm ums Gesicht. Laut juchzend fuhr er in die komplette Dunkelheit. Ich feuerte ihn an. „Gib Gas, ich sag rechtzeitig Bescheid, wenn die Piste zu Ende ist!" Er schaltete in den dritten Gang und fuhr kurze Zeit 50 km/h, die sich für ihn, der sich sonst mit dem Blindenstock vorantastend bewegte, raketenhaft angefühlt haben müssen. Dann warnte ich, dass er demnächst bremsen sollte, wenn wir nicht in der Wiese landen wollten. Sein Gesicht glühte vor Aufregung, meines sicher auch. Für uns beide war es eine einmalige Erfahrung.

Erst viele Jahre später wurde mir bewusst, dass dieses Erlebnis meinen späteren Beruf als Trainer vorweg genommen hatte. Denn auch im Training gebe ich den Rahmen für intensive Erfahrungen und ermutige

Teilnehmer, ihre Komfortzone zu verlassen. Sie tun Dinge, die sie so noch nie getan haben. Und der Coach passt auf, dass es keine Bruchlandung, sondern eine positive Erfahrung wird. Wenn mich jemand fragt, warum ich Kommunikationstrainer bin oder was mich im Job ausmacht, erzähle ich manchmal diese Geschichte. Warum? Es gibt Tausende Kommunikationstrainer in Deutschland. Alle bieten in etwas das Gleiche an. Ich weiß, dass meine Art, Menschen bei der Weiterentwicklung zu helfen, besonders ist – aber woher sollen Neukunden das wissen, wenn sie nicht eine Empfehlung bekommen haben? Sie können es durch Storytelling erfahren. Denn diese Geschichte hat nur einer. Sie ist einzigartig und macht mich einzigartig. Es ist eine gute Geschichte. Und – ganz wichtig – sie ist wahr.

7.3.1 Menschen lieben Geschichten

Die Höhlenmalereien von Lascaux gehören zu den ältesten erhaltenen Kunstwerken der Menschheit. Aber nur weil es in prähistorischer Zeit keine Audiorekorder gab. Ich bin sicher, sobald die Menschen Sprache hatten, saßen sie abends gemeinsam um das Feuer und erzählten sich Geschichten. Wahre und aktuelle Geschichten darüber, was heute los war (die frühesten Nachrichtensendungen der Welt). Und fiktive und tradierte Geschichten, Mythen mit wahrem Kern oder rein allegorisch. Jahrtausende lang funktionierte die Weitergabe von kulturellen Narrativen nur so: Sie wurden wieder und wieder erzählt. Und im Wortlaut an die nächste Generation weitergegeben. Es war wichtig, nichts zu verändern, denn es gab keine Niederschrift. Folgerichtig waren auch die Augen kein so wichtiges Sinnesorgan wie heute. Wichtiger war das Zuhören. Es galt nicht das geschriebene Wort, dem konnte man nicht trauen, denn Lesen konnte kaum einer. Die Augen sind leicht zu täuschen, der Schein trügt oft. Die Ohren belügen uns nicht. Blinde können oft sehr gut Menschen einschätzen, weil sie sich nicht vom Äußeren blenden lassen, sondern auf die Stimme hören. Begriffe wie Anhörung oder Audit sind Überbleibsel aus einer Zeit, in der nur galt, was gesagt und als gehört bezeugt war. Auch dass bei Gericht die Anklageschrift noch immer verlesen wird, selbst wenn sie 700 Seiten dick ist, kommt noch da her. Vor allem ist orale Tradition eine Sache der Gemeinschaft. Man konnte eine Geschichte nicht allein genießen, denn zum Erzählen gehören mindestens zwei. Erst nach der Erfindung des Buchdrucks durch Gutenberg Mitte des 15. Jahrhundert konnten sich Menschen mit Büchern ins stille Kämmerlein zurückziehen. Und auch nur die wenigen, die des Lesens mächtig waren.

Durch das Lesen und noch mehr durch die Möglichkeit, massenhaft Bilder zu verbreiten (Bücher, Plakate, Fernsehen, Internet) ist unsere Welt zunehmend stärker visuell geprägt. Doch kulturell kommen wir vom Hören her, das haben wir als Spezies sehr viel länger geübt als das scharf Hinsehen. Noch ein Unterschied: Schallwellen dringen immer in uns ein. Wir können die Augen verschließen, aber nicht die Ohren. Zumindest nicht so leicht. Wer hat sich auf Zugfahrten mit lauten Handytelefonaten nebenan nicht schon gewünscht, er könnte die Ohren so zuklappen wie die Augenlider?

7.3.2 Nutzen und Möglichkeiten des Storytelling

Geschichten erzählen ist als mutmaßlich älteste Kulturform tief in unseren Gehirnen verdrahtet. Das moderne Wort in der Kommunikationsbranche dafür ist Storytelling, aber es ist immer noch das gleiche

Abb. 7.2 Menschen lieben Geschichten. (Mit freundlicher Genehmigung von © Martin Cambeis 2018. All Rights Reserved)

Prinzip wie damals am steinzeitlichen Lagerfeuer (s. Abb. 7.2). Wir lieben Geschichten. Und wenn wir nicht gerade zu viel um die Ohren haben, hören wir auch gerne zu. Der Erfolg des Hörbuch-Sektors ist ein Beleg dafür.

Im Kontext von Präsentationen ist mit Storytelling gemeint: eine Geschichte einbauen. Um etwas zu illustrieren, um persönlich zu werden, betroffen zu machen oder einfach zur Auflockerung. Geschichten können alle Emotionen auslösen, die unser Gemüt zu empfinden in der Lage ist. Welche Inhalte können das sein? Grundsätzlich können wir drei Arten von Geschichten unterscheiden:

1. Es ist uns selbst passiert.
2. Es ist jemand anderem passiert.
3. Es ist eine fiktive Geschichte.

Im Bereich fiktive Geschichte gibt es diverse Genres: Legende, Mythologie, literarisch, biblisch, Märchen, inspirational, Witz, Werbespot, Film, Sketch usw. Es gibt Sammlungen inspirierender Geschichten als Bücher, und auch im Internet wird man schnell fündig.

Jemand anderem passiert kann heißen, es war ein Freund, eine Kollegin, meine Mutter oder der Schwager eines Freundes meines Gemüsehändlers. Je weiter weg, desto mehr Hörensagen und desto schwieriger für uns, denn dann fehlen uns Details, und wir müssen aufpassen, dass es nicht schlecht erfunden klingt. Eine Sonderform sind historische Anekdoten. Etwas, das anderen passiert ist, die schon lange tot sind, wie die Beispiele Paul Revere und Ambrosi Lossenhammer. Der Fallstrick dabei: Sie sollten gut gelernt und gut recherchiert sein. Es ist lästig und raubt uns Glaubwürdigkeit, wenn ein belesener Schlaumeier dazwischenruft: „So war es gar nicht!"

Für ungeübte Geschichtenerzähler eignen sich am besten selbst erlebte Begebenheiten, da müssen wir weniger nachdenken, wie war das nochmal? Wir waren nicht nur dabei, sondern mittendrin. Nicht nur Zeuge, sondern Protagonist. Wir müssen nicht ausformulieren, es reicht, wenn wir wissen, wie wir einsteigen und wo wir hin wollen (Start und Landung). Dazwischen müssen wir nur in die eigene Erinnerung eintauchen und den Moment mit unseren Zuhörern noch einmal durchleben. Wer sehr starke Imagination hat oder ein äußerst bewegendes Erlebnis erzählt, das ihn oder sie beim Erzählen wieder stark mitnimmt, gerät in Gefahr, von den eigenen Emotionen so sehr mitgerissen zu werden, dass die Verbindung zu den Zuhörern verloren geht. Wer dagegen zu sehr mit biografischem Abstand erzählt, weil es schon lange her und mittlerweile seelisch verarbeitet ist, der bewegt niemanden, auch wenn es eigentlich ein sehr intensiver Moment war. Idealerweise sind wir halb in der Geschichte, halb im Hier und Jetzt bei unseren Zuhörern.

Storytelling muss übrigens nicht immer von einem hochemotionalen Moment erzählen. Es geht auch ein, zwei Etagen flacher. Was mir auf dem Weg hierher passiert ist …, neulich beim Einkaufen … im Zug … ein Gespräch …, eine Panne …, Ein Erfolg … Damals als wir mit dem Projekt in Verzug waren … Hauptsache, die Geschichte erfüllt in meiner Rede einen relevanten Zweck, d. h. es gab einen Lerneffekt oder sie verdeutlicht etwas. Entscheidend auch: Es sollte ein konkreter Moment sein. Was schlecht funktioniert: von einem längeren Zeitraum erzählen, weil dann kein konkretes Bild bei den Zuhörern entsteht. Das ist zu abstrakt. Außerdem wollen wir Emotionen transportieren. Was habe ich in dem Moment gedacht? Was ging mir durch den Kopf? Gefühle haben wir im Moment, nicht über drei Monate.

Was kann ich mit einer Geschichte transportieren?

- Thema: Die Geschichte kann zur These hinführen oder Relevanz aufzeigen.
- Botschaft: Die Geschichte verdeutlich etwas als Beispiel.
- Aufforderung: Die Geschichte dient als Evidenz und Quellenangabe.
- Selbstoffenbarung: Die Geschichte verrät etwas über mich.

Denkbar ist auch eine Kombination aus mehreren oder allen Stoßrichtungen. Meine RTL-Geschichte führte zum Thema Verbindung hin und war ein Beispiel für meine Botschaft, dass Verbindung wichtig ist. Sie machte meine Aufforderung, das zu beherzigen (gain) hoffentlich glaubhaft, weil mein Rat auf eigener negativer Erfahrung basierte (pain). Und sie offenbart einiges über mich.

Und das ist einer der wertvollsten Aspekte von Storytelling. Ich kann anderen vermitteln, wer ich bin, verpackt als kleine Geschichte. Vor allem dann, wenn meine persönliche Anekdote einen meiner nicht so offensichtlichen Charakterzüge offenbart. Welche meiner Qualitäten wird meiner Ansicht nach von anderen nicht gesehen? Storytelling bietet die Chance, das Bild, das andere von mir haben, zu erweitern. Wenn im Bewerbungsgespräch die Frage nach den Stärken und Schwächen kommt, können wir uns Plattitüden wie ergebnisorientiert/ungeduldig sparen. – Welcher Moment in meinem Leben illustriert diese Stärke? Jeder kann sagen: Ich bin strukturiert, kreativ oder was auch immer. Die Geschichte dazu macht es glaubhaft und farbig.

Weitere Einsatzmöglichkeiten sind der Elevator Pitch oder das Marketing. Wenn wir ein Produkt oder eine Dienstleistung anbieten, die auch tausend andere anbieten, dann unterscheidet uns unter Umständen nur eines: unsere Geschichte. Der Autor Simon Sinek (2009) nennt das den Golden Circle. *Was* wir machen ist austauschbar. *Wie* wir es machen ist vielleicht ein bisschen spezifisch, aber in einer Massenbranche können wir vermutlich nicht das Rad komplett neu erfinden. Aber *warum* wir es machen, dazu gibt es vielleicht eine sehr persönliche Geschichte. Die haben wir exklusiv.

Beispiel

In der siebten Klasse hatte ich einen Geschichtslehrer mit einem starken Äh-Fehler. Geschichte war mein Lieblingsfach, aber ihm zuzuhören war eine Qual. Er brachte es fertig, ein „Äh" mitten in Wörter einzubauen. „Im Mittel..äh..alter..." Eines Tages machte ich eine Strichliste, ich war einfach neugierig wie viele Ähs in einer Schulstunde zusammenkommen. Er sah meine Liste. „Was machst du da?" – „Ich zähle mit, wie oft Sie Äh sagen." Konsternierter Blick. „Äh". Zack, noch ein Strich. Damals wusste ich das nicht, aber das war Körpersprache-Coaching. Mittlerweile mache ich das beruflich und etwas einfühlsamer.

Diese Story liest sich länger, als sie erzählt ist. Gesprochen ist sie keine 30 s lang, Fahrstuhllänge. Wenn mich jemand fragt, warum ich mache, was ich mache, kann ich meinen verschlungenen Werdegang herunterbeten. Oder so etwas sagen wie: „Ich helfe Menschen, ihren Worten mehr Wirkung zu verleihen." – Viele Coaches sagen etwas Ähnliches, zum Beispiel „Menschen unterstützen bei Herausforderungen". Blabla. Die Geschichte ist origineller. Und wahr.

Wir sollten nie und auf keinen Fall erfundene Geschichten als selbst erlebt ausgeben. Das fällt uns schwer auf die Füße, wenn es auffliegt. Und nur wenige können so gekonnt und konsistent lügen, dass es nicht irgendwann auffliegt. Wir haben alle genug erlebt, wir müssen nichts erfinden oder uns mit fremden Federn schmücken. Die Geschichte muss nicht sensationell sein, wichtiger ist, was sie transportiert. Manchmal führen kleine Erlebnisse zu großen Einsichten.

7.3.3 Das eigene Leben als Ressource

Wie finde ich nun solche Geschichten? Wenn jemand uns auffordert: „Erzähl doch mal einen Schwank aus deinem Leben", dann fällt uns blöderweise nichts ein. Drei Wege führen zur Geschichte:

1. Was ist mir passiert, das einen Bezug zum Thema hat? Assoziativ denken können wir alle. Wenn einer auf der Party von seinem Autounfall erzählt, erzählen alle reihum von ihren Unfällen. Jeder hat solche Geschichten.
2. Was waren die berührendsten oder schwersten Momente meines Lebens? Das sind starke Geschichten. Weniger persönlich: Was waren Höhepunkte oder Tiefschläge in meinem Berufsleben? Auch das sind sicher erzählenswerte Geschichten.
3. Wenn ich anderen eine Weisheit fürs Leben mitgeben dürfte, welche wäre das? Wie komme ich gerade darauf? Woher weiß ich das? Was ist mir passiert, das mich diese Lektion gelehrt hat?

Wenn ich anderen am Ende meiner Präsentation eine starke Handlungsaufforderung mitgeben möchte (neudeutsch „call to action"), dann ist Storytelling das Mittel der Wahl. Ohne Geschichte kann die Aufforderung schal wirken, wie aus einem Ratgeberbuch zitiert. Durch die Geschichte gewinnt die Aufforderung an Glaubwürdigkeit. Wir wissen, wovon wir sprechen.

7.3.4 Aufbau einer guten Geschichte

Auch die kürzeste Geschichte braucht eine Dramaturgie, einen guten Aufbau. Wie im Kapitel Dramaturgie (s. Kap. 5), bereits erwähnt, hat im Prinzip jede Geschichte drei Akte:

1. Exposition: Die Szene wird gesetzt, der Held eingeführt.
2. Herausforderung: Etwas passiert, der Held gerät in Schwierigkeiten oder stößt auf Gegner.
3. Wendung zum Guten: Der Held überwindet die Schwierigkeiten.

Das ist, wenn man so will, die Kurzfassung der Heldenreise (der Held kann natürlich auch eine Heldin sein). In der vollständigeren Variante trifft der Held einen Mentor (oder Gefährten) und gemeinsam entwickeln die beiden einen Plan für die Überwindung des Problems. So funktionieren die meisten Märchen oder Geschichten (z. B. Zauberflöte oder Herr der Ringe). Folgende Fragen können wir uns stellen, um eine Geschichte zu entwickeln:

1. Wer ist der Held? Bin ich das selbst? Das kann schnell nach Angeberei klingen. In meiner Geschichte mit dem Radiohörer war der Blinde der Held, ich der Mentor.
2. Was ist die Prüfung? Je größer die Schwierigkeiten, in die der Held gerät, desto größer die dramaturgische Fallhöhe. Dasselbe gilt für etwaige Bösewichte. Je fieser der Schurke, desto strahlender zuletzt der Held.
3. Gibt es einen Helfer? Wahrscheinlich, denn wenn das Problem ohne Unterstützung zu lösen gewesen wäre, wäre es ja keine spannende Herausforderung.
4. Was ist der Plan? Mit welcher überraschenden Strategie wurde das Hindernis überwunden?
5. Wie ging es aus? Bei einer positiven Geschichte (z. B. Erfolgserlebnis) ist das Happy End Teil des Geschehens. Es war erst schwierig, dann wurde alles gut. Bei einer traurigen Geschichte (jemand stirbt, eine schwere Krankheit) liegt das Happy End in der gewonnenen Erkenntnis.

Die Stimmungskurve – so wie die Rezipienten sie erleben – kennen wir aus unzähligen Hollywoodfilmen. Die Welt ist in Ordnung und wir lernen die Hauptfigur kennen. Dann passiert etwas Unvorhergesehenes und es folgt ein Absturz. Schließlich, nach einigen Hürden, die Wende zum Positiven (s. Abb. 7.3). Für Geschichten in Präsentationen müssen nicht immer alle fünf Stationen enthalten sein. Wenn ich davon erzähle, dass ich auf dem Weg hierher meinen Flug verpasst habe und es dann doch noch rechtzeitig zur Konferenz geschafft habe – dann gibt es in dieser kleinen Geschichte weder Mentor noch Plan, nur mich, meine Schwierigkeiten und mein Happy End.

Für den Einstieg gibt es zwei einfache Möglichkeiten, beide haben Vorteile:

- „Sie schrie wie am Spieß und überall war Blut." Mit dem Höhepunkt einsteigen – so machen es Werbespots oder Filme oft. Die Aufmerksamkeit ist sofort stark, die Neugier auch. Wer schrie? Was war

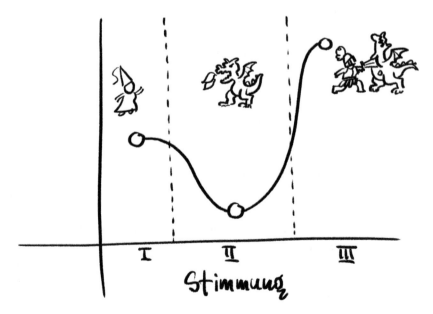

Abb. 7.3 Stimmungskurve. (Mit freundlicher Genehmigung von © Martin Cambeis 2018. All Rights Reserved)

passiert? Kontext kommt erst an zweiter Stelle. Wir steigen ein mit wörtlicher Rede, Gefühlen, starken Bildern.

- „Es war im Frühjahr 2006 frühmorgens, ein sonniger schöner Tag. Ich geh aus dem Haus und will ins Auto steigen, um in Büro zu fahren. Plötzlich kracht es ungeheuer laut. Ich konnte nichts sehen, aber dachte: Das muss in der Nähe sein. Plötzlich höre ich eine Frauenstimme. Sie schrie wie am Spieß ...“ Bei dieser Variante erzählen wir chronologisch und liefern Details: Ort, Zeit, Wetter usw. Der harmlose Einstieg verrät noch nicht, was gleich passiert, aber irgendwas muss ja kommen. Auch das baut Spannung auf. Die dramatische Wende ist umso stärker, je sonniger das Bild vorher war. Kennen wir aus Filmen. Wenn in bestimmten Genres die Protagonisten den glücklichsten Moment erleben, ahnen wir Zuschauer: Gleich passiert etwas.

Während ich das schreibe, sitze ich in Ägypten in einem Hotel, das seine Gäste abends mit einer Tanzshow unterhält. Die erste Nummer hat es gleich in sich: sehr schnell, sehr akrobatisch. Großer Applaus. Mir fällt auf: Mit jeder weiteren Nummer wird der Applaus schwächer. Warum? Weil die Show keine Dramaturgie hat, keine Steigerung. Gleich in der ersten Nummer haben die Tänzer alles gezeigt, was sie können. Die weiteren Nummern waren nur Variationen desselben. Gute Künstler verschießen ihr Pulver nicht in der ersten Nummer. Der größte Hit kommt gegen Ende. Am Anfang reicht ein kurzer Höhepunkt als Teaser.

Wer Storytelling einmal erfolgreich eingesetzt hat, möchte es wieder tun. Damit wir nicht die gleiche Geschichte immer wieder erzählen, brauchen wir ein Repertoire. Das klingt künstlerisch, dabei müssen wir jedoch nichts kreieren. Sofern wir nicht die Geschichten anderer oder Fiktives nutzen, ist das eigene Leben die Ressource. Wir können eine Liste anlegen mit Momenten, Erlebnissen und Anekdoten, die sich gut eignen, in verschiedenen Situationen erzählt zu werden.

7.3.5 Abstraktes anschaulich machen

Eine dem Storytelling verwandte rhetorische Figur ist die *Analogie*. Sie hat nicht unbedingt eine Handlung oder einen Protagonisten – aber auch mit ihr lassen sich abstrakte oder komplexe Zusammenhänge gut illustrieren und vereinfachen. Manchmal wird die Analogie mit dem Vergleich verwechselt. Werfen wir einen Blick auf die Gemeinsamkeiten und Unterschiede.

Beginnen wir mit *Vergleichen:*

- Das Deck eines Frachters ist so groß wie fünf Fußballfelder.
- Sie ist blind wie ein Maulwurf.
- Die Komponenten wiegen zusammen weniger als eine Walnuss.

Hier werden verschiedene Dinge miteinander in Beziehung gesetzt – aber immer innerhalb einer *Kategorie* (z. B. Größe, Sehschärfe, Gewicht usw.).

Dann gibt es noch die *Metapher* – hier findet keine vergleichende Gegenüberstellung statt. Die *Qualität* von etwas wird beispielhaft beschrieben, indem ein Wort aus einem anderen Bedeutungszusammenhang benutzt wird.

- Sein Glaube ist felsenfest.
- Sie hat einen hellen Verstand.
- Er hat ein Herz aus Stahl.

Bei der *Analogie* wird ein abstrakter mit einem konkreten und vertrauten Sachverhalt verglichen, und zwar auf der Ebene der Merkmale, Eigenschaften oder Verhältnisse. Eine simple Analogie kann einer Metapher ähnlich sein, z. B.:

- Menschen sind wie Mineralwasser. Manche sind prickelnd, andere still.

Umfassendere Analogien vergleichen *Funktionen* miteinander. Eine Sache oder ein Prozess *funktioniert* ähnlich (analog) einem anderen. Außer diesen Merkmalen haben die zwei Bereiche idealerweise nichts miteinander zu tun. Etwas Technisches mit etwas anderem Technischen erklären geht, aber ist für das Gehirn weniger reizvoll. Gute Analogien verbinden zwei weit entfernte Welten miteinander. Geeignete Erklärfelder sind Autofahren, Kochen, Natur, Sport, Hausbau, Einkaufen – kurz: alles, was uns vertraut und anschaulich ist.

- Nokia war ein Dinosaurier. Eine Zeit lang Alleinherrscher – und plötzlich ausgestorben.
- Unsere Psyche ist wie ein Eisberg. Nur die Spitze ragt aus dem Wasser, das, was uns wirklich bewegt, ist für die anderen unsichtbar.
- Präsentieren ist wie Kochen. Je öfter man es tut, desto besser wird man. Anfangs braucht man Kochbücher und muss sich auf die richtigen Zutaten konzentrieren. Irgendwann kann man improvisieren und auch aus wenigen Inhalten etwas zaubern, das gut ankommt.
- Eine gute Führungskraft ist wie ein Gärtner, der im Samen schon die ausgewachsene Pflanze sieht. Sie erkennt die Potenziale in ihrem Team. Und so, wie der Gärtner weiß, welche Pflanze in der Sonne und welche eher im Schatten gedeiht, weiß eine gute Führungskraft, welche Zuwendung Mitarbeiter anspornt, über sich hinauszuwachsen. Der Gärtner freut sich über einen bunten Garten. Auch gute Führungskräfte schätzen Diversität und stellen nicht nur Klone ihrer selbst ein. Und so, wie der Gärtner jeder Pflanze optimales Wachstum ermöglicht, so hat auch ein guter Manager kein Problem damit, von Untergebenen überflügelt zu werden. Denn wer sich den Ruf erwirbt, Mitarbeiter zu entwickeln, für dessen Team bewerben sich bald die größten Talente (s. Abb. 7.4).

Je mehr Merkmale ich vergleichen kann, desto tiefer und reichhaltiger wird die Analogie. Im Extremfall kann eine komplette Präsentation (z. B. ein Agenturpitch) in der Terminologie einer einzigen Analogie bleiben.

- Orchester $\approx$ Projekt-Team
- Musiker $\approx$ Teammitglieder
- Dirigent/in $\approx$ Projektleiter/in
- Solisten $\approx$ Einzelkämpfer

Abb. 7.4 Gärtner-Analogie. (Mit freundlicher Genehmigung von © Martin Cambeis 2018. All Rights Reserved)

- Instrumentengruppe ≈ Subteams/Gewerke
- Partitur ≈ Projektplan
- Harmonie ≈ gute Teamatmosphäre
- Takt ≈ Synchronisation verschiedener Projektschritte
- Kammerton ≈ gemeinsame Verständigungsgrundlage
- Sätze der Sinfonie ≈ Meilensteine des Projekts
- Zusammenspiel ≈ Ineinandergreifen der Einzelleistungen

Solche Analogien lassen sich fast unendlich ausweiten bzw. immer weitere Einzelaspekte *in* die Analogie integrieren.

Selbst Fachleute, die die Vereinfachung nicht brauchen, hören ihre Themen gerne in gute Analogien verpackt – aus dem gleichen Grund, warum wir auch gerne Geschichten hören und sie uns merken können:

Es entstehen Bilder im Kopf. Kopfkino ist plastisch, unterhaltsam und bleibt haften.

> Die Kombination aus Bildern und Emotionen ist für unser Gehirn unwiderstehlich.

Viele Eltern wünschen sich, ihre Kinder könnten sich die Latein-vokabeln so gut merken wie die neuesten Entwicklungen in ihrer Lieblingsserie. Manche können ganze Dialoge aus Titanic auswendig, aber haben bei Matheformeln Mühe mit dem Merken. Den Formeln fehlt das, was Hirne süchtig und Geschichten so merkwürdig im Sinne des Wortes macht: Bilder und Gefühle. Die prägen sich ein, die können und wollen wir uns merken.

Zusammengefasst
- Geschichten gewinnen Aufmerksamkeit und bleiben haften.
- Storytelling ermöglicht Selbstoffenbarung.
- Eine passende Geschichte ist der Beweis für die Behauptung.
- Analogien machen Abstraktes anschaulich.
- Bilder und Emotionen prägen sich am stärksten ein.

Wir haben ausführlich erörtert, warum es wertvoll sein kann, beim Sprechen Gefühle zu zeigen. Doch es gibt auf der Bühne auch Situationen, in denen sichtbare, emotionale Reaktionen das letzte sind, was wir brauchen. Und zwar dann, wenn wir durch kritische Fragen unter Druck geraten.

7.4 Noch Fragen?

7.4.1 Vorteile und Risiken von Fragerunden

Fragen und Antworten (international Q&A) sind ein gängiges Format am Ende einer Präsentation. Die Vorteile liegen auf der Hand: Wir bekommen Live-Feedback zu unserem Vortrag und erfahren, ob alles verstanden wurde, ob Fragen offen blieben, welche Aspekte wir beim nächsten Mal berücksichtigen können und generell, wie das Publikum unsere Worte aufgenommen hat. Wir stehen zur Verfügung. Besonders die Möglichkeit, bestimmte Punkte nachzuschärfen ist wertvoll, denn wir können das Verständnis der Zuhörer nicht immer zutreffend antizipieren. Und manchmal haben wir schlicht Details vergessen oder etwas schwammig erklärt und sind froh über die Gelegenheit, das auszubügeln zu können, indem wir Beispiele nachliefern oder Dinge noch einmal besser auf den Punkt bringen.

Doch wie alle Medaillen hat auch die Fragerunde zwei Seiten. Einige der Risiken dabei:

- Wir wissen auf eine Frage keine Antwort.
- Wir antworten schwach oder reden uns um Kopf und Kragen.
- Wir werden emotional weil wir uns angegriffen fühlen.
- Statt eine Frage zu stellen hebt jemand zu einem Kurzvortrag an.
- Es kommen zu viele Fragen und wir müssen abbrechen.
- Oder am schlimmsten: Es kommen gar keine Fragen.

Was bedeutet es, wenn keiner eine Frage stellt? Waren unsere Ausführungen so umfassend und glasklar, dass keiner nachfragen muss? Oder so miserabel, dass keiner auch nur genug verstanden hat, um eine sinnvolle Frage stellen zu können? Traut sich keiner aus der Deckung, weil gewisse Führungskräfte im Raum sind? Oder will sich keiner mit einer vermeintlich blöden Frage blamieren? Sind alle zu nur erschöpft für Q&A und wollen einfach in die Kaffeepause? – Das ist das Problem: Wir haben keine Ahnung, was es bedeutet, wenn keine Frage kommt. Uns entgeht der wichtigste Vorteil einer Fragesession: das Feedback.

> Können Sie mir sagen wie spät es ist? – Ja.

7.4.2 Fragerunden souverän moderieren

Zunächst sollten wir schon zu Beginn der Präsentation darauf hinweisen, dass im Anschluss eine Fragerunde geplant ist. So können Zuhörer schon während des Vortrags darüber nachdenken, was sie gerne fragen möchten. Wir können auch ein Zeitfenster angeben, damit alle wissen: Ewig Zeit ist dafür nicht. Wer Fragen hat, sollte also die Gelegenheit nutzen. Läuft die Zeit ab, beenden wir mit Blick auf die Uhr. Keiner kann murren. War so verabredet.

Wie beginnen die meisten Fragerunden? Der Präsentator sagt etwas wie: „Gibt es dazu noch Fragen?" – Das ist ein Eigentor, denn es ist eine geschlossene Frage, die man nur mit „Ja" oder „Nein" beantworten kann. Wir erhöhen also das Risiko, dass die Anwesenden denken: *Noch Fragen? No.* Diese Möglichkeit sollten wir gar nicht erst eröffnen. Der Profi-Trick: Wir wandeln die geschlossene Frage in eine offene Frage um: „Wer hat die erste Frage?"

Damit strahlen wir die Zuversicht aus, dass auf jeden Fall Fragen kommen werden, es geht nur noch darum, wer den Anfang macht. Dazu bringen wir die Hände in die Stellung der Aufforderung: Handflächen nach oben, zum Publikum zeigend. Damit signalisieren wir: Der Ball liegt bei euch, ihr seid dran. Achtung, Pause aushalten. Menschen mögen zu lange Stille nicht. Irgendjemand wird diese Stille füllen mit einer ersten Frage. Wir rufen die Person auf und erteilen ihr mit einer Geste das Rederecht. Das ist wichtig, damit allen klar ist, wir steuern. Redet einfach jeder, wenn er will, läuft das Ganze schnell aus dem Ruder.

Während der Frage wollen wir aufmerksam zuhören. Das sollten wir auch zeigen, durch nonverbale Signale wie Blickkontakt, zustimmendes oder verständnisvolles Nicken, den Kopf schräg legen (der geneigte Zuhörer) oder auch Laute wie „Ja, hmh". Besonders die Person, die sich als erstes traut, ist schnell verunsichert, wenn wir sie wie versteinert oder gar nicht anblicken. Der beste Einstieg zu einer Antwort ist übrigens: „Danke!" Auch wenn wir die Person für diese fiese Frage gerne vierteilen lassen würden, wir bleiben souverän und zeigen es nicht.

7.4.3 Gute Frage – nächste Frage

Jede Frage ist willkommen und alle sind gleichwertig. Zumindest nach außen. Daher sollten wir Fragen nicht werten, auch nicht positiv. „Gute Frage!" verrät, dass es Fragen gibt, die wir lieber hören als andere. Und wo es Licht gibt, muss es auch Schatten geben. Die Person, deren Frage ich *nicht* gelobt habe, ist subtil demotiviert, weitere Fragen zu stellen. Weniger verfänglich sind relative Bewertungen. „Hm, interessante Frage." Oder „Überraschende Frage!" So was geht.

In einem großen Auditorium empfiehlt es sich, alle Fragen zu wiederholen, bevor wir antworten. Gibt es für das Publikum keine Mikrofone, haben nicht alle im Saal die Frage akustisch verstanden. Zugleich klärt das Wiederholen, ob wir die Frage auch richtig verstanden haben. Fast nichts ist peinlicher, als die falsche Frage zu beantworten und alle außer uns selbst merken es. Das ist George Bush senior im Wahlkampf in einem Townhall Meeting passiert und dürfte mit eine Rolle gespielt haben, dass er gegen Bill Clinton verlor. Sind wir nicht sicher, ob wir die Frage richtig verstanden haben, lieber nachfragen. Und wir gewinnen durch die Wiederholung etwas Zeit zum Nachdenken.

Kommt dennoch keine Frage und die Stille fängt langsam an, wirklich peinlich zu werden, können wir sagen: „Eine häufig gestellte Frage zu diesem Thema ist …" – Aus dem Horror der peinlichen Stille, weil keiner fragt, wird eine Steilvorlage für uns. Wir stellen uns einfach unsere Lieblingsfrage, auf die wir selbstverständlich eine Spitzenantwort vorbereitet haben.

Am Ende der Fragerunde sollten wir nochmal unseren Schluss-Satz wiederholen oder uns sogar einen alternativen zweiten Schluss ausdenken. Warum? Es gibt Fragen, da denken wir innerlich: Das ist jetzt nicht dein Ernst! Wenn die letzte Frage in der Q&A-Session eine wirklich doofe oder unspannende Frage zu einem wenig prickelnden Detail war, dann soll die Antwort darauf nicht das Letzte sein, was die Zuhörer mitnehmen. *Wir* bestimmen den abschließenden Eindruck, nicht der letzte Frager.

> Behalte die Kontrolle und die Fragerunde wird gut laufen. Wer hat dazu noch eine Frage?

7.4.4 Schwierige Fälle

Was mache ich, wenn ich keine Antwort weiß?
Das kommt darauf an. *Sollte* ich es wissen? Oder ist es legitim, nicht jedes Detail auswendig parat zu haben? Hier ein paar mögliche Antworten, die im Zweifelsfall besser klingen als *„keine Ahnung. "*

- „Ich freue mich, dass Sie das so genau wissen wollen. Können wir das nachher klären? Dann haben wir jetzt noch mehr Zeit für andere Fragen."
- „Dazu muss ich mich erst schlaumachen. Ich werde auf Sie zukommen."
- „Um das zu beantworten, müsste ich weit ausholen. Wäre es für Sie in Ordnung, wenn wir das nachher besprechen?" (Wir hoffen, dass der Kerl uns in der Kaffeepause nicht findet.)
- „Bevor ich Ihnen was Falsches sage, lassen Sie mich das bitte nochmal recherchieren. Mir ist wichtig, Ihnen hier die korrekte Auskunft zu geben."

Was mache ich, wenn ich die Frage nicht verstehe, z. B. wegen eines starken Akzents?

- Option 1: Ich bitte darum, die Frage zu wiederholen, sage aber natürlich nicht „Meine Güte, nuscheln Sie!" Ich sage z. B.: „Verzeihung, ich habe die Frage *akustisch* nicht verstanden. Könnten Sie sie noch einmal *laut und deutlich* wiederholen?" Ich schiebe es auf die Raumakustik und gebe einen indirekten Wink, dass bessere Aussprache helfen könnte.
- Option 2: Falls ich auch die Wiederholung der Frage nicht verstehe, bitte ich um Hilfe. „Verzeihung, die Frage war von hier aus nicht zu verstehen. Kann jemand für mich die Frage wiederholen?" – Vielleicht habe ich Glück und jemand anderes konnte es verstehen.

- Option 3: >Sie können um Wiederholung im Telegrammstil bitten. „Was ist das *Stichwort*, um das es geht?" (*Ein Wort* ist hoffentlich verständlich.)
- Option 4: Dies ist eine nicht ganz ernst gemeinte Spaßvariante. Ist Ihr Lieblingsfeind im Raum? Dann ist das ist Ihre große Chance: „Danke, das ist eine sehr interessante Frage. Unser Spezialist hierfür ist Herr Dr. Schwurbel. Ich bin sicher, er kann dazu etwas sagen!"

Was mache ich, wenn jemand eine ewig lange, verschlungene Frage stellt?

- Höflich: „Wenn ich Sie richtig verstanden habe, zielt Ihre Frage darauf ab …"
- Priorisierung fordern: „Mir scheint, das waren mehrere Fragen. Welche soll ich beantworten?"
- Harte Variante: „Vielen Dank, und was ist jetzt Ihre Frage in einem Satz?"
- Coole Variante: Sie beantworten nur, wozu Sie Lust haben. Wer fünf Fragen in einer stellt, ist selbst schuld, dann picken Sie sich das raus, worauf Sie antworten möchten.

Jemand stellt keine Frage, sondern hebt zu einem Referat an. Wie bremse ich den ein?

- Diplomatisch: „Ich freue mich, dass mein Vortrag Sie zum Nachdenken angeregt hat. Wir haben leider nur begrenzte Zeit für Q&A. Damit auch andere die Chance haben, ihre Frage zu stellen, wäre ich Ihnen dankbar, wenn Sie sich jeweils kurz fassen."
- Wertschätzend: „Ich sehe, hier ist eine Menge Fachwissen im Raum. Haben Sie noch eine konkrete Frage?"

Wie reagiere ich, wenn meine Daten in Zweifel gezogen werden?

- „In diese Präsentation sind die neuesten Zahlen eingeflossen. Vielleicht haben Sie neuere Daten. Das kann ich im Moment nicht nachprüfen. Ich sehe mir das im Nachgang gerne an."

> **Profi-Tipp: Einer fragt – allen antworten**
>
> Auch wenn die Frage von einer bestimmten Person kommt, sollten wir unterstellen, dass die Frage (und unsere Antwort) für alle relevant ist. Daher zunächst die Person adressieren, die gefragt hat, dann aber zu allen sprechen. Das hilft auch, wenn mir die Frage nicht passt. Dann bleibt mein Blick nicht am Herausforderer kleben und es schaukelt sich nicht zu einem Duell hoch.

Was mache ich, wenn meine Aussagen stark kritisiert werden?

Die beste Haltung: Jeder darf anderer Meinung sein oder andere Fakten kennen, alles okay. Das nimmt Druck raus. Das Grundmuster einer souveränen Antwort ist agree to disagree: Wertschätzung – Puffer – Position.

- Beispiel 1:„Ich sehe, Sie haben zu diesem Thema eine starke Meinung, das imponiert mir. Mir scheint, wir betrachten das von verschiedenen Perspektiven aus und kommen deshalb zu ganz unterschiedlichen Schlussfolgerungen. Mir ist wichtig, dass ..."
- Beispiel 2:„Vielen Dank für die Offenheit. Sie sehen das anders und das ist Ihr gutes Recht. Einstein sagte dazu ..." Wertschätzung – Puffer – und zuletzt ein Zitat einer nicht anwesenden Koryphäe, und schon sind wir aus der Schusslinie, denn wer will schon Einstein widersprechen?

Wie sollte ich mich verhalten, wenn ich persönlich angegriffen werde, offen oder subtil?

Das ist die Königsdisziplin auf dem heißen Stuhl. Es gibt mehrere Optionen. Aber nur wenn ich in der Lage bin, auch zu entscheiden. Wir sollten die Wahl haben. Lasse ich die Verbalattacke ins Leere laufen (s. Abb. 7.5)? Meistens die klügere Entscheidung. Ich erwerbe den Ruf eines souveränen *und* diplomatischen Menschen. Oder reagiere ich impulsiv und schieße zurück, dann antworte ich defensiv oder aggressiv. In diesem Fall ist die Wahrscheinlichkeit hoch, dass ich hinterher Ton oder Wortwahl bereue. „Ich hätte sagen sollen ...". Das kennen wir alle. Schlagfertigkeit ist das, was uns erst 24 h später einfällt. Wir müssen

Angriff parieren   Angriff ins Leere laufen lassen

Abb. 7.5 Wir haben die Wahl. (Mit freundlicher Genehmigung von © Martin Cambeis 2018. All Rights Reserved)

also ein wenig Zeit zum Nachdenken gewinnen. Eine Zehntelsekunde mehr reicht, um das Großhirn wieder zu aktivieren, bevor das Kleinhirn etwas Unreflektiertes rausballert.

Wörtlich wiederholen sollten wir die Antwort allerdings nicht. Wenn ich im Dementi den Vorwurf wiederhole, habe ich ihn indirekt bestätigt. Die empörte Entgegnung: „Ich bin doch kein Lügner!" würde uns nicht reinwaschen. Als Nixon nach dem Watergate-Skandal in Kameras sagte: „I'm not a crook!" (ich bin kein Gauner) hatte er selbst sein Label gesetzt. Wenn wir mit Schmutz beworfen werden, dürfen wir den Schmutz nicht aufgreifen, nicht mal anfassen. Es bleibt immer was hängen.

Wir müssen paraphrasieren, d. h. umformulieren und dabei von der persönlichen wieder auf die Sachebene gehen. Meist geht das gut mit Überbegriffen, unter die der Ansatzpunkt der Attacke fällt. Den Lügen-vorwurf könnten wir so entgiften: „Hier geht es um die Glaubwürdig-keit getroffener Aussagen." Weitere Beispiele:

- „Sind Sie doch noch grün hinter den Ohren!?" – „Danke, Ihre Frage zielt auf Lebenserfahrung/Qualifikation/Projekterfahrung …"
- „Das klappt bei Ihnen doch sowieso alles nicht!" – „Mir scheint, Sie sprechen das Thema Qualität/Termintreue/Zuverlässigkeit an …"
- „Und was bringt das für einen Mehrwert?" – „Hm. Was genau ver-stehen Sie unter Mehrwert?"

Ist der Angriff sehr pauschal („alles Quatsch!"), haben wir es am einfachsten. Denn dann müssen wir den Ball nur zurückspielen und fragen, was genau gemeint ist. Jetzt muss der Störer entweder konkret werden, worauf wir auch konkret antworten können. Oder er schweigt und steht nun selbst blamiert da.

Ist der Angriff sehr massiv oder kommt überraschend brauchen wir u.U. einen Moment, um uns zu sammeln. Sofort zu parieren, lässt uns möglicherweise *zu* selbstbewusst wirken und den Eindruck erwecken, als würde alles an uns abprallen. Es ist stimmiger und fällt uns leichter, die Überraschung kurz zu ventilieren.

- „Da sprechen Sie einen wunden/wichtigen Punkt an …"
- „Hm, was Sie da sagen, macht mich betroffen/nachdenklich …"
- „Ich muss gestehen, ich hatte nicht mit so einer Reaktion gerechnet …"

Zugleich können wir im Hinterkopf überlegen: Was ist mein Beziehungsziel? Nehme ich den Fehdehandschuh auf, ohne Rücksicht auf Verluste?

- „Die Tatsache, dass Ihnen an der Stelle nur ein persönlicher Angriff einfällt, zeigt, dass Ihnen die Sachargumente ausgehen." – Für den Moment ist der Angreifer mundtot – aber ich habe mir einen Feind fürs Leben gemacht.

Oder will bzw. muss ich mit dieser Person noch weiterhin gedeihlich auskommen? Dann werde ich nicht zurückschlagen, sondern wie bei asiatischen Kampfkünsten den Schlag ins Leere laufen lassen oder auf die Sachebene umleiten.

- „Ich merke, da stecken Emotionen drin, und ich habe dafür großes Verständnis. Mein Vorschlag ist: Lassen Sie uns sachlich miteinander im Dialog bleiben."

Das ist nach einem empathischen Einstieg ein subtiles Bloßstellen. Das Signal geht vor allem an die restlichen Zuhörer: Mich bringt so einer nicht aus der Ruhe.

Weitere Beispiele für Puffer-Sätze, um Verständnis zu signalisieren, sind:

- „Vielen Dank für die Offenheit, das anzusprechen. Es ist mir ein Herzensanliegen …"
- „Das ist ein wichtiger Aspekt, den Sie da ansprechen, vielen Dank. Das treibt mich auch um …"
- „Ich kann absolut nachvollziehen, dass …"

Für sich genommen stünden solche Sätze massiv unter Floskelverdacht. Damit sie wirken, müssen wir in der zweiten Satzhälfte spezifisch formulieren und zeigen, dass wir tatsächlich zugehört haben und das Anliegen des Gegenübers verstanden haben und ernst nehmen.

- „Ich kann absolut verstehen, dass Sie genau wissen wollen, ob dieser Vorschlag auch seriös durchgerechnet ist (resp. diese Person/diese Lösung die richtige ist usw.). An Ihrer Stelle würde ich auch genau nachfragen. Wo genau haben Sie noch Bauchschmerzen?"

Nicht immer ist ein Angriff so persönlich gemeint, wie er sich für uns anfühlt. Vielleicht hat die Person echte Bedenken und drückt sich im Eifer des Gefechts nur ungeschickt aus, weil sie nicht zwischen Botschaft und Botschafter trennt? Wir sollten genau hinhören und die nonverbalen Signale lesen, um zu erspüren: Was steckt dahinter? Im Zweifel hilft höflich nachfragen: Worum geht es Ihnen?

Nach dem Paraphrasieren sollte ich eine Brücke zu einer positiven Aussage schlagen, damit kein übler Nachgeschmack bleibt. Wenn an der Kritik etwas dran ist, weil Fehler passiert sind, dann hilft kein Drumherumreden, wir sollten es offen einräumen. Zugleich wollen wir nicht im mea culpa stecken bleiben. Das gelingt mit der Struktur Past – Present – Future:

- „Das stimmt, wir haben in der Vergangenheit Fehler bei XY gemacht. Wir arbeiten im Moment an Z um sicherzustellen, dass künftig alles reibungslos läuft."

Oder wir haben eine generische Aussage, die wir immer an den Schluss
hängen können:

* „… egal, welche Herausforderungen, die menschliche Ebene spielt
  immer eine große Rolle und als Führungskraft mit zwölf Jahren
  Projekterfahrung stehe ich dafür, nach Lösungen zu suchen, mit
  denen alle Beteiligten gut leben können."

Damit diese Aussage nicht nach Politikergewäsch klingt, bauen wir
eine belegbare Tatsache ein, dann hat die Aussage Hand und Fuß. Wer
öfter unter Beschuss gerät, legt sich besser einige solcher faktenbasierter
Sicherheits-Statements zurecht. Sie garantieren immer einen positiven
Abschluss. Happy Exit. Von meiner kanadischen Kollegin Rita Smith,
die viele Politiker gecoacht hat, habe ich den wunderbaren Merksatz:

People don't care what you *know*. They want to know that you *care*.

Im Kreuzverhör kritischer Mitarbeiter, Kollegen, Kunden oder Vor-
gesetzter eine gute Figur zu machen ist eine Frage der Souveränität, die
wiederum viel mit Erfahrung zu tun hat. Manche sind schon in jungen
Jahren selbstbewusst und lassen sich nicht die Butter vom Brot nehmen.
Andere entwickeln erst mit den Jahren und wachsender Kompetenz die
innere Gelassenheit, in Drucksituationen stabil zu bleiben. Älter werden
hat auch was Gutes, denn Seniorität hilft ohne Zweifel. Auf diesem Feld
spielt die Zeit für uns.

Zusammengefasst

* Fragerunden sind wertvolles Live-Feedback.
* Wir müssen nicht alles sofort beantworten.
* Auf vermeintliche Angriffe sollten wir verständnisvoll reagieren.
* Hinter fiesen Fragen stecken oft echte Bedenken.

Eine Fragerunde ist angenehmer für uns, wenn wir uns voll und ganz
auf gute Antworten konzentrieren können, weil ein Moderator sie leitet.

Es sei denn, der Moderator macht einen schlechten Job. Dann machen wir das vielleicht lieber selbst.

Literatur

Wertekommission (2018) Führungskräftebefragung 2018. https://wertekommission.de/medien/fuehrungskraeftebefragung-2018. Zugegriffen: 15. Nov. 2015

Sinek S (2009) Start with why. Penguin Random House, New York

8

Moderation

Zusammenfassung Eine Sonderrolle auf der Bühne ist die Moderation. Das folgende Kapitel gibt eine Übersicht, welche Aufgaben der Moderation auf einer Konferenz oder Tagung zukommen und welche Kompetenzen dazu erforderlich sind. Wir lernen die Tricks kennen, wie wir souverän Programmpunkte ankündigen, Überleitungen schaffen oder souverän auf Unvorhergesehenes reagieren können. Einen großen Teil nimmt das Moderieren von Podiumsrunden ein: Wie halten wir ein Bühnengespräch in Gang und wie gehen wir mit Störern um? Abschließend folgen Tipps zum äußeren Erscheinungsbild, eine Kompetenzen-Checkliste, die helfen kann, geeignete Moderatoren zu identifizieren, sowie Tipps für die Durchführung eines Webinars.

„Ein externer Moderator kommt nicht infrage!" – Dieses entschlossene Statement der Projektleitern eines Pharmakonzerns überraschte mich nicht. Viele Firmen haben mit selbsternannten Bühnenprofis schon schlechte Erfahrungen gemacht, und auch ich habe schon miterlebt, wie gut geplante Events durch peinliche Moderatoren versaut wurden. Als die Agentur bei einem Vorgespräch zu einer großen Sales-Konferenz also vorschlug, dass ich nicht nur die Redner des Events coachen,

© Springer Fachmedien Wiesbaden GmbH, ein Teil von Springer Nature 2019
D. U. Schott, *Souverän präsentieren – Die erste Botschaft bist Du*,
https://doi.org/10.1007/978-3-658-24824-2_8

sondern auch die Moderation übernehmen könnte, gab es erst mal große Skepsis.

„Die Moderation übernimmt unser Marketingleiter, der kann das!" – Auch diesen oder einen ähnlichen Satz habe ich öfters gehört. Es mag sein, dass der Marketingleiter tatsächlich ein sehr guter Bühnen-kommunikator ist. Ob das Publikum ihn auch einen Abend lang erleben möchte und er der Richtige für den Anlass ist, steht auf einem anderen Blatt. Auf einer internen Veranstaltung kann es stimmig und wertvoll sein, wenn jemand aus dem Management starke Präsenz zeigt. Zugleich sprechen viele gute Gründe für den Einsatz eines externen Moderators bzw. einer Moderatorin bei Corporate Events oder fach-bezogenen Veranstaltungen.

• Eine gute Moderation gibt der ganzen Veranstaltung einen professio-nellen Rahmen, selbst wenn einzelne Programm-Beiträge nicht auf höchstem Niveau sind.
• Ein erfahrener Bühnenprofi kann auch mit ungeplanten Situationen souverän umgehen und Pannen und Peinlichkeiten auffangen.
• Jemand von außen ist nicht in die Firmenpolitik verstrickt und kann glaubhaft neutral auftreten.
• Der/die Externe hat an diesem Tag oder Abend nur diese Aufgabe und ist voll darauf konzentriert.

Wenn nämlich jemand aus der Firma die Moderation übernimmt, hat diese Person bei der Veranstaltung mindestens zwei Hüte auf. Das ist, als würde das Geburtstagskind sich auf seiner Party auch um Essen und Getränke kümmern müssen. Das sollten Freunde oder Caterer besorgen. Denn sonst kommt man kaum dazu, sich mit seinen Gäs-ten zu unterhalten. Auch die oben genannte Projektleiterin realisierte bald, dass sie als Organisatorin und eine der Hauptrednerinnen der Sales-Konferenz schon genug Verantwortung für das Gelingen der Ver-anstaltung trug. Für eine lockere Moderation hätte sie kaum den Kopf frei gehabt. Sie war hinterher sehr dankbar, dass sie diese Aufgabe an einen Profi abgegeben hatte.

8.1   Was ist eigentlich Moderation?

Das Wort moderieren kommt aus dem Lateinischen. *Moderare* heißt mäßigen, steuern, lenken. Ein Moderator ist also eine Person, die in der Kommunikation eine Vermittlerrolle übernimmt, ein Gespräch oder einen Programmablauf steuert und dabei mäßigend, also ausgleichend wirkt. Moderation gibt Orientierung, gestaltet Übergänge, verbindet Publikum und Programm, gibt Impulse, lenkt die Stimmung, zeigt Präsenz und nimmt sich im richtigen Moment wieder zurück, um anderen Akteuren Raum zu geben. Moderation kommt in folgenden Kontexten vor:

- Journalismus (Hörfunk/Fernsehen)
- Internet (Onlineforen, Webinare u. a.)
- Veranstaltungen (Messen, Kongresse, Firmenevents, Politik, Unterhaltung)
- Gruppenarbeit (Workshops, Organisationsentwicklung, Teambuilding)
- Konfliktlösung (Mediation)

Die Moderation in Hörfunk, Fernsehen oder Internet dürfte nur für wenige Leser infrage kommen. Und zu Gruppenarbeit und Teammoderation gibt es hinreichend Bücher und Seminare. In diesem Kapitel soll es daher vor allem um die Bühnenmoderation gehen, denn in dieser Rolle können sich auch Menschen unverhofft finden, die weder aus dem Journalismus noch aus psychosozialen Berufen kommen.

Eine Veranstaltung kann – wie jede Kommunikation – unterschiedliche Ziele haben:

- Unterhaltung (wir haben uns gut amüsiert). Keine Nachhaltigkeit.
- Information (wir haben was erfahren). Wenig Beteiligung.
- Zelebration (wir feiern gemeinsam Erfolge). Positive Verstärkung.
- Motivation (wir gehen gestärkt und inspiriert davon). Emotion.
- Identifikation (wir erleben uns als Teil eines Ganzen). Zugehörigkeit.

Eine gelungene Firmenveranstaltung dürfte einen dieser Aspekte als Hauptzweck, aber die anderen als Beimischung haben. Ein Spaßabend ohne den geringsten Inhalt mit Neuigkeitswert ist lustig, aber belanglos. Eine Fachtagung ohne den geringsten Unterhaltungswert ist staubtrocken. Motivation und Zugehörigkeit brauchen meist auch sachliche Substanz. Moderation kann helfen sicherzustellen, dass das Ziel der Veranstaltung auch erreicht wird.

8.2   Rolle und Aufgaben des Moderators

Um sich klar zu machen, welche Möglichkeiten es hier gibt, seien einige verwandte Rollen genannt: Ansager (lebendes Hinweisschild), Conférencier, Entertainerin, Journalist, Mediatorin, Coach, Trainerin, Verkäufer, Rednerin, Gastgeber. Als wer trete ich an? Bin ich neutraler Vermittler, der „nur" Übergänge gestaltet? Bin ich inhaltlich Mitgestalterin oder gebe ich anderen Impulse zur Beteiligung? Oder bin auch Gastgeber und stehe als Person gleichberechtigt neben anderen Programmpunkten?

8.2.1 Let others shine

Ein häufiges Missverständnis in dieser Rolle: Die größere Sichtbarkeit wird auf sich bezogen und man hält sich für wichtiger, als man ist. Gute Moderatoren stehen nicht im Mittelpunkt, sondern im Dienst der Veranstaltung – auch wenn es paradoxerweise nötig sein kann, vorübergehend im Mittelpunkt zu stehen, um dem Ganzen zu dienen. Wir ziehen die Aufmerksamkeit, das Scheinwerferlicht kurz auf uns und geben dann ab – wie gute Fußballer. Wir lassen andere glänzen und wissen: Unsere Rolle ist die des menschlichen Scharniers, das Gäste und Programmpunkte verbindet. Eine gelungene Veranstaltung ist wie ein gutes Gericht eine runde Sache. Keine Zutat schmeckt zu arg heraus. Nimm dir vor, dass sich keiner an dich, aber jeder an den Abend erinnert – dann kommt hinterher das Feedback: Das war eine tolle Moderation.

Je nach Kontext und Aufgabe bewegt sich Moderation situativ zwischen zwei Polen:

1. Ich *unterstütze* die Show.
2. Ich *bin* die Show.

Je stärker es um Entertainment geht, desto eher darf die Moderation selbstreferenziell sein. Thomas Gottschalk war ein Meister darin. Le Show, c'est moi. Ist die Person tatsächlich sehr beliebt oder ein Glamour-Promi, dann wird auch genau das erwartet. Schwierig oder peinlich wird es, wenn No Names sich gerieren wie Gottschalk, ohne dessen Talent und Liebenswürdigkeit zu besitzen.

Viele, die sich zur Moderation hingezogen fühlen, haben ein großes Ego und lieben Aufmerksamkeit. Im schlimmsten Fall sind denen Anlass und Gäste egal – die brauchen eine Bühne und kapern den Anlass für reine Selbstdarstellung, eine „Ich-über-mich-Show". Die Moderation gerät dann sehr selbstreferenziell, weil dieser Typus davon ausgeht, die interessanteste Person im Raum sei sie selbst. Auch selbstverliebte Trainer und Berater agieren so. Am schlimmsten sind ehemalige C-Promis, die ihre besten Zeiten bescheidenen Ruhms hinter sich haben und sich ständig gerührt und huldvoll für jede noch so spärliche Liebesbezeugung des Publikums bedanken. Jeder zaghafte Einzelapplaus gießt Öl ins Feuer der Eitelkeit.

Im günstigen Fall peppt so ein selbstverliebter Alleinunterhalter eine verschnarchte Veranstaltung zumindest dem Anschein nach mit Schwung auf. Im ungünstigsten Fall merken alle außer dem Zirkuspferd auf der Bühne, dass das hier nicht passt, und die Veranstaltung schlittert in die Peinlichkeit. Kein Wunder also, dass viele Veranstalter als gebrannte Kinder dem Einsatz von externen Moderatoren skeptisch gegenüberstehen.

Bei Firmenveranstaltungen, Symposien oder anderen inhaltsgetriebenen Anlässen sollte die Moderation dem Ganzen dienen und auf keinen Fall der Selbstdarstellung. Gute Corporate-Event-Moderatoren gehen journalistisch vor. Sie werden gut gebrieft, sind auch dank eigener Recherche inhaltlich gut vorbereitet und verstehen sich als Diener des Informationsflusses.

Damit soll nicht gesagt sein, dass eine gute Moderatorin egofrei sein muss. Um auf der Bühne zu bestehen, braucht man ein gesundes Selbst-, vielleicht sogar Sendungsbewusstsein. Wer das Gefühl hat, die Aufmerksamkeit nicht wert zu sein, sollte die Bühne meiden. Wer jedoch glaubt, die Aufmerksamkeit gebühre nur ihm, sollte ebenfalls fernbleiben. Moderation ist die Kunst, die richtigen Worte und die richtige Balance zwischen Präsenz und Unsichtbarkeit zu finden.

Im einen Moment sind wir die Schau, im nächsten wollen wir sie anderen nicht stehlen. Wer andere glänzen lassen kann, macht selbst einen glänzenden Eindruck.

8.2.2 Den richtigen Ton finden

Der Ton einer Moderation ist meist etwas „bigger than life". Denn unsere Aufgabe ist es, Aufmerksamkeit zu bekommen und umzulenken. Dazu reicht meist nicht unsere übliche Lautstärke. Wobei es hier nicht um Lautstärke im rein quantitativen Sinne geht. Wir haben ja meist ein Mikrofon und müssen also nicht schreien. Aber kraftvoll, deutlich und etwas ausladender als gewöhnlich sollte die Stimme sein. Wir sind immerhin Verkünder dessen, was als nächstes kommt, und sollen ein Stück weit auch Laune darauf machen.

Zum richtigen Ton gehört auch die richtige Ansprache. Grundsätzlich zu empfehlen: inklusiv, positiv, ausgleichend. Alles weitere hängt — wie auch bei der Präsentation — davon ab: Wer spricht zu wem und in welchem Kontext?

Dass die Modewelt einen anderen Jargon hat als die Branche der Metallverarbeitung, versteht sich von selbst. Auch, dass Teilnehmer eines Ärztekongresses eine andere Ansprache erwarten als Besucher einer Game Convention. Und doch fällt es nicht leicht, die eigene Sprache auf Knopfdruck anzupassen. Der Spracherwerb geschieht früh in unserem Leben, die zugrunde liegenden mentalen Muster laufen zwar nicht völlig automatisch, aber doch so blitzschnell ab, dass uns womöglich etwas „herausrutscht", das wir im Nachhinein lieber anders formuliert hätten.

Wer als Moderator innerhalb seines Unternehmens agiert, hat es leichter. Der Jargon ist vertraut. Es besteht allenfalls die Gefahr, zu stark in interne Kürzel oder Chiffren zu verfallen. Empfehlung: Immer so sprechen, dass auch Medienvertreter im Raum sein könnten und alles verstehen würden.

Für Außenstehende sind die internen Codes und feinen Unterschiede zwischen Abteilungen oder Hierarchien natürlich schwerer zu treffen. Das wird dann mit journalistischer Vorbereitung kompensiert. Ich spreche vor solchen Aufträgen mit Insidern. Manchmal lerne ich bestimmte Buzzwords, um zu signalisieren: Ja, ich spreche eure Sprache.

Lange vor dem Atomausstieg habe ich einmal eine Veranstaltung für die Kernkraft-Tochter eines großen Energiekonzerns moderiert. Mir wurde zuvor eingebläut, auf keinen Fall „Atomkraft" oder „AKW" zu sagen. In der Branche bevorzugt man den Euphemismus Kernkraft und entsprechend das Kürzel KKW. Die Assoziation zum strahlenden Atom entstammt dem Vokabular der Gegner dieser Energieerzeugung und war damals noch ein Reizwort in der Branche (Framing!). Ich habe mich daran gehalten, und das kam gut an. Später beim Buffet habe ich mich freimütig als ehemaliger Anti-Atomkraft-Demonstrant geoutet. Damit konnten die „Kernis" gut umgehen.

8.2.3 Eröffnung einer Veranstaltung

Wetten, dass die häufigsten gesprochenen Worte zu Beginn einer Veranstaltung lauten: „Herzlich willkommen zu …"? – Wobei, wer weiß? Vielleicht ist der Spitzenreiter auch „Meine sehr verehrten Damen und Herren!" Schnarch.

Analog zur Eröffnung einer Präsentation gilt auch für die Eventmoderation: Das Allernaheliegendste zumindest in den ersten Sekunden vermeiden. Die ersten Sätze prägen den ersten Eindruck. Wird das lebendig oder langweilig? Wer gerne lebendig hätte, sollte auch so starten. Eine generische Grundstruktur für die Anmoderation eines Events kann so aussehen:

- Überraschender Einstieg
- Bezug zur Veranstaltung
- Begrüßung und Titel der Veranstaltung (und evtl. Selbstvorstellung)

- Protokollarisches
- Ziel und Agenda (einzelne Highlights nennen)
- Überleitung zu erstem Programmpunkt

Der Einstieg kann wie in Abschn. 5.1 beschrieben ein Zitat sein, ein persönliche Anekdote, ein historischer Bezug, eine aktuelle Studie, Zahl, Aussage – kurz: alles, was einen nicht sofort erkennbaren, aber hoffentlich interessantem, amüsanten, überraschenden Bezug zur Veranstaltung hat. Im nächsten Schritt schlagen wir die Brücke zur Veranstaltung und offenbaren diesen Bezug. Der zweite Brückenpfeiler kann der Titel, das Thema, der Veranstaltungsort usw. sein. Man muss nicht alles nennen, es reicht der Bezug zu einem dieser Punkte.

Hilfreiche Fragen für die Vorbereitung

- Was sind wenig bekannte, aber interessante Bezüge zum Event?
- Welchen aktuellen Aufhänger gibt es?
- Welche aktuelle Tatsache oder Nachricht zeigt die Relevanz des Themas?
- Welches ehrliche Kompliment lässt sich den Anwesenden machen?
- Hat die Location eine interessante Geschichte, von der sich eine inhaltliche Brücke schlagen lässt?

Erst dann heißen wir herzlich willkommen und nennen den Titel der Veranstaltung (obwohl er bereits auf der Einladung und vermutlich als Folie auf der Leinwand steht). Wenn wir dabei mit der Stimme runter gehen und eine Pause machen, kommt oft unwillkürlich Applaus. Danach können wir uns kurz selbst vorstellen, falls sinnvoll.

Als nächstes müssen manchmal einige Anwesende gesondert begrüßt werden. Eine etwas altbackene und heikle Angelegenheit. Wehe, die hierarchische Reihenfolge wurde nicht eingehalten oder eine Person, die mit namentlicher Nennung gerechnet hat, wurde vergessen! Ich bin immer heilfroh, wenn das die Gastgeber selbst machen. Und noch glücklicher, wenn so eine Begrüßungsarie (bitte mit Sammelapplaus zum Schluss) gar nicht erst auf der Agenda steht. Eine charmante Behelfslösung kann es sein, nicht einzeln mit Namen, sondern nur Gruppen zu begrüßen: alle Anwesenden aus Geschäftsführung, Projektteam, Produktion, Ehrenamtliche, Medienvertreter …

8.2.4 Ankündigung eines Redners oder Akteurs

Mach andere groß, dann bist du ein Großer. Nach diesem Motto moderieren wir Redner oder andere Akteure der Veranstaltung gebührend an. Also nicht nur Name und Funktion aufsagen *(„… und als nächstes begrüßen wir auf der Bühne die Regionalgebietsleiterin Frau …")*, aber auch nicht die ganze Vita runterrattern *(„…nach einem erfolgreich abgeschlossenen Studium war er zunächst …")*.

Auf einer politischen Veranstaltung hatte ich eine Professorin anzukündigen, die neben Lehrstuhl und Institutsleitung in etlichen Gremien saß. Ihre Tätigkeitsliste war beeindruckend – und erschlagend. Ich fragte sie einfach selbst, welchen ihrer vielen Hüte sie heute aufhaben möchte, und sie war dankbar für die Gelegenheit, die Anmoderation einzugrenzen auf die Funktionen, die in diesem Rahmen zu nennen sinnvoll war.

Idealerweise „verkaufen" wir den nächsten Programmpunkt gut. Das machen wir mit ein paar Sätzen, die beleuchten, warum gerade diese Person die richtige ist, jetzt zu sprechen. Dazu reicht es, aus der Vita den einen oder die beiden Aspekte herauszugreifen, die für den Kontext relevant sind. Besser noch als Lebenslauf-Splitter sind konkrete Beispiele.

- „…sie hat damals als eine der Ersten ein Digitalisierungsprojekt in einem großen Konzern geleitet …"
- „er hat sich viele Jahre lang mit dem Thema intensiv beschäftig und gilt zurecht als einer der führenden …"

Es darf anklingen, dass die nächste Person die Idealbesetzung für den nächsten Programmpunkt ist. Hier lauern Formulierungs-Fettnäpfchen ähnlich wie in Arbeitszeugnissen *(„…hat sich stets bemüht …")*. Fataler Fehler:

- „Wir wollten eigentlich Herrn Prof. Nobelpreis einladen, aber der hatte leider keine Zeit. Wir freuen uns, dass sein Vertreter Herrn Unwichtig kommen konnte, der ja auch gut mit dem Thema vertraut ist." – Na, danke, der wird nie wieder einspringen.

Manchmal wird der Moderator selbst angekündigt. Die drei folgenden Ankündigungen zeigen, wie unterschiedlich wertig seine Rolle oder Person empfunden wird.

- *„Ich übergebe an unseren Moderator."* Übergeben!? Bitte nicht! – Und offenbar konnte sich keiner den Namen des Moderators merken.
- *„Die Moderation übernimmt heute freundlicherweise Herr/Frau X."* Immerhin schon namentliche Nennung.
- *„Wir sind sehr dankbar, dass wir einen solch erfahrenen Profi für die Moderation gewinnen konnten."* Ah, das fühlt sich gut an.

„Gewinnen können" ist eine schöne Formulierung der Wertschätzung. Sie drückt aus, dass man weder Kosten noch Mühe gescheut hat, den Besten für die Aufgabe zu bekommen. Das lässt alle Beteiligten gut aussehen.

> **Profi-Tipp: Name zuletzt**
>
> Wie beim Boxkampf den Namen des Angekündigten immer zuletzt nennen. Wir machen es spannend und sprechen zunächst nur von der nächsten Rednerin, dem nächsten Experten usw. Erst ganz zuletzt sagen wir: *„Wir freuen uns auf ... (Funktion + Name)"*. Das ist für die Person ein eindeutiger Hinweis: jetzt auf die Bühne kommen. Und für das Publikum ein klares Signal: jetzt klatschen.

Hier der Aufbau einer wirkungsvollen Ankündigung:

- Relevanz des Themas (Problemstellung)
- Begründung, warum der nächste Redner genau dafür Experte ist
- Funktion und Name des Redners

Überleitungen

Wer viel Radio hört, kennt sie: die Jingles und Senderkennungen der Sender. Eine Sonderform ist der sog. Transition Jingle. Der fängt sanft an und beschleunigt dann. Oder er steigt energisch ein und endet balladesk. Ein Transition Jingle wird gespielt, um zwischen zwei Stücken mit sehr verschiedenen Tempi oder Stimmungen einen Übergang zu schaffen, also das, was sonst der Moderator oder die Moderatorin macht.

Auch bei einer Veranstaltung nimmt Moderation manchmal diese Scharnierfunktion ein, um Brüche zu vermeiden. Das ist moderare (ausgleichen) im Wortsinn. War der letzte Vortrag sehr langatmig oder einschläfernd, wird ein guter Moderator nicht wie ein Clubanimateur auf die Bühne springen und Vollgas geben. Dabei könnten sich einige zu Tode erschrecken. Er wird die niedrige Drehzahl des Vorredners aufnehmen und binnen zwei Sätzen auf einen höheren Gang schalten – aber mit Kupplung und geschmeidig. Oder umgekehrt: von aufgepeitscht wieder zu sachlich. Energie und Stimmung im Raum steuern wir am besten mit der Stimme.

Stimme macht Stimmung.

Eine gute Überleitung von einem zum nächsten Programmpunkt dauert in der Regel weniger als eine Minute. Die Ankündigung sollte nicht unverhältnismäßig viel Raum einnehmen. Ist sie zu kurz, fragt man sich, ob es nötig war, für diese zwei Sätze überhaupt auf die Bühne zu gehen. Ist sie zu lang, sinkt der Energielevel im Raum wieder. Es soll ja nur eine Anmoderation sein, keine Rede vor der Rede.

8.2.5 Pleiten, Pech & Pannen

Wenn Unvorhergesehenes passiert, zeigt sich, ob die Person auf der Bühne einigermaßen locker ist oder unter großer Anspannung steht. Ein lauter Zwischenrufer, etwas fällt um, der Projektor oder ein Mikrofon fällt aus, ein wichtiger Gast kommt zu spät, Menschen verlassen den Saal, plötzlich ertönt aus dem Raum nebenan laute Musik – es gibt tausend Dinge, die dazwischenfunken können. Die Moderation hat dann Vorbildfunktion. Reagiert sie nervös, werden alle ein wenig nervös. Reagiert sie gelassen, bleiben alle gelassen. Kann sie darüber lachen, löst das die Stimmung. Dann erweisen sich manche kleine Pannen als Glücksfall, weil sie die Veranstaltung auflockern.

Moderationskarten

Freie Rede ist schön, aber Moderationskärtchen sind etabliert. Wer sich damit sicherer fühlt, soll sie ruhig in die Hand nehmen. Idealerweise brauchen wir sie nicht und haben sie nur zur Sicherheit in der Hand. Fatal ist, wenn wir so auf das fixiert sind, was auf dem Kärtchen steht, dass wir nicht mehr auf das reagieren, was gerade passiert. Das echte Leben ist oft anders als der Laufplan in der Hand. Hermann Scherer sagt: „Dieses Leben ist keine Generalprobe." (Scherer 2011, S. 62).

Die Karten sollten aus festem, farbigem Kartonpapier sein und keine ganzen Sätze, sondern nur Stichworte in sehr großer Schrift enthalten (mind. Schriftgröße 24). Es sieht schick aus, wenn sie hinten mit dem Veranstaltungslogo bedruckt sind. Von laminiert rate ich ab, weil das im Scheinwerferlicht spiegelt.

> **Profi-Tipp: Moderationskarten nummerieren**
>
> Dieser Tipp klingt banal, aber ich habe schon Kollegen erlebt, die mühevoll Moderationskarten angefertigt haben und dann auf der Bühne hektisch zu blättern anfingen: Wo war ich, was kommt als nächstes? Daher die Karten nummerieren. Wenn sie auf den Boden fallen, ist sonst die Reihenfolge weg. Nur einseitig beschriften, am besten in großen Druckbuchstaben.

Bei kurzen Moderationen sollten alle Stichpunkte auf eine Karte passen; bei einem kurzen Wortbeitrag alle zwei Sätze die Karte zu wechseln wirkt albern. Ich gehe immer nur mit der *einen* Karte auf die Bühne, die ich für meine nächste Moderation brauche. Und ähnlich wie beim Presenter gilt: Moderationskarte in die nicht-dominante Hand nehmen, damit die Schreibhand frei für Gestik ist. Sonst rudern wir unwillkürlich mit den Karten durch die Luft.

Zwei weitere Tipps:

- Vor dem eigentlichen Opening sage ich oft einige Worte wie „Guten Morgen" als letzten Mikrofontest (falls vorher keine Gelegenheit für einen Soundcheck war), auch damit Ruhe einkehrt und die Leute merken, es geht los. Ein sehr kurzer Small Talk von der Bühne aus kann auch dem Herstellen der Verbindung zum Publikum dienen.

- Vorsicht mit vorbereiteten Gags. Ob die live wirklich so gut ankommen, wie man sich das vorgestellt hat? Nur wenige können das so abrufen, dass es spontan wirkt. Besser ist es, entspannt im Hier und Jetzt zu sein. Dann gelingt zuweilen Situationskomik.

8.2.6 Bühnengerechte Kleidung und Make-up

Wer im Rampenlicht steht, möchte glänzen – aber nicht im unerwünschten Sinne. Leichtes Make-up kann selbst bei Männern sinnvoll sein wenn die Scheinwerfer sehr stark sind – sonst sieht man leichenblass aus. Zumindest abpudern oder abtupfen schadet nicht. Bei der Kleidung sollten karierte oder kleinteilige Muster (z. B. Moiré) gemieden werden, weil sie im Falle einer Live-Projektion auf dem Bildschirm flimmern. Ebenfalls ungünstig sind starke Hell-dunkel-Kontraste (z. B. weißes Hemd mit schwarzem Sakko). Besser: blaues oder graues Sakko bzw. Blazer und hellblaues oder rosa Hemd bzw. Bluse. Besser unifarben als gemustert. Falls Ansteckmikrofone (Lavalier) zum Einsatz kommen, auf stark raschelnde Textilien und klimpernden Schmuck verzichten. Lieber dezent und ohne ablenkende Mode-Accessoires. Eine grundsätzliche Überlegung kann sein: wie sehr möchte ich mich dem Rahmen und Dresscode anpassen? Und wie sehr möchte ich, dass mein Outfit ein Statement ist? Das hängt u. U. wieder von der Frage ab: bin ich die Show oder unterstütze ich sie?

8.2.7 Podiumsrunden moderieren

Eine Podiumsdiskussion ist ein spannendes Format. Live mit mehreren Akteuren zugleich ist sie nicht bis ins Detail vorab planbar. Das macht sie interessant – oder zur Katastrophe. Wenn viel Emotion im Raum ist, ist es die Königsdisziplin für Moderatoren, sie so zu steuern, dass sie lebendig ist, aber auch nicht komplett aus dem Ruder läuft.

Zunächst ein paar logistische Aspekte. Meist sitzen ja die Teilnehmer – oder gruppieren sich um Stehtische. Wo sollte sich der Moderator platzieren? Es gibt zwei Möglichkeiten: Entweder in der Mitte wie der Löwendompteur, was unweigerlich die Moderation ins Zentrum rückt und Autorität verleiht. Der Nachteil: Oft entspinnt sich dann kein direktes Gespräch unter den Teilnehmern, weil jeder darauf wartet, vom Chef in der Mitte das Wort erteilt zu bekommen. Ich bevorzuge daher meist einen Platz an der Seite, das passt zu meinem Rollenverständnis, dass der Moderator nicht die wichtigste Person auf der Bühne ist. Allerdings ergibt sich dann bei ungerader Teilnehmerzahl die Frage, wer auf dem Thronplatz in der Mitte sitzt. Auch bei der nächsten räumlichen Frage gibt es keine eindeutige Antwort.

Ist es besser, es nehmen erst alle ihre Plätze ein und werden dann anmoderiert? Oder jeden einzeln mit Ankündigung und Applaus aufs Podium bitten? Beides geht. Einzeln hochkommen macht den Auftritt größer. Erst Plätze einnehmen, dann anfangen, wirkt unprätentiöser. Kommt also wieder drauf an: Wer zu wem und wo?

Eröffnung und Ankündigung der Teilnehmer ähnelt dem zuvor Gesagten. Hier ein paar Anregungen für den weiteren Verlauf: Die **Eingangsfrage** ist entweder die, die alle ohnehin im Kopf haben (der Elefant im Raum); oder sie nimmt Bezug auf den vorigen Programmpunkt; oder sie greift etwas Aktuelles auf; oder sie ist überraschend, aber relevant. Idealerweise bietet sie allen eine Plattform für ein kurzes Eingangsstatement, und jeder wird einmal direkt angesprochen. Dann sollte es bald Interaktion zwischen den Teilnehmern geben. Nun nimmt sich die Moderation ein Stück zurück. Wenn es gerade spannend ist, kann man wie ein guter Fußballkommentator auch mal die Klappe halten.

Wer fragt, der führt (das Gespräch)
Geschlossene Fragen oder Suggestivfragen sind logischerweise wenig sinnvoll. Ansonsten gibt es viele Möglichkeiten, das Gespräch oder die Wortbeiträge zu lenken.

- **Faktische Fragen:** *„Was?" „Seit wann?" „Wie viele?" „Wer?" „Wo?"*
- **Ursächliche Fragen:** *„Wie kam es dazu?" „Was hat dazu geführt …?"*
- **Werte-Fragen:** *„Was ist dir daran wichtig?" „Was waren die Gründe für …?" „Warum?"*
- **Fragen auf Metaebene:** *„Worauf kommt es an?" „Was ist der Unterschied zwischen …?"*

- **Anekdotisch:** „*Was war die schlimmste, beste …?*" „*Wann war der Moment, als … ?*" „*Das erste Mal …?*"
- **Meinungsfragen:** „*Wie denkst du darüber?*" „*Wie findest du …?*" „*Was sollte mehr im Mittelpunkt stehen?*"
- **Vertiefungsfragen (Katharsis):** „*Wie meinen Sie das?*" „*Erzähl mehr!*" „*Was verstehen Sie genau darunter?*"
- **Zuspitzung:** „*Wie hätten Sie in dieser Situation gehandelt?*" „*Wenn Sie zwischen x und y wählen müssten …?*"
- **Imagination:** „*Wenn du einen Wunsch frei hättest …?*" „*Wie würde das in einer idealen Welt aussehen?*" „*Was wäre das Schlimmste, was passieren könnte …?*"
- **Externe Position einbringen:** „*Wenn xy jetzt zuhören würde, wie würde er/sie reagieren?*" „*Was würde xy dazu sagen?*"
- **Vergleich zu früher oder Ausblick:** „*Was hat sich im Vergleich zu früher verändert?*" „*Wie wird das in zehn Jahren sein?*"

Mut zum Weglassen

Gute Vorbereitung bedeutet, dass wir genügend Fakten in der Hinterhand haben, um jederzeit gut parieren zu können. Gute Umsetzung heißt: Nicht stur alles anbringen, was man auf Lager hat, sondern offen sein für den Moment. Zwei TV-Beispiele: Alfred Biolek hatte immer einen Stapel vollgeschriebener Moderationskarten mit vielen Fragen darauf in der Hand. Er blickte oft auf seine Karten. Aber wenn der Gast etwas Spannendes erzählte, war Bio in der Lage, sich von seinen Fragen zu verabschieden und sich auf sein Gegenüber einzulassen. Bei Markus Lanz hat man oft den Eindruck, er möchte mit seinen sehr langen Fragen zeigen, wie klug er ist und dass er die Antwort schon kennt. Selbst wenn das Gegenüber schon antworten möchte, beharrt er darauf, seine weitschweifige Frage noch zu Ende zu formulieren. Mut zur Lücke heißt manchmal: Kill your darlings.

Improvisation

Vielleicht nimmt das Gespräch eine ganz andere Wendung als antizipiert. Dann sollte man sich jederzeit von seinem Konzept lösen können. Das gelingt wunderbar, solange wir nach wie vor die Hauptrichtung im Blick behalten. Das ist wie beim Autofahren, wenn man unterwegs Staus umfährt, aber trotzdem weiter das Ziel ansteuert.

8.2.8 Schlussrunde

Mit der letzten Frage kann ich bestimmen, in welcher Tonalität die Diskussion enden soll: leicht und heiter, nachdenklich, ergebnisoffen usw. Es bietet sich eine einfache Frage an, die allen Podiumsgästen Gelegenheit für ein kurzes (!) Fazit gibt. Dabei nehme ich als erstes die Person dran, von der ich mir erhoffe, dass sie den anderen mit einem guten Beispiel für Prägnanz vorangeht (und lobe das erwünschte Verhalten).

Der lebendigste Teil einer Podiumsrunde ist oft der, wenn sie sich öffnet und Fragen aus dem Publikum zulässt. Der Hinweis dazu sollte schon zu Beginn und einige Minuten vorher kommen, damit das Publikum sich innerlich bereit machen kann. Hier ein paar Tipps für den Ablauf einer Publikumsdiskussion.

- **Ankündigen:** *„Wir wollen im Anschluss/in etwa zehn Minuten die Runde öffnen für Ihre Fragen oder Anmerkungen. Wir werden dann mit Mikrofonen zu Ihnen kommen.“*
- **Zeitlimit setzen:** *„Wir haben nun x Minuten Zeit für eine offene Diskussion.“*
- **Anstoßen:** *„Wo ist die erste Frage?“* Pause aushalten.
- **Sammeln:** *„Wir sammeln einige Fragen, bevor wir das Podium antworten lassen.“* Ggfs. Stichworte zu den Fragen notieren.
- **Podium antwortet:** Jeder darf, keiner muss. Auf keinen Fall sollte jeder auf jede Frage antworten.
- **Kontrolle behalten:** *„Vielen Dank. Wer hat die nächste Frage?“* Bei mehreren Meldungen:

  - **Überblick rückmelden:** *„Okay, wir haben zunächst den Herrn hier vorne, dann die Dame hinten im roten Mantel, dann den Herrn am Mittelgang.“* Zwischendurch auch durch Nicken zu verstehen geben, dass man die Wortmeldung gesehen hat.

- **Beenden:** *„Wir haben noch Zeit für drei Fragen …“* bzw. *„Wer stellt die letzte Frage?“*
- **Abmoderation:**

  - Anerkennung: *„Vielen Dank für die lebhafte Beteiligung.“*

- Zusammenfassung: In wenigen Worte das wesentliche erfassen.
- Dank allen Beteiligten (von Akteuren über Organisatoren bis Technik)

Profi-Tipp: Mikrofon-Kontrolle

Falls im Publikum Mikrofone gereicht werden, sollten die Saalhelfer gebrieft werden, diese nicht aus der Hand zu geben, sondern den Fragestellern wie Reporter das Mikrofon zu halten. Warum? Manche wissen nicht, wie man ein Mikrofon hält. Andere geben es nicht mehr her, wenn sie es einmal in der Hand haben. Daher: Mikrofone *nie* aus der Hand geben!

Umgang mit „schwierigem" Publikum

Einige Tipps dazu gab es bereits in Abschn. 7.4.2 zu Fragerunden. Hier ein paar weitere.

- **Frager holt zu einem Kurzvortrag aus:** In passender Lücke die letzten Worte des Fragers wiederholen. Die eigenen Worte aus dem Mund eines anderen zu hören, stoppt jeden in seinem Redeschwall. *„Sie sagen gerade ... Ein wichtiges Thema. Was ist denn in **einem Satz** Ihre Frage dazu?"* Wertschätzung füttert den Geltungsdrang der Person und macht sie offener für sanfte Lenkung.
- **Der Frager redet langatmig weiter:** *„Verzeihung, wenn ich unterbreche. Damit in der gegebenen Zeit möglichst viele die Gelegenheit zu einer Frage haben, würde ich Sie bitten, sich kurz fassen."* Das leuchtet den meisten ein.
- **Die Frage ist gar keine Frage:** *„Danke für die Rückmeldung (den Kommentar, die Einschätzung, Schilderung ....). Wer hat noch eine Frage ans Podium?"* – Signalisiert: muss keine Frage sein, aber Fragen bekommen mehr Raum (es sei denn, wir haben explizit zu Beiträgen aller Art eingeladen).
- **Zwischenrufer**
  - Ignorieren: Meist die beste Variante. Pöblern keine Aufmerksamkeit geben signalisiert: Wer was sagen möchte, soll sich bitte ordentlich melden.

- Humor: War es ein lustiger Zwischenruf, kann man auch schlagfertig und humorig reagieren. Hauptsache, kurz.
- Indirekt Ansprechen: *„Wenn Sie mitdiskutieren möchten, dann bitte ich um Handzeichen. "*

• **Persönliche Geschichte:** Manchmal erzählen Menschen unerwartet eine sehr betroffen machende Geschichte. Damit wir in dieser Stimmung nicht stecken bleiben: sehr empathisch abbinden, dann weiter moderieren. *„Vielen Dank für diesen persönlichen Einblick (vielen Dank für Ihre Offenheit/den Mut, das hier zu teilen etc.). "* Ggfs. kurz inhaltlich würdigen: *„Ihr Beispiel zeigt … "* Vorsicht, keine spekulative Einordnung, eher Zusammenfassung auf Metaebene. Dann weiter: *„Gibt es noch eine Frage zum Thema xy?"*

8.3   Geeignete Moderatoren finden

Moderator oder Moderatorin ist kein geschützter Begriff. Jeder kann so firmieren. Es gibt keine allgemein anerkannte, institutionelle Ausbildung. Die meisten kommen aus dem Journalismus oder der Schauspielerei. Selten gibt es auch gute Quereinsteiger. Wer einen Profi für sein Event sucht und keine persönliche Empfehlung bekommt, sollte im Netz suchen und einen kritischen Blick auf den Lebenslauf werfen und sich nicht allein von Fotos blenden lassen („ich und die Kanzlerin"). Selfies mit Prominenten zu bekommen ist leicht, das beweist nichts. War die Person für namhafte Veranstaltungen oder Firmen im Einsatz? Heißt „international" wirklich weltweit oder nur: ich hatte mal einen Auftritt in Österreich.

Auch das Honorar kann bei der Einordnung helfen. Wer für deutlich unter 1000 EUR moderiert, hat bisher vermutlich Promoaktionen im örtlichen Kaufhaus oder den Tag der offenen Tür im Autohaus moderiert. Dagegen ist nichts zu sagen, das ist eine gute Schule. Aber noch kein Abschluss. Halbwegs gute Moderatoren kosten ab 2000 EUR pro Tag, richtig gute deutlich mehr, bei sehr namhaften gibt es nach oben kaum Grenzen. In Relation zu Event-Budgets die oft im fünf- bis sechsstelligen Bereich liegen, fällt das kaum ins Gewicht. Hier sollte nicht am falschen Ende gespart werden. Ein guter Moderator kann eine Veranstaltung (und damit eine große Investition) retten.

Übrigens muss namhaft nicht zwingend „geeignet und gut" bedeuten. Sind die Inhalte sehr wichtig oder sensibel, besteht immer die Gefahr, dass die Bekanntheit des Moderators den eigentlichen Anlass überstrahlt. Wichtiger ist einschlägige Erfahrung. Oft werden Profis von Hörfunk und Fernsehen angefragt – aber live auf der Bühne ist etwas anderes als die Studiosituation. Wer bisher nur Modenschauen moderiert hat, wird bei einem Fachsymposium zur Kieferchirurgie u. U. schon mit dem Aussprechen von Fachbegriffen überfordert sein. Und wer eher kleines Publikum gewöhnt ist, dem fehlt möglicherweise die Präsenz und Power, einen Saal mit tausend Menschen zu bespielen.

Soll die Rolle der Moderation intern besetzt werden, dürfte klar sein: Die Person sollte nicht nur unter vier Augen oder im Meeting ein guter Kommunikator sein, sondern muss auch mit geballter Aufmerksamkeit gut umgehen können. Nichts ist schlimmer als jemand, der locker moderieren soll und vor Nervosität nur noch mit trockenem Mund von Kärtchen ablesen kann. Schrecklich für alle Anwesenden, denn es macht keinen Spaß, jemanden da vorne leiden zu sehen. Alles, was gute Präsentatoren ausmacht, sollten Moderatoren in noch größerem Ausmaß beherrschen. Wer in der folgenden Kompetenz-Liste viele Häkchen setzen kann, könnte sich gut für Moderation eignen.

Kompetenzen guter Moderatoren

- Präsenz (Zugewandtheit, Wachheit, Energie, Ausstrahlung)
- Lockerheit vor Publikum (kein Lampenfieber)
- Wortgewandtheit (frei formulieren können)
- aufmerksam Zuhören
- schnelle Auffassungsgabe
- Flexibilität (um Unvorhergesehenes souverän auffangen zu können)
- Nervenstärke, emotional stabil
- situative Extraversion (sich im richtigen Moment auch zurücknehmen können)
- Integrität (niemanden bloßstellen)
- Kreativität (originelle Überleitungen finden)
- Gespür für Stimmungen (was braucht das Publikum oder mein Gegenüber?)
- Organisationstalent
- gut unter Zeitdruck

Webinare moderieren

Nachdem Vorträge immer häufiger auch als Webinar angefragt werden, hier dazu ein paar Tipps:

- Wählen Sie einen ruhigen und neutralen Hintergrund.
- Achten Sie darauf, dass das Licht gleichmäßig von vorne kommt (kein Fenster hinter uns). Am besten ist diffuses Tageslicht, ansonsten können kleine Kameraleuchten helfen.
- Die Kamera bzw. der Laptop sollte auf Augenhöhe platziert werden, um eine Froschperspektive zu vermeiden.
- Wählen Sie Ausschnitt bzw. Abstand so, dass außer dem Gesicht auch noch Gestik mit im Bild ist.
- Da von uns nur wenig zu sehen ist, sind lebendige Stimme und Mimik besonders wichtig. Pausen, Modulation, Betonungen, Augenbrauen-Spiel usw.
- Interaktion (z. B. im Chatfenster) hält die Beteiligung hoch.
- Wechseln Sie gelegentlich die Fenster-Anordnung und achten Sie darauf, dass nicht immer die Folie groß und der Moderator klein zu sehen ist.
- Am wichtigsten: Blick in die Kamera. Es fällt schwer, nicht auf den Bildschirm zu schauen – aber die Teilnehmer sitzen nun mal hinter der kleinen schwarzen Linse.

Zusammengefasst

- Verbindung herstellen
- Informationen zu Ablauf, Pausenzeiten, Fluchtwegen usw.
- Programmpunkte ankündigen
- Übergänge gestalten
- Aufmerksamkeit lenken
- Stimmung steuern
- Zuhören, verstehen, prägnant zusammen fassen

Literatur

Scherer H (2011) Glückskinder. Campus, Frankfurt

9

Umsetzung: vom Kennen zum Können

Zusammenfassung Im letzten Kapitel dieses Buches geht es darum, wie Sie sicherstellen können, dass Sie die für Sie wichtigsten Tipps auch tatsächlich umsetzen und Ihr Potenzial als Kommunikator ausschöpfen. Das brechen wir auf drei Phasen herunter: Störsignale vermeiden, Stärken ausbauen, Wirkung erweitern. Denn die Umsetzung kann logischerweise erst bei den nächsten Präsentationen stattfinden. Dazu bekommen Sie Tipps, wie Sie auch ohne Coach an Ihrer Seite an sich arbeiten können. Zuletzt fragen wir uns, wie auch sehr erfahrene Präsentatoren sich noch von gut zu großartig entwickeln können.

9.1 Don't prove yourself. Improve.

Wer in diesem Buch hier angekommen ist, ohne ganze Abschnitte zu überspringen, hat eine Menge Tipps zu Körpersprache, Aufbau, Dramaturgie, Nervosität, Verbindung und Fragerunden bekommen. Der Job des Autors ist damit erledigt, ab jetzt sind Sie selbst dafür verantwortlich, das ein oder andere auch umzusetzen. Was zuverlässig nicht funktionieren wird ist, sich für die nächste Präsentation vorzunehmen, auf

© Springer Fachmedien Wiesbaden GmbH, ein Teil von Springer Nature 2019
D. U. Schott, *Souverän präsentieren – Die erste Botschaft bist Du*,
https://doi.org/10.1007/978-3-658-24848-2_9

sieben Dinge zu achten. Das heißt, vornehmen kann man sich das schon. Man wird es nur nicht umsetzen können. Also: wie kommen wir vom Kennen zum Können?

> Der gute Vorsatz ist ein Gaul, der oft gesattelt und selten geritten wird.

Wenn Sie mit Worten mehr erreichen möchten, müssen Sie sich jetzt fragen: Wo setze ich zuerst an? An welcher der genannten Stellschrauben zu drehen wird bei mir die größte Wirkung haben? Von den Körpersprache-Parametern Blickkontakt, Haltung, Gestik und Stimme sollte man nicht alle gleichzeitig verstellen. Das wäre zu auffällig und könnte uns so aus der Spur werfen, dass nichts besser wird. Lieber eins nach dem anderen angehen. Oder wollen wir erst besser vorbereiten, Relevanz herstellen, an der Dramaturgie feilen? Was auch immer: Machen Sie es Schritt für Schritt. Und jede Veränderung fühlt sich zunächst ungewohnt an. Einen neuen Trampelpfad in uns anzulegen, dauert. Erst nach längerer konsequenter Anwendung wird aus dem neuen Verhalten eine Gewohnheit, über die wir nicht mehr weiter nachdenken müssen.

Was die Arbeit an der Körpersprache anbelangt, schlage ich weiter unten eine bewährte Reihenfolge des Vorgehens vor. Für den letzten Schritt brauchen Sie professionelle Begleitung – am besten einen erfahrenen Präsentations-Coach. Die Schritte 1 und 2 können Sie auch alleine angehen. Dazu brauchen Sie nur ein Smartphone (oder eine Videokamera) und den Mut, sich präsentierend aufzunehmen und sich das wohlwollend und konstruktiv selbstkritisch anzuschauen. Da wir einen Großteil unserer Sinnesreize visuell aufnehmen, sind wir teils schlechte Zuhörer und lassen uns zu sehr von Äußerlichkeiten blenden – oder *sehen* vor allem, was uns nicht gefällt. Daher der Tipp, auch mal nur zu hören: Was macht die Stimme? Moduliert sie natürlich oder leiert sie monoton? Betone ich an sinnvollen Stellen? Und vor allem: Mache ich auch Pausen? Dann umgekehrt: Mal den Ton stumm schalten und nur gucken. Wie stehe ich da? Fest oder unruhig? Wirkt die Gestik hektisch oder ruhig? Abweisend oder einladend? Passiert etwas im Gesicht, womöglich lebendige Mimik? Wir kennen nur unser Spiegelbild morgens im Bad (oft nicht so schmeichelhaft) oder Fotos von uns. Wir sind es nicht gewohnt, uns im Bewegtbild zu sehen. Studieren Sie sich, wie eine interessante, gerade erst entdeckte Spezies. Schreiben Sie sich alle Stärken und alle Verbesserungspotenziale auf, so als würden Sie pro Stichwort Geld bekommen. Dann priorisieren Sie: was sollte diese Person als erstes ändern?

1. Schritt: Störsignale beseitigen
Hier liegt das Potenzial für die schnelle, sichtbare Verbesserung, die „low hanging fruit" unter den Selbstentwicklungsfrüchten. Hören wir auf, herumzutänzeln und stehen ruhiger, ändert sich die Außenwirkung dramatisch – und wir haben nur an *einer* Stellschraube gedreht. Das größte Störsignal ist das, welches wir schon innerhalb einer Minute als ablenkend empfinden. Fragen Sie sich: Was sollte diese Person dringend verändern, damit man ihr besser zuhören kann? Sie können sich das auf ein Post-It schreiben und das mit in die nächsten Termine nehmen um sich daran zu erinnern. Noch besser: Sie erzählen einer vertrauten Person, dass Sie daran arbeiten wollen und bitten diese, darauf zu achten und Rückmeldung zu geben. Die effektivste Variante: Ein Kollege sitzt in der ersten Reihe wenn Sie präsentieren und macht jedes Mal ein Geheimzeichen (z. B. mit dem Kugelschreiber klicken) wenn Sie in ihr altes Muster fallen (z. B. zu schnell sprechen oder zu oft „letztendlich" sagen). Sie werden das sofort hassen und sich anstrengen, das Störsignal abzustellen, weil Sie dieses Signal nicht mehr hören wollen. Zugegebenermaßen ist es leichter, sich etwas Negatives abzutrainieren (zu oft „äh") als sich etwas Positives anzutrainieren (z. B. mehr Augenkontakt).

2. Stärken ausbauen
Wenn die Störsignale beseitigt sind, dann wollen wir Stärken stärken. Wir sollten nicht immer nur an uns herumkritteln und die Fehler finden, sondern auch analysieren: Was machen wir denn gut? Welche Stellschraube bedienen wir auf passablem Niveau? Ist da etwa ein bisschen Gestik zu sehen? Mehr davon! Wir haben große, freundliche Augen und man kann gut Verbindung mit unserem Gesicht herstellen? Noch mehr Augenkontakt! Haben wir an einigen Stellen ein Wort gut

betont? Sehr gut, wir wissen offenbar schon, wie das geht. Öfter einsetzen! Das sollte uns nicht schwerfallen. Wir machen ja nichts Neues, nur mehr vom Guten. Die typische Falle hier ist uns unsere unzuverlässige Eigenwahrnehmung. Wenn wir uns fest vornehmen, langsamer und deutlicher zu sprechen, kann es sein, dass die Aufnahme zeigt: Die Sprechgeschwindigkeit hat sich minimal verringert. Diesen Abgleich zwischen eigener Einschätzung und Videobeweis brauchen wir u. U. oft (und immer wieder), bis Eigen- und Fremdwahrnehmung einigermaßen deckungsgleich sind. Nochmals die Faustregel: Wenn es sich übertrieben anfühlt, ist es meistens in der Außenwirkung richtig.

3. Wirkung erweitern
Die Komfortzone verlassen wir erst jetzt. Und zwar schrittweise. Nicht springen, sonst landen wir nicht in der Wachstums-, sondern in der Panikzone (s. Abb. 9.1). Wachstum findet nicht zwei Meilen außerhalb statt, sondern an den Rändern. Wir durchbrechen unser Kommunikationsmuster. Was ist meine typische Haltung, meine Lieblingsgestik, die Stimmlage, in der ich immer spreche? Kurz: Was ist mein Default-Mode? Das können wir üblicherweise bei anderen

Abb. 9.1 Komfortzone. (Mit freundlicher Genehmigung von © Martin Cambeis 2018. All Rights Reserved)

besser erkennen als bei uns selbst. Daher sollten wir hier mit einem guten Coach arbeiten. Wenn wir unsere eingetretenen Pfade verlassen, erweitern wir unser Ausdrucksrepertoire und entfalten mehr Wirkung als Redner oder Präsentatorin. Wir suchen bewusst den Kontrast zu unserem typischen Vortragsstil. Jetzt werden die Lautsprecher mal leise, die Flüsterer mal laut. Immer nur an einer Stellschraube drehen, denn Konzentration auf Inhalt *und* Vortragsweise fällt oft schwer. Erst bei sich sein, einen Gedanken fassen. Dann ganz bei den anderen sein und sie berühren. Denn das ist ja das Wesentliche: unser Inhalt und die emotionale Verbindung zu den Zuhörern.

9.2   Raus aus dem Präsentationsmodus

Das letzte Plädoyer in diesem Buch geht an die erfahrenen und routinierten Kommunikatoren. Viele präsentieren auf sehr hohem Niveau. Toller Blickkontakt, fester Stand, die Gestik passt und die Stimme betont an den richtigen Stellen. Sie wissen, was sie tun. Es sieht mühelos aus, und sie scheinen mit jeder Situation umgehen zu können. Regelmäßig bekommen sie sehr gutes Feedback auf ihre Auftritte. Mancher denkt: So möchte ich das auch können.

Das ist die größte Falle. Denn jetzt bleibt die Weiterentwicklung stehen. Alle bescheinigen uns, dass man es kaum besser machen kann. Sicher, uns ist bewusst, dass man immer dazulernen kann, aber offen gestanden, wir wüssten auch nicht mehr, wo und wie. Es drängt sich kein Handlungsbedarf auf, es springt kein Verbesserungsfeld ins Auge. Hier ist es. Es lautet: Verlassen Sie den Präsentationsmodus! (Abb. 9.2).

Handbremse lösen, Maske fallen lassen und Schutzfilter entfernen. Nackt und ungeschminkt vorne stehen. Lassen Sie nicht mehr zu, dass Sie Ihre Kraft und Verletzlichkeit hinter einer gekonnten und geglätteten Rhetorik verstecken. Wo sind die Ecken und Kanten? Sie zu zeigen, ist die große Kunst. Dem Routinier würde es leichtfallen, einige kontrolliert nach außen zu kehren. Aber das wäre wieder nur Show. Es muss fast wehtun.

Ein geschliffener Auftritt ist großartig. Aber wenn es zu perfekt ist, berührt es keinen mehr. Werden Sie wieder zum Rohdiamant, der

Die Maske abnehmen

Abb. 9.2 Maske. (Mit freundlicher Genehmigung von © Martin Cambeis 2018. All Rights Reserved)

Sie mal waren. Er steckt noch in Ihnen. Ihn zu zeigen, in all seiner Nicht-Perfektion und Schönheit, erfordert Mut, Offenheit und Selbstvergessenheit.

Neulich habe ich die Rede einer Frau erlebt, die davon erzählt hat, wie die Land-Bäckerei ihrer Familie fast Pleite gegangen wäre. Sie hatte Teile ihrer Rede vergessen, ist ein paar Mal über die Grammatik gestolpert und war sichtlich nervös. Aber sie hat lebendig erzählt, mit Details und konkreten Bildern. Sie war ganz in ihrer Geschichte, denn es war ihre eigene Geschichte. Sie war ganz bei sich, und dadurch konnten wir ganz bei ihr sein. Sie war großartig. Sie hat alle berührt. Sie war echt.

Eine Katze, die sich an ihre Beute heranschleicht, ist ein faszinierender Anblick. Wie erzielt sie diese Grazie? Durch Selbstvergessenheit. Sie guckt nicht in den Spiegel und prüft, ob sie gerade eine gute

Figur abgibt. Sie ist mit jeder Faser ihres Wesens auf diesen Moment und die Beute fokussiert. Die größte Wirkung erreicht, wer nicht auf Wirkung bedacht ist, sondern voller Aufmerksamkeit spricht; wer ganz beim Gegenüber ist – und nicht bei den eigenen Wünschen und Zielvorstellungen.

Forget yourself! Wenn Ich ausgeht, geht Gott ein, sagte der mittelalterliche Mystiker Meister Eckart. Auf Reden übertragen heißt das: Geh aus dir raus, dann kann Inspiration in dich ein- und wieder aus dir herausströmen. Das Ich ist da oft im Weg. Das Ich soll vorher seine Hausaufgaben machen und dann den Weg freigeben für Qualitäten, die nicht primär aus dem Kopf kommen: Begeisterung, Empathie, Charisma. Vor allem wollen wir anderen unsere Ideen nicht eintrichtern (okay, manche wollen genau das). Wir wollen einen Raum öffnen, in dem andere unserer Idee begegnen können als wäre es ihre eigene. Denn keine Idee ist wirklich neu – wenn wir sie „haben", lag sie längst in der Luft. Wir haben sie vielleicht als Erster gepflückt, aber auch für alle anderen ist sie bereits spürbar, wenn sie reif ist. Wir sind nicht der Urheber, nur der Vermittler. Wir schenken sie anderen. Wir geben und dienen.

Worte können die Welt verändern
Aber nur wenn die Welt zuhört. Es ist wie beim Telefonieren: Ohne Verbindung geht nix. Wenn die Verbindung steht und ich mich auf mein Gegenüber einstelle, wenn ich zudem auf die passende Körpersprache achte, auf Struktur und Dramaturgie – dann haben meine Worte eine gute Chance, auf fruchtbaren Boden zu fallen. Dann sind meine Gedanken Samen, die aufgehen und wachsen können. Doch Vorsicht, damit geht auch eine große Verantwortung einher für das, was ich aussende.

Vor einigen Jahren habe ich auf einer Bahnreise Tee bestellt. Der nette Zugbegleiter brachte mir das Getränk an meinen Platz und ich bezahlte. Beim Geben des Wechselgeldes fragte er plötzlich: „Sie wollten schon Zucker drin, oder?" – Darauf ich: „Äh, nein, eigentlich nicht." – Er: „Oh. Dann einfach nicht umrühren." Sänk ju for this insight Deutsche Bahn!

Unsere Worte sind wie Zucker im Tee. Einmal ausgesprochen, können wir sie nicht mehr zurückholen. Sie entfalten ihre Wirkung. Hoffentlich die richtige!

Zusammengefasst

- Auch den längsten Weg der Weiterentwicklung gehen wir Schritt für Schritt.
- Die drei Phasen der Umsetzung vom Kennen zum Können sind: Störsignale vermeiden, Stärken ausbauen und Wirkung erweitern.
- Einiges können wir selbst vor dem Spiegel üben. Anderes besser mit einem Coach.
- Die Königsklasse erreichen wir, indem wir uns ohne Maske und absolut authentisch zeigen.

Ihr Bonus als Käufer dieses Buches

Als Käufer dieses Buches können Sie kostenlos das eBook zum Buch nutzen.
Sie können es dauerhaft in Ihrem persönlichen, digitalen Bücherregal
auf **springer.com** speichern oder auf Ihren PC/Tablet/eReader downloaden.

Gehen Sie bitte wie folgt vor:

1. Gehen Sie zu **springer.com/shop** und suchen Sie das vorliegende Buch
   (am schnellsten über die Eingabe der eISBN).
2. Legen Sie es in den Warenkorb und klicken Sie dann auf:
   zum Einkaufswagen/zur Kasse.
3. Geben Sie den untenstehenden Coupon ein. In der Bestellübersicht wird
   damit das eBook mit 0 Euro ausgewiesen, ist also kostenlos für Sie.
4. Gehen Sie weiter **zur Kasse** und schließen den Vorgang ab.
5. Sie können das eBook nun downloaden und auf einem Gerät Ihrer Wahl lesen.
   Das eBook bleibt dauerhaft in Ihrem digitalen Bücherregal gespeichert.

EBOOK INSIDE

eISBN	978-3-658-24848-2
Ihr persönlicher Coupon	bhS8JmwdR7gwKX9

Sollte der Coupon fehlen oder nicht funktionieren, senden Sie uns bitte
eine E-Mail mit dem Betreff: **eBook inside** an **customerservice@springer.com**.

Responsabilité limitée - Avis de non-responsabilité

Veuillez noter que le contenu de ce livre est basé sur l'expérience personnelle et diverses sources d'information et qu'il est destiné à un usage personnel uniquement.

Veuillez noter que les informations contenues dans ce document sont uniquement à des fins éducatives et de divertissement et qu'aucune garantie d'aucune sorte n'est expresse ou implicite.

Les lecteurs reconnaissent que l'auteur ne fournit pas de conseils médicaux, diététiques, nutritionnels ou professionnels ni d'entraînement physique. Veuillez consulter un médecin, un nutritionniste ou un diététicien avant d'essayer toute technique décrite dans ce livre.

Rien dans ce livre n'est destiné à remplacer le bon sens, un avis médical ou un avis professionnel et est uniquement destiné à informer.

Votre situation particulière peut ne pas correspondre à l'exemple illustré dans ce livre; en fait, ils ne le seront probablement pas.

Vous devez utiliser les informations contenues dans ce livre à vos risques et périls. Le lecteur est responsable de ses actes.

Les informations fournies dans ce document sont déclarées véridiques et cohérentes, car toute responsabilité, en termes de négligence ou autre, découlant de toute utilisation ou abus de toute politique, processus ou indication contenue dans ce document relève de la responsabilité exclusive et totale du lecteur visé.

En lisant ce livre, le lecteur accepte qu'en aucun cas l'auteur ne sera responsable de toute perte directe ou indirecte subie suite à l'utilisation des informations contenues dans ce document, y compris, mais sans s'y limiter, les erreurs, omissions ou inexactitudes.

RÉSUMÉ

14

INTRODUCTION

Le régime Dukan et son histoire

Le régime Dukan est un régime élaboré par le médecin français Pierre Dukan. Il a été introduit pour la première fois en 2000 dans le livre intitulé "Je ne peux pas perdre de poids". Depuis lors, le régime Dukan a gagné en popularité dans le monde entier en tant que moyen rapide et efficace de perdre du poids.

Le régime Dukan repose sur quatre phases principales: attaque, croisière, consolidation et stabilisation. Ces phases sont conçues pour favoriser la perte de poids et le maintien à long terme.

Phase d'attaque:

Dans la phase d'attaque, l'objectif principal est de stimuler la perte de poids initiale. Au cours de cette phase, seules les protéines maigres telles que la viande, le poisson, les œufs et les produits laitiers faibles en gras sont consommées. Les aliments contenant des glucides sont limités. Cette phase dure généralement de 2 à 7 jours, selon le poids à perdre.

Croisière:

En phase de croisière, les journées uniquement protéinées alternent avec des journées où l'on peut également introduire des féculents. Cela crée plus de variété dans le régime alimentaire tout en maintenant l'accent sur les protéines. Cette phase se poursuit jusqu'à ce que le poids souhaité soit atteint.

Consolidation:

Dans la phase de consolidation, les aliments interdits lors des deux premières phases sont progressivement réintroduits. Cette phase vise à prévenir l'effet yo-yo et à stabiliser le poids atteint. Ajoutez graduellement des portions de fruits, des pains complets, des fromages et des friandises occasionnelles. Dans cette phase, des "journées de protéines pures" sont également introduites pour maintenir le contrôle du poids.

Phase de stabilisation:

La phase de stabilisation représente le maintien à long terme du poids atteint. Dans cette phase, il n'y a pas de restrictions alimentaires spécifiques, mais il est recommandé de suivre certains principes tels que la consommation de protéines maigres, l'exercice régulier et l'établissement d'un jour fixe de protéines uniquement par semaine.

Le régime Dukan a suscité de l'intérêt en raison de sa promesse de résultats rapides et de sa structure de phase claire. Cependant, il est important de noter que, comme pour tout régime alimentaire, il est conseillé de consulter un professionnel de la santé ou de la nutrition avant de commencer le régime Dukan, surtout si vous avez des problèmes de santé préexistants ou si vous avez besoin d'un plan personnalisé.

Les principes fondamentaux du régime Dukan et ses objectifs

Le régime Dukan repose sur quelques principes fondamentaux qui guident son approche de la perte de poids.

Voici les principes clés du régime Dukan:

1. Consommation de protéines: Le régime Dukan met l'accent sur l'importance de consommer des protéines maigres. Les protéines sont considérées comme les éléments clés pour la construction du tissu musculaire et pour un sentiment de satiété durable. Une consommation élevée de protéines aide à brûler les graisses et à préserver la masse musculaire pendant le processus de perte de poids.

2. Absence ou restriction de glucides: Le régime Dukan limite ou exclut l'apport de glucides pendant les premiers stades. Cela aide à réduire l'insuline dans le corps et favorise la combustion des graisses comme source d'énergie.

3. Phases progressives: Le régime Dukan est divisé en plusieurs phases avec des objectifs précis. Chaque phase a des règles diététiques différentes et sert à stimuler la perte de poids, son maintien et sa stabilisation.

4. Concepts d'attaque et de consolidation: Le régime Dukan comprend une phase initiale appelée "phase d'attaque", dans laquelle seules les protéines maigres sont concentrées pour obtenir une perte de poids rapide. Vient ensuite la phase de "consolidation", où d'autres groupes d'aliments sont progressivement réintroduits pour atteindre l'équilibre nutritionnel.

5. Apport en eau: Le régime Dukan favorise l'apport d'une quantité d'eau suffisante pour maintenir l'hydratation de l'organisme et favoriser l'élimination des toxines.

Les principaux objectifs du régime Dukan sont les suivants:

1. Perte de poids rapide: Le régime Dukan vise à favoriser une perte de poids importante dans les premiers stades, grâce à la réduction des glucides et à une consommation élevée de protéines.
2. Préservation de la masse musculaire: L'approche protéique du régime Dukan vise à préserver la masse musculaire lors de la perte de poids, en privilégiant la combustion des graisses.
3. Changements à long terme: Le régime Dukan vise à promouvoir un mode de vie sain et une alimentation équilibrée même après avoir atteint le poids souhaité. Les phases de consolidation et de stabilisation sont essentielles pour maintenir les résultats obtenus et éviter la reprise de poids.
4. Satiété et contrôle de l'appétit: La consommation élevée de protéines dans le régime Dukan peut contribuer à une plus grande sensation de satiété, aidant à contrôler l'appétit et à éviter de trop manger.

Il est important de se rappeler que chaque personne est différente et que les objectifs de perte de poids peuvent varier. Avant de commencer le régime Dukan, il est conseillé de consulter un médecin ou un professionnel de la santé pour évaluer si ce régime est adapté à vos besoins individuels.

Les quatre grandes phases du régime Dukan

Phase d'attaque:

La phase d'attaque est la première phase du régime Dukan et est conçue pour stimuler une perte de poids rapide. Au cours de cette phase, l'accent est mis sur l'obtention de protéines maigres uniquement. Voici les principales caractéristiques de la phase d'attaque:

Durée: La durée de la phase d'attaque varie en fonction du poids que vous souhaitez perdre. Il varie généralement de 2 à 7 jours.

Aliments autorisés: Au cours de cette phase, les protéines maigres telles que la viande maigre, la volaille sans peau, le poisson, les œufs et les produits laitiers faibles en gras peuvent être consommées.

Aliments interdits: les aliments contenant des glucides, tels que le pain, les pâtes, le riz, les céréales, les fruits et les légumes, sont interdits pendant cette phase.

Objectifs: La phase d'attaque vise à initier une perte de poids rapidement en encourageant le corps à brûler les graisses pour produire de l'énergie.

Croisière:

La phase de croisière est la deuxième phase du régime Dukan, où vous ajoutez progressivement des légumes à votre régime protéiné. Voici les principales caractéristiques de la phase de croisière:

Durée: La durée de la phase de croisière dépend de la quantité de poids que vous souhaitez perdre. Habituellement, il est recommandé de poursuivre cette phase jusqu'à ce que vous atteigniez le poids souhaité.

Aliments autorisés: pendant cette phase, les protéines maigres peuvent être consommées comme dans la phase d'attaque, ainsi qu'une liste spécifique de légumes féculents tels que les épinards, les tomates, les concombres, les asperges, le brocoli.

Aliments interdits: Pendant la phase de croisière, les glucides et les féculents sont toujours interdits. Certains aliments comme les carottes, les pois, le maïs et les pommes de terre ne sont pas autorisés.

Objectifs: La phase de croisière vise à atteindre progressivement le poids souhaité en alternant des journées uniquement protéinées et des journées protéinées plus légumes, offrant ainsi plus de variété dans votre alimentation.

Consolidation:

La phase de consolidation est la troisième phase du régime Dukan et est conçue pour stabiliser votre prise de poids et empêcher la récupération. Voici les principales caractéristiques de la phase de consolidation:

Durée: La durée de la phase de consolidation dépend du poids que vous avez perdu. En général, il est recommandé de suivre 10 jours de consolidation pour chaque kilo perdu.

Aliments autorisés: Au cours de cette phase, les aliments qui étaient interdits lors des phases précédentes sont progressivement réintroduits, tels que les fruits, les pains complets, les fromages, les glucides complexes et les aliments gourmands occasionnels.

Objectifs: La phase de consolidation vise à stabiliser le poids atteint, permettant progressivement plus de souplesse dans les choix alimentaires et évitant l'effet yo-yo.

Phase de stabilisation:

La phase de stabilisation est la dernière phase du régime Dukan et est conçue pour le maintien à long terme du poids atteint. Voici les principales caractéristiques de la phase de stabilisation:

Durée: La phase de stabilisation est une phase de vie. Après avoir atteint le poids souhaité, vous entrez dans la phase de stabilisation pour maintenir le poids dans le temps.

Aliments autorisés: Au cours de cette phase, il n'y a pas de restrictions alimentaires spécifiques. Il est recommandé de suivre quelques principes, tels que consommer des protéines maigres, faire de l'exercice régulièrement et fixer un jour fixe de protéines uniquement par semaine.

Objectifs: La phase de stabilisation vise à maintenir le poids atteint sur le long terme et à adopter un mode de vie sain et équilibré.

Il est important de noter que la durée et les aliments autorisés peuvent varier selon vos besoins individuels et les indications de votre médecin ou professionnel de la santé. Le régime Dukan nécessite une supervision adéquate, et consulter un expert peut vous aider à adapter le plan à vos besoins.

Que manger à chaque phase, durées et règles à suivre.

Phase d'attaque:

Durée: Elle varie généralement de 2 à 7 jours, selon le poids que vous souhaitez perdre.

Allocation alimentaire: pendant la phase d'attaque, vous pouvez consommer des protéines maigres telles que des viandes maigres (bœuf, veau, poulet sans peau, dinde), du poisson (saumon, thon, morue), des œufs, du tofu et des produits laitiers faibles en gras comme le yaourt. fromages maigres et frais.

Aliments interdits: les aliments contenant des glucides sont interdits pendant cette phase, de sorte que le pain, les pâtes, le riz, les céréales, les fruits et les légumes sont exclus de l'alimentation.

Règles à suivre: En phase d'attaque, il est important de consommer au moins 1,5 litre d'eau par jour et de faire 20 minutes de marche.

Croisière:

Durée: La phase de croisière se poursuit jusqu'à ce que le poids souhaité soit atteint.

Aliments autorisés: Pendant cette phase, vous pouvez consommer les mêmes protéines maigres qu'en phase d'Attaque, ainsi qu'une liste spécifique de féculents tels que les épinards, les tomates, les concombres, les asperges, les brocolis, le chou, les poivrons.

Aliments interdits: les glucides et les féculents tels que les carottes, les pois, le maïs et les pommes de terre ne sont pas autorisés pendant la phase de croisière.

Règles à suivre: Pendant la phase de croisière, vous suivez un schéma d'alternance entre les journées uniquement protéinées et les journées végétariennes. Par exemple, vous pouvez suivre 1 jour de protéines uniquement suivi d'un jour de protéines avec des légumes. Il est conseillé de boire au moins 1,5 litre d'eau par jour, de faire une marche de 30 minutes et de prendre 2 cuillères à soupe de son d'avoine par jour.

Consolidation:

Durée: Il est recommandé de suivre 10 jours de consolidation pour chaque kilo perdu.

Aliments autorisés: Au cours de cette phase, les aliments qui étaient interdits lors des phases précédentes sont progressivement réintroduits. Vous pouvez consommer des protéines maigres, des légumes, des fruits, des pains complets, des fromages, des glucides complexes (comme le riz brun) et des repas gourmands occasionnels.

Règles à suivre: Pendant la phase de consolidation, on essaie de maintenir le poids atteint et de stabiliser le métabolisme. Il est important de continuer à consommer 2 cuillères à soupe de son d'avoine par jour, de marcher 25 minutes par jour, d'éviter l'ascenseur et d'avoir une "journée de protéines pures" par semaine.

Phase de stabilisation:

Durée: La phase de stabilisation est à vie.

Aliments autorisés: Il n'y a pas de restrictions alimentaires spécifiques pendant cette phase. Il est recommandé d'avoir une alimentation équilibrée, en consommant avec modération des protéines maigres, des fruits, des légumes, des grains entiers et des aliments gourmands.

Règles à suivre: Durant la phase de stabilisation, il est important d'adopter une hygiène de vie saine et équilibrée. Il est recommandé de faire de l'exercice régulièrement, d'avoir une journée fixe de protéines uniquement par semaine, de boire au moins 1,5 litre d'eau par jour et de continuer à consommer 3 cuillères à soupe de son d'avoine par jour.

Il est important de noter que les indications sur ce qu'il faut manger, les durées et les règles peuvent varier en fonction de vos besoins individuels et des indications de votre médecin ou professionnel de la santé. Il est conseillé de consulter un expert avant de commencer le régime Dukan afin de l'adapter à vos besoins personnels.

Aliments autorisés pendant le régime Dukan pour chaque phase.

Phase d'attaque:

Protéines maigres: Viandes maigres (bœuf, veau), volaille sans peau (poulet, dinde), poisson (saumon, thon, cabillaud), fruits de mer, œufs, tofu, produits laitiers faibles en gras comme le yogourt faible en gras et le fromage cottage.

Condiments: Épices, fines herbes, vinaigre, citron, moutarde, sauce soya faible en sodium.

Boissons: eau, thé non sucré, café non sucré.

Croisière:

Protéines maigres: mêmes protéines autorisées dans la phase d'attaque.

Légumes féculents: épinard, tomate, concombre, asperge, brocoli, chou, poivron, laitue, céleri, courgette, aubergine, champignon.

Condiments: Mêmes condiments autorisés en phase d'attaque.

Boissons: mêmes boissons autorisées en phase d'attaque.

Consolidation:

Protéine maigre: Même protéine autorisée dans les phases précédentes.

Légumes non féculents: mêmes légumes autorisés dans la phase de croisière.

Fruits: pommes, poires, agrumes, fraises, myrtilles, framboises, etc. (en quantités limitées).

Pain complet: une ou deux tranches par jour.

Fromages: fromages allégés comme la mozzarella, la ricotta, le cottage cheese (en quantité modérée).

Glucides complexes: riz brun, pâtes de blé entier, légumineuses (en quantité limitée).

Gâteries occasionnelles: chocolat noir, bonbons sans sucre, vin (avec modération).

Boissons: mêmes boissons autorisées dans les étapes précédentes.

Phase de stabilisation:

Protéine maigre: Même protéine autorisée dans les phases précédentes.

Fruits: variété de fruits frais (en quantité modérée).

Légumes: variété de légumes (sans restriction).

Grains entiers: riz brun, pâtes de blé entier, pain de blé entier, céréales de grains entiers.

Glucides complexes: légumineuses, pommes de terre, maïs (en quantité modérée).

Nourritures indulgentes: Nourritures indulgentes occasionnelles sans exagérer.

Boissons: mêmes boissons autorisées dans les étapes précédentes.

N'oubliez pas que la quantité et la fréquence de la consommation alimentaire peuvent varier en fonction de votre situation personnelle et des indications de votre médecin ou professionnel de la santé. Assurez-vous de suivre les règles spécifiques du régime Dukan et consultez un expert avant de commencer.

Conseils sur la façon de combiner les aliments pour créer des repas équilibrés.

Farine de protéines maigres:

Viande maigre ou volaille sans peau: Vous pouvez associer une salade de mesclun, comme des tomates et des concombres, à une portion de poitrine de poulet grillée.

Poisson: Vous pouvez préparer un filet de cabillaud cuit à la vapeur avec une portion de brocoli cuit à la vapeur.

Oeufs: Vous pouvez faire une omelette avec des œufs, des épinards et du fromage faible en gras.

Farine protéinée et végétale:

Salade de poulet: Vous pouvez faire une salade avec du poulet grillé en dés, de la laitue, des tomates, des concombres et des poivrons.

Accompagnement de poisson aux légumes: vous pouvez cuire un filet de saumon au four avec des épices, servi avec des asperges et des courgettes grillées.

Oeufs aux légumes: Vous pouvez faire une tortilla avec des œufs, des épinards et des champignons.

Repas pendant la phase de consolidation:

Poulet au riz brun: vous pouvez faire cuire au four une poitrine de poulet assaisonnée d'herbes, servie avec une portion de riz brun et une salade composée.

Pâtes complètes aux légumes: vous pouvez préparer une assiette de pâtes complètes avec tomates fraîches, courgettes et poivrons, arrosée d'un filet d'huile d'olive.

Salade de fruits avec yogourt faible en gras: vous pouvez préparer une salade de fruits frais mélangés, comme des pommes, des poires et des fraises, servie avec du yogourt faible en gras.

Repas pendant la phase de stabilisation:

Steak de patates douces: Vous pouvez faire griller un steak de bœuf maigre et le servir avec une portion de patates douces cuites au four et une portion de légumes de votre choix.

Quinoa aux légumes et au saumon: Vous pouvez faire cuire du quinoa et le mélanger avec des légumes comme des épinards, des tomates cerises et des oignons, servi avec un filet de saumon grillé.

Salade de fruits mélangés: Vous pouvez faire une salade mélangée avec de la laitue, de la roquette, des fraises, des myrtilles et ajouter des tranches de dinde ou de poitrine de poulet pour ajouter des protéines.

N'oubliez pas d'équilibrer vos portions et d'inclure une variété d'aliments pour obtenir un repas complet et nutritif. Vous pouvez également consulter des livres de cuisine spécifiques au régime Dukan pour découvrir plus d'options de plats à préparer.

RECETTES ENTRÉES

PHASE D'ATTAQUE

Brochettes de poulet et légumes

Ingrédients:

- 1 poitrine de poulet coupée en dés;
- 1 poivron (de préférence d'une couleur différente);
- 1 oignon rouge;
- 1 courgette;
- brochettes en bois (trempées dans l'eau pour éviter qu'elles ne brûlent pendant la cuisson);
- Sel et poivre au goût);
- Épices (au goût, par exemple paprika, cumin, origan).

Descriptif de la préparation:

Préparez les ingrédients: Coupez la poitrine de poulet en cubes de taille similaire. Coupez le poivron, l'oignon rouge et la courgette en morceaux assez gros pour les enfiler sur les brochettes.

Préparez les légumes et le poulet: Assaisonnez les dés de poulet avec du sel, du poivre et les épices de votre choix. Coupez les légumes en morceaux assez gros pour les enfiler sur les brochettes.

Monter les brochettes: Enfiler alternativement les morceaux de poulet et les légumes sur les brochettes en bois. Vous pouvez créer différentes combinaisons, telles que poulet-poivron-oignon-courgette, ou vous pouvez personnaliser la commande à votre guise.

Cuisson des brochettes: Cuire les brochettes sur un gril chaud ou sur la grille du four en les retournant de temps en temps pour assurer une cuisson homogène. Le temps de cuisson dépendra de la taille des morceaux et de votre préférence personnelle pour la cuisson du poulet. Assurez-vous que le poulet est bien cuit et que les légumes sont tendres mais croquants.

Service: Une fois cuites, retirer les brochettes du gril et les laisser reposer quelques minutes. Vous pouvez servir les brochettes chaudes à l'apéritif ou dans le cadre d'un repas principal. Accompagner les brochettes d'une sauce faible en gras ou d'une trempette au yogourt aux fines herbes si vous le souhaitez.

Rouleaux de saumon fumé et épinards

Ingrédients:

- 4 tranches de saumon fumé;
- 50g d'épinards frais;
- 50 g de fromage frais (par exemple, ricotta ou fromage à tartiner léger);
- Jus de citron;
- Poivre noir (au goût);
- Herbes fraîches (par exemple, persil ou basilic) pour la garniture (facultatif).

Descriptif de la préparation:

Préparez les ingrédients: Lavez soigneusement les épinards frais et séchez-les. Couper le fromage frais en fines tranches. Pressez le jus de citron.

Rouler les tranches de saumon: Disposer les tranches de saumon sur un plan de travail propre en les superposant légèrement.

Ajouter les épinards et le fromage: Étaler les épinards frais sur les tranches de saumon en les recouvrant uniformément. Déposer les tranches de fromage sur les épinards.

Assaisonner et rouler: arroser de jus de citron les épinards et la garniture au fromage. Ajouter un peu de poivre noir fraîchement moulu au goût. Rouler délicatement les tranches de saumon pour former des rouleaux serrés.

Trancher et servir: Couper les rouleaux de saumon fumé et d'épinards en morceaux de taille à déguster en apéritif. Si vous le souhaitez, vous pouvez garnir d'herbes fraîches comme du persil ou du basilic pour ajouter une touche de fraîcheur.

Service: Disposez les rouleaux de saumon fumé et d'épinards sur une assiette de service et servez en entrée légère et savoureuse.

Petits pains Bresaola au fromage frais

Ingrédients:

- 4 tranches de bresaola;
- 100g de fromage frais (par exemple, ricotta ou fromage léger à tartiner);
- 1 cuillère à café de jus de citron;
- Herbes fraîches (par exemple, basilic ou persil) finement hachées;
- Poivre noir moulu (au goût);
- Roquette fraîche pour la garniture (facultatif).

Descriptif de la préparation:

Préparer les ingrédients: Dans un bol, mélanger le fromage frais avec le jus de citron, les herbes aromatiques finement hachées et le poivre noir. Assurez-vous que le mélange est bien mélangé.

Étaler les tranches de bresaola: Disposer les tranches de bresaola sur un plan de travail propre en les superposant légèrement.

Garniture des petits pains: prendre une portion généreuse du mélange de fromage frais et l'étaler uniformément sur chaque tranche de bresaola.

Rouler les rouleaux: Rouler délicatement chaque tranche de bresaola avec la garniture au fromage frais, en créant des rouleaux serrés et compacts.

Garniture et service: Si vous le souhaitez, vous pouvez garnir les rouleaux de bresaola de quelques feuilles de roquette fraîche pour ajouter de la fraîcheur et une touche de couleur. Disposez les rollatini sur une assiette de service et servez-les en entrée légère et savoureuse.

Vous pouvez personnaliser davantage la recette en ajoutant d'autres ingrédients à la garniture du rollatini, comme des olives hachées, des tomates séchées au soleil ou des noix hachées, pour enrichir la saveur. Expérimentez et adaptez la recette à vos goûts personnels.

Saumon fumé au concombre et fromage cottage

Ingrédients:

- 2 tranches de saumon fumé;
- 50 g de fromage frais (par exemple, ricotta ou fromage à tartiner léger);
- 1 concombre;
- Jus de citron;
- Herbes fraîches (par exemple, aneth ou persil) finement hachées;
- Sel et poivre au goût).

Descriptif de la préparation:

Préparez les ingrédients: Lavez le concombre et coupez-le en fines tranches. Hacher finement les herbes fraîches.

Rouler les tranches de saumon: Disposez les tranches de saumon sur un plan de travail propre.

Préparer la garniture: Dans un bol, mélanger le fromage frais avec les herbes aromatiques hachées. Ajouter un peu de jus de citron, saler et poivrer au goût. Bien mélanger le tout pour obtenir un mélange homogène.

Garniture au saumon: Répartir le mélange de fromage à la crème et d'herbes sur les tranches de saumon, en les recouvrant uniformément.

Ajouter le concombre: placez quelques tranches de concombre sur la moitié inférieure de chaque quartier de saumon. Rouler les rouleaux: rouler doucement le saumon avec la garniture au fromage frais et au concombre, en créant des rouleaux serrés et compacts.

Garniture et service: Vous pouvez garnir les rollatini avec quelques herbes fraîches supplémentaires. Disposez les rouleaux de saumon fumé avec concombre et fromage frais sur un plateau et servez-les en entrée légère et savoureuse.

Vous pouvez personnaliser davantage la recette en ajoutant d'autres ingrédients comme du poivre rose, des câpres ou du jus de citron supplémentaire pour varier la saveur. Assurez-vous de choisir du saumon fumé de haute qualité pour obtenir le meilleur goût.

Brochettes de crevettes au citron et persil

Ingrédients:

- 8-10 crevettes fraîches;
- Jus de citron;
- Zeste râpé de 1 citron;
- Persil frais finement haché;
- Sel et poivre au goût);
- Huile d'olive vierge extra;
- Brochettes en bois ou en métal.

Descriptif de la préparation:

Préparer les crevettes: Nettoyer les crevettes en enlevant la carapace et la veine dorsale. Vous pouvez laisser la queue si vous voulez un look plus décoratif.

Marinade: Dans un bol, mélanger le jus de citron, le zeste de citron râpé, le persil haché, le sel, le poivre et un filet d'huile d'olive extra vierge. Bien remuer pour mélanger les ingrédients.

Marinade aux crevettes: Ajouter les crevettes dans le bol avec la marinade et s'assurer qu'elles sont bien enrobées de vinaigrette. Laisser mariner pendant au moins 15-20 minutes pour permettre aux saveurs de se développer.

Préparez les brochettes: Enfilez les crevettes marinées sur les brochettes en bois ou en métal en faisant attention de ne pas surcharger les brochettes.

Griller les brochettes: Préchauffer un gril ou une poêle antiadhésive. Badigeonnez les brochettes d'un peu d'huile d'olive extra vierge pour éviter qu'elles ne collent à la surface de cuisson. Cuire les brochettes de crevettes environ 2 à 3 minutes de chaque côté, jusqu'à ce qu'elles soient bien cuites et légèrement dorées.

Garniture et service: Disposez les brochettes de crevettes sur une assiette de service. Vous pouvez les garnir de persil frais haché et d'un filet de jus de citron supplémentaire, si vous le souhaitez. Servez-les immédiatement en entrée savoureuse et légère.

Vous pouvez accompagner les brochettes de crevettes d'une sauce fraîche, comme une sauce au yogourt au citron, pour ajouter de la saveur supplémentaire. Assurez-vous de ne pas trop cuire les crevettes pour éviter qu'elles ne deviennent caoutchouteuses.

Salade de poulet au céleri et à la moutarde

Ingrédients:

- 200g de blanc de poulet cuit et coupé en dés;
- 2 branches de céleri, coupées en fines tranches;
- 1 oignon de printemps, tranché finement;
- 2 cuillères à soupe de mayonnaise légère ou de yogourt grec;
- 1 cuillère à soupe de moutarde de Dijon;
- Jus de 1/2 citron;
- Sel et poivre au goût);
- Persil frais haché (facultatif, pour la garniture).

Descriptif de la préparation:

Préparez les ingrédients: Cousez le blanc de poulet et coupez-le en cubes de taille égale. Couper le céleri en fines tranches et émincer la ciboule.

Préparer la sauce: Dans un bol, mélanger la mayonnaise légère ou le yogourt grec avec la moutarde de Dijon. Ajouter le jus de citron et bien mélanger. Goûter la sauce et ajuster le sel et le poivre au goût.

Assembler la salade: Dans un grand bol, mélanger les dés de poulet, les tranches de céleri et la ciboule. Verser la sauce préparée sur les ingrédients et remuer doucement jusqu'à ce que tous les ingrédients soient bien assaisonnés.

Ajustez la texture: si vous voulez une salade de poulet plus crémeuse, ajoutez de la mayonnaise ou du yogourt grec. Si vous préférez une texture plus légère, vous pouvez ajouter un peu plus de jus de citron.

Garniture et service: Transférer la salade de poulet, céleri et moutarde dans un plat de service. Si vous le souhaitez, vous pouvez décorer avec du persil frais haché pour une touche de couleur et de fraîcheur. Servir la salade en entrée ou en plat principal léger.

Vous pouvez personnaliser davantage la salade de poulet en ajoutant d'autres ingrédients comme des noix hachées, des raisins secs ou des pommes en dés pour varier la saveur et la texture. Assurez-vous que le poulet est bien cuit avant de l'utiliser dans la salade.

Cubes de tofu marinés aux épices

Ingrédients:

- 200 g de tofu ferreux coupé en cubes;
- 2 cuillères à soupe de sauce soja faible en sodium;
- 1 cuillère à soupe de vinaigre de cidre de pomme ou de jus de citron;
- 1 cuillère à café d'huile de sésame;
- 1 cuillère à café d'ail en poudre;
- 1 cuillère à café de paprika doux;
- 1/2 cuillère à café de cumin moulu;
- 1/2 cuillère à café de poivre noir moulu;
- Sel (facultatif, au goût);
- Persil frais haché ou coriandre pour la garniture (facultatif).

Descriptif de la préparation:

Préparez les ingrédients: Coupez le tofu ferreux en cubes de taille égale.

Préparez la marinade: Dans un bol, mélangez la sauce soja, le vinaigre de cidre de pomme ou le jus de citron, l'huile de sésame, la poudre d'ail, le paprika doux, la poudre de cumin et le poivre noir. Vous pouvez ajouter une pincée de sel si vous le souhaitez, mais sachez que la sauce soja est déjà salée.

Marinade de totu: Ajouter les cubes de tofu à la marinade et remuer délicatement pour s'assurer qu'ils sont bien enrobés du mélange d'épices. Laisser mariner pendant au moins 30 minutes pour permettre au tofu d'absorber les saveurs. Cuisson des cubes de tofu: Faire chauffer une poêle antiadhésive à feu moyen-vif.

Ajouter les cubes de tofu marinés dans la poêle et les faire cuire pendant environ 5 à 7 minutes, en les retournant doucement de temps en temps, jusqu'à ce qu'ils soient dorés et croustillants de tous les côtés.

Garniture et service: Transférer les cubes de tofu mariné aux épices dans un plat de service. Vous pouvez décorer avec du persil frais haché ou de la coriandre pour plus de fraîcheur et de couleur. Servir les cubes de tofu en entrée ou comme composant d'un plat principal léger.

Vous pouvez accompagner les cubes de tofu d'une sauce à base de yaourt ou de sauce soja si vous le souhaitez. Expérimentez avec les épices et personnalisez la marinade selon vos goûts.

Wraps de laitue au poulet et aux légumes

Ingrédients:

- Feuilles de laitue (par exemple, laitue iceberg ou laitue romaine);
- 200 g de blanc de poulet cuit coupé en lanières;
- 1 poivron rouge, coupé en fines lanières;
- 1 carotte, en julienne ou râpée;
- 1 concombre, coupé en fines lanières;
- 1 avocat mûr, tranché;
- Sauce au yogourt ou sauce à la moutarde (facultatif, pour la vinaigrette);
- Sel et poivre au goût).

Descriptif de la préparation:

Préparez les ingrédients: Lavez et séchez les feuilles de laitue. Couper la poitrine de poulet cuite en lanières. Couper le poivron rouge en fines lanières. Râper ou couper en julienne la carotte. Couper le concombre en fines lanières. Trancher l'avocat.

Composez les wraps: Prenez une feuille de laitue et placez une portion de blanc de poulet au centre, ajoutez les lanières de poivron rouge, la carotte râpée, les lanières de concombre et quelques rondelles d'avocat. Vous pouvez arroser de sauce au yaourt ou de sauce à la moutarde si vous le souhaitez.

Rouler le wrap: Pliez les côtés de la feuille de laitue vers l'intérieur et enroulez le wrap pour enfermer tous les ingrédients. Vous pouvez envelopper le wrap dans un morceau de papier absorbant ou de film plastique pour le garder compact. Répétez le processus: répétez le processus avec les feuilles de laitue restantes et les ingrédients jusqu'à ce que vous ayez fait autant de wraps que vous le souhaitez.

Service: Disposez les roulés de laitue avec le poulet et les légumes sur un plat de service. Vous pouvez arroser davantage avec un peu de sauce au yogourt ou de sauce à la moutarde si vous le souhaitez. Servez les wraps en entrée légère ou en plat principal.

RECETTES ENTRÉES

PHASE DE CROISIÈRE

Salade de crevettes et avocat

Ingrédients:

- 200 g de crevettes cuites et décortiquées;
- 1 avocat mûr, pelé et coupé en dés;
- 1 concombre, coupé en dés;
- 1 tomate, coupée en dés;
- Jus de 1 citron;
- Huile d'olive vierge extra;
- Sel et poivre;
- Feuilles de salade mélangées (p. ex. laitue, roquette, radicchio);
- Persil frais haché (facultatif).

Méthode:

Dans un bol, mélanger les crevettes, l'avocat en dés, le concombre en dés et la tomate en dés.

Pressez le jus de citron sur le mélange de crevettes et de légumes pour empêcher l'avocat de s'oxyder et mélangez délicatement.

Ajouter un filet d'huile d'olive extra vierge et assaisonner avec du sel et du poivre au goût.

Bien mélanger les ingrédients pour répartir uniformément la vinaigrette.

Disposez les feuilles de salade mixte au fond d'une assiette de service.

Verser le mélange de crevettes et de légumes sur les feuilles de salade.

Si désiré, saupoudrer de persil frais haché pour une note fraîche.

Servez immédiatement la salade de crevettes et d'avocat en plat principal ou en accompagnement léger.

La salade d'avocat aux crevettes est un choix sain et savoureux, riche en protéines et en graisses saines. Il s'intègre parfaitement dans le régime Dukan dans les phases ultérieures, telles que la phase de consolidation ou de stabilisation, où des ingrédients tels que les crevettes, les avocats et les légumes verts sont autorisés. N'oubliez pas d'ajuster les portions en fonction de vos besoins alimentaires et des directives spécifiques du régime Dukan.

Rouleaux de saumon fumé et épinards

Ingrédients:

- 200 g de saumon fumé tranché finement;
- 200 g d'épinards frais;
- 100 g de fromage à la crème léger;
- Jus de citron;
- Sel et poivre;
- Herbes (facultatif, comme l'aneth ou le persil).

Méthode:

Commencez par rincer les épinards frais sous l'eau courante et faites-les blanchir dans de l'eau bouillante salée pendant environ 2 minutes. Les égoutter et les refroidir aussitôt sous l'eau froide. Pressez-les bien pour enlever l'excès d'eau.

Dans un bol, mélanger les épinards avec le fromage à la crème. Ajouter le jus de citron, le sel, le poivre et les herbes au goût. Bien mélanger pour obtenir un mélange homogène.

Prenez une tranche de saumon fumé et placez une cuillère à café de garniture aux épinards et au fromage à la crème à l'extrémité. Rouler doucement le saumon autour de la garniture, créant un rouleau compact. Répétez le processus avec les tranches de saumon restantes et la garniture restante.

Vous pouvez servir les rouleaux de saumon fumé et d'épinards tels quels ou, si vous préférez, vous pouvez les envelopper dans un film transparent et les placer au réfrigérateur pendant au moins 1 à 2 heures pour les rendre compacts et savoureux.

Avant de servir, coupez les rouleaux en deux ou en plus petits morceaux, selon votre préférence.

Vous pouvez garnir les rouleaux de fines tranches de citron ou d'herbes fraîches pour une présentation accrocheuse.

Les rouleaux de saumon fumé et d'épinards sont idéaux comme entrée légère ou comme plat principal lors d'un dîner. Ils s'intègrent bien dans le régime Dukan dans les phases ultérieures, telles que la phase de consolidation ou de stabilisation, où le saumon fumé, les épinards et le fromage à la crème léger sont autorisés.

N'oubliez pas d'ajuster les portions en fonction de vos besoins alimentaires et des directives spécifiques du régime Dukan.

Salade de poulpe aux tomates cerises et roquette

Ingrédients:

- 500 g de poulpe;
- 250 g de tomates cerises;
- 100 g de roquette;
- Jus de citron;
- Huile d'olive vierge extra;
- Sel et poivre;
- Persil frais (facultatif, pour la garniture).

Méthode:

Commencez par nettoyer et préparer le poulpe. Vous pouvez demander à votre poissonnier de le nettoyer pour vous, ou vous pouvez le faire vous-même. Retirez la tête de poulpe et ses organes internes. Bien rincer le poulpe sous l'eau froide.

Porter à ébullition une casserole d'eau salée. Lorsque l'eau arrive à ébullition, plongez-y le poulpe quelques secondes et sortez-le. Répétez cela 3 fois de plus. Cela contribuera à le rendre plus tendre lors de la cuisson.

Faire bouillir l'eau salée et mettre le poulpe dans la marmite. Faites-le cuire à feu moyen pendant environ 40 à 50 minutes ou jusqu'à ce que le poulpe soit tendre. Vous pouvez vérifier la cuisson en enfonçant la pointe d'un couteau dans le poulpe: s'il pénètre facilement, c'est prêt.

Égouttez-le et laissez-le refroidir. Une fois refroidi, coupez le poulpe en plus petits morceaux, comme vous préférez.

Dans un bol, ajouter les tomates cerises coupées en deux, la roquette et les morceaux de poulpe.

Préparez la vinaigrette. Dans un petit bol, mélanger le jus de citron, l'huile d'olive extra vierge, le sel et le poivre au goût. Bien mélanger pour émulsionner la sauce.

Verser la sauce sur le poulpe, les tomates cerises et la roquette. Remuer délicatement pour répartir uniformément la vinaigrette.

Vous pouvez garnir la salade de persil frais haché ou de feuilles entières pour une présentation accrocheuse.

Laisser reposer la salade au réfrigérateur pendant au moins 30 minutes pour que les saveurs se marient.

Servez la salade de poulpe avec tomates cerises et roquette en entrée ou en plat principal léger. Il est parfait pour un dîner d'été frais et sain.

N'oubliez pas d'ajuster les portions en fonction de vos besoins alimentaires et des directives spécifiques du régime Dukan.

Rouleaux d'aubergines au jambon cuit et fromage

Ingrédients:

- 2 aubergines;
- 4 tranches de jambon cuit;
- 200 g de fromage (par exemple, mozzarella ou provola);
- 400 ml de purée de tomates;
- 1 gousse d'ail;
- Huile d'olive vierge extra;
- Sel et poivre;
- Basilic frais (facultatif, pour la garniture).

Méthode:

Commencez par couper les extrémités des aubergines et pelez-les. Coupez-les ensuite dans le sens de la longueur, en obtenant de fines tranches d'environ 0,5 cm d'épaisseur.

Mettez les tranches d'aubergine sur une planche à découper et salez-les des deux côtés. Laissez-les reposer pendant environ 15 minutes pour éliminer l'excès d'eau.

Pendant ce temps, préparez la sauce tomate. Dans une poêle, faites chauffer un filet d'huile d'olive et ajoutez la gousse d'ail entière. Faire revenir l'ail quelques minutes, puis le retirer de la poêle. Ajouter la purée de tomates, saler et poivrer au goût. Laisser mijoter à feu moyen-doux pendant environ 10-15 minutes, jusqu'à ce que la sauce épaississe légèrement. Assaisonner de sel et de poivre, si nécessaire.

Rincez les tranches d'aubergines sous l'eau courante pour éliminer le sel et séchez-les soigneusement avec du papier absorbant.

Prenez une tranche d'aubergine et placez une tranche de jambon cuit et un peu de fromage sur la partie la plus large de la tranche. Rouler doucement l'aubergine autour du jambon et du fromage pour former un rouleau. Répétez cette opération avec toutes les tranches d'aubergine.

Disposer les rouleaux d'aubergines dans un plat allant au four légèrement graissé avec de l'huile d'olive. Verser la sauce tomate sur la surface des rouleaux.

Cuire au four préchauffé à 180°C pendant environ 25-30 minutes, ou jusqu'à ce que les aubergines soient tendres et légèrement dorées.

Si vous souhaitez une touche de croquant, vous pouvez saupoudrer la surface des rouleaux d'un peu de fromage râpé et les râper au four quelques minutes avant de servir.

Vous pouvez garnir les rouleaux d'aubergines de jambon cuit et de fromage avec des feuilles de basilic frais pour une touche de fraîcheur.

Servir les rouleaux d'aubergines en deuxième plat accompagnés d'un accompagnement de légumes ou d'une salade fraîche.

Assurez-vous d'ajuster les portions en fonction de vos besoins alimentaires et des directives spécifiques du régime Dukan.

Brochettes de dinde aux poivrons et courgettes

Ingrédients:

- 500 g de poitrine de dinde coupée en cubes;
- 2 poivrons (de préférence de couleurs différentes) coupés en cubes;
- 2 courgettes moyennes coupées en rondelles;
- Jus de 1 citron;
- 2 cuillères à soupe d'huile d'olive;
- Sel et poivre;
- Épices au goût (par exemple, paprika, origan, thym);
- 4-6 brochettes en bois ou en métal.

Méthode:

Commencez par préparer la marinade. Dans un bol, mélanger le jus de citron, l'huile d'olive, le sel, le poivre et les épices au goût. Ajustez les assaisonnements selon vos goûts.

Ajouter les cubes de dinde à la marinade et bien mélanger pour s'assurer qu'ils sont complètement recouverts de marinade. Couvrir le bol et laisser mariner au réfrigérateur pendant au moins 30 minutes, mais de préférence quelques heures pour obtenir la saveur la plus intense.

Pendant ce temps, préparez les légumes. Couper les poivrons en cubes et les courgettes en rondelles.

Une fois la dinde suffisamment marinée, enfiler alternativement les cubes de dinde, les poivrons et les courgettes sur les brochettes.

Faites chauffer un gril ou une poêle antiadhésive. Badigeonnez légèrement les brochettes d'un peu d'huile d'olive pour éviter qu'elles ne collent.

Cuire les brochettes sur le gril ou dans la poêle à feu moyen-élevé pendant environ 10 à 12 minutes, en les retournant de temps en temps, jusqu'à ce que la dinde soit bien cuite et que les légumes soient tendres et légèrement dorés.

Une fois cuites, vous pouvez servir les brochettes de dinde aux poivrons et courgettes en deuxième plat, accompagnées d'un accompagnement de légumes ou d'une salade fraîche.

N'oubliez pas d'ajuster les portions en fonction de vos besoins alimentaires et des directives spécifiques du régime Dukan.

Carpaccio d'espadon à la roquette et au citron

Ingrédients:

- 200g de filet d'espadon frais;
- roquette fraîche;
- Jus de citron;
- Huile d'olive vierge extra;
- Sel et poivre au goût);
- Flocons de parmesan (facultatif, pour la garniture).

Descriptif de la préparation:

Préparez l'espadon: assurez-vous que le filet d'espadon est frais et sans peau ni arêtes. Coupez-le en fines tranches à l'aide d'un couteau pointu.

Préparer la marinade: Dans un bol, mélanger le jus de citron avec l'huile d'olive extra vierge. Saler et poivrer au goût et bien mélanger pour créer une marinade légère.

Marinade d'espadon: Disposez les tranches d'espadon sur une assiette ou une poêle et versez dessus la marinade préparée. Assurez-vous que les tranches sont bien recouvertes de marinade. Laisser mariner au réfrigérateur pendant au moins 15-20 minutes pour permettre au poisson d'absorber les saveurs.

Composition du carpaccio: Prenez un plat de service et disposez uniformément les tranches d'espadon mariné. Couvrir le poisson d'un lit de roquette fraîche.

Vinaigrette: Verser un peu de jus de citron frais et d'huile d'olive extra vierge sur le carpaccio. Ajouter du sel et du poivre au goût.

Garniture (facultatif): Pour ajouter une touche de goût et de décoration, vous pouvez saupoudrer le carpaccio de quelques copeaux de parmesan.

Service: Servir le carpaccio d'espadon à la roquette et au citron en entrée ou en plat léger. Vous pouvez l'accompagner de pain complet grillé ou de craquelins croustillants.

Le carpaccio d'espadon à la roquette et au citron est une option fraîche et légère pour le régime Dukan. Assurez-vous d'utiliser de l'espadon frais de haute qualité pour une saveur et une texture optimales. Vous pouvez adapter la recette en ajoutant d'autres Ingrédients comme des tomates cerises, des câpres ou des olives pour enrichir le goût. Pensez à ne consommer du poisson cru que si vous êtes sûr de sa fraîcheur et de sa provenance.

Boulettes de poulet à la sauce tomate

Ingrédients pour les boulettes de viande:

- 400g de blanc de poulet haché;
- 1 oeuf;
- 2 cuillères à soupe de chapelure (ou flocons d'avoine pour une version sans gluten);
- 2 cuillères à soupe de fromage râpé (comme le parmesan ou le pecorino);
- 2 gousses d'ail finement hachées;
- Persil frais, haché;
- Sel et poivre au goût);
- Huile d'olive extra vierge (pour la cuisson).

Ingrédients pour la sauce tomate:

- 400g de tomates pelées, hachées;
- 1 oignon finement haché;
- 2 gousses d'ail finement hachées;
- Basilic frais, haché;
- Sel et poivre au goût);
- Huile d'olive vierge extra.

Descriptif de la préparation:

Préparez les boulettes de viande: dans un bol, mélangez la poitrine de poulet hachée avec l'œuf, la chapelure, le fromage râpé, l'ail haché et le persil frais. Ajouter du sel et du poivre au goût. Bien mélanger les ingrédients jusqu'à obtenir un mélange homogène.

Façonner les boulettes de viande: Prenez une partie du mélange de poulet et façonnez de petites boulettes de viande avec vos mains. Assurez-vous qu'ils sont tous de taille similaire pour une cuisson uniforme.

Cuisson des boulettes de viande: faites chauffer un peu d'huile d'olive extra vierge dans une poêle antiadhésive à feu moyen-vif. Placez les boulettes de viande dans la poêle et faites-les cuire pendant environ 8 à 10 minutes, en les retournant doucement, jusqu'à ce qu'elles soient dorées et bien cuites.

Préparez la sauce tomate: dans une casserole séparée, faites chauffer de l'huile d'olive extra vierge et ajoutez l'oignon et l'ail hachés. Faire revenir jusqu'à ce qu'ils soient tendres et légèrement dorés. Ajouter les tomates pelées hachées, le basilic frais, saler et poivrer. Cuire la sauce à feu moyen-doux pendant environ 15-20 minutes, en remuant de temps en temps.

Service: Verser la sauce tomate chaude sur un plat de service et disposer les boulettes de poulet dessus. Vous pouvez décorer de feuilles de basilic frais. Servir les boulettes de viande à la sauce tomate en entrée ou en plat principal, accompagnées de légumes ou d'une salade fraîche.

Les boulettes de poulet à la sauce tomate sont un plat savoureux et protéiné adapté au régime Dukan. Assurez-vous de faire cuire les boulettes de viande à feu moyen-élevé pour une surface croustillante, mais vérifiez qu'elles sont bien cuites à l'intérieur. La sauce tomate ajoute de la saveur et de l'humidité aux boulettes de viande. Vous pouvez personnaliser la recette en ajoutant des épices ou des herbes au mélange de boulettes de viande, comme de l'origan ou du persil.

Omelette aux courgettes et fromage frais

Ingrédients:

- 2 courgettes moyennes, coupées en fines rondelles;
- 4 œufs;
- 50g de fromage frais coupé en dés (type mozzarella ou ricotta);
- Persil frais, haché;
- Sel et poivre au goût);
- Huile d'olive extra vierge (pour la cuisson).

Descriptif de la préparation:

Préparez les courgettes: Coupez les courgettes en fines tranches. Vous pouvez également les râper si vous préférez une texture plus fine.

Battre les œufs: Dans un bol, battre les œufs à la fourchette jusqu'à consistance lisse. Ajouter le persil frais haché, saler et poivrer. Bien mélanger.

Ajouter les courgettes: Ajouter les courgettes hachées aux œufs battus. Assurez-vous que les courgettes sont uniformément réparties dans le mélange.

Ajouter le fromage à la crème: ajouter les cubes de fromage à la crème au mélange d'œufs et de courgettes. Vous pouvez également remuer légèrement pour bien répartir le fromage.

Cuisson de l'omelette: Faire chauffer un peu d'huile d'olive extra vierge dans une poêle antiadhésive à feu moyen-vif. Verser le mélange d'œufs, de courgettes et de fromage dans la poêle.

Niveler le mélange avec une cuillère ou une spatule pour l'étaler uniformément dans le moule.

Cuire à feu moyen-doux: Couvrir la casserole avec un couvercle et cuire l'omelette à feu moyen-doux pendant environ 8 à 10 minutes, jusqu'à ce qu'elle soit cuite à travers le fond et que les œufs soient pris.

Cuisson à feu vif: Retirez le couvercle et faites cuire la frittata à feu vif pendant environ 2-3 minutes, jusqu'à ce que le dessus soit légèrement doré.

Service: Transférez l'omelette dans une assiette de service et coupez-la en quartiers ou en carrés. Vous pouvez décorer avec un peu de persil frais haché. Servez l'omelette aux courgettes et fromage frais en entrée ou en plat léger, accompagnée d'une salade fraîche ou de légumes grillés.

L'omelette aux courgettes et au fromage cottage est une option délicieuse et saine pour le régime Dukan. Vous pouvez personnaliser la recette en ajoutant d'autres légumes, comme des tomates cerises ou des poivrons, selon vos goûts. Assurez-vous de faire cuire l'omelette à feu moyen-doux pour assurer une cuisson uniforme.

Rouleaux de saumon aux asperges

Ingrédients:

- 4 tranches de saumon fumé;
- 8-10 asperges fraîches;
- Jus de citron;
- Huile d'olive vierge extra;
- Sel et poivre au goût).

Descriptif de la préparation:

Préparez les asperges: Lavez-les et coupez les parties ligneuses à la base des asperges. Vous pouvez également peler légèrement le dessous des asperges pour les rendre plus tendres.

Cuire les asperges: Porter à ébullition une casserole d'eau salée et cuire les asperges environ 3 à 4 minutes, jusqu'à ce qu'elles soient tendres mais encore croquantes. Les égoutter et les plonger immédiatement dans de l'eau froide pour stopper la cuisson. Egouttez-les à nouveau et séchez-les délicatement.

Préparer le saumon: Répartir les tranches de saumon fumé sur un plan de travail propre. Badigeonnez-les légèrement de jus de citron pour ajouter une touche de fraîcheur.

Monter les rouleaux: Prendre une tranche de saumon fumé et déposer 2-3 asperges cuites à la base de la tranche. Rouler doucement le saumon autour des asperges, formant une enveloppe serrée. Répétez l'opération avec les autres tranches de saumon et les asperges restantes.

Vinaigrette: Badigeonnez les rouleaux de saumon d'un filet d'huile d'olive extra vierge. Ajouter du sel et du poivre au goût.

Service: Vous pouvez servir les rouleaux de saumon aux asperges en entrée ou en plat principal léger. Vous pouvez l'accompagner d'une sauce légère au citron ou d'une salade fraîche.

Les rouleaux de saumon aux asperges sont une option élégante et savoureuse pour le régime Dukan. Le saumon fumé offre un goût riche, tandis que les asperges apportent fraîcheur et croquant. Vous pouvez personnaliser la recette en ajoutant des herbes comme l'aneth ou le persil pour rehausser la saveur.

Salade de poulet à la grecque avec concombres et olives

Ingrédients:

- 200 g de blanc de poulet, cuit et coupé en dés;
- 1 concombre, coupé en dés;
- 1 tomate, coupée en dés;
- 1/2 oignon rouge, tranché finement;
- 50 g d'olives noires dénoyautées et tranchées;
- 50 g de fromage feta émietté;
- Jus de citron;
- Huile d'olive vierge extra;
- origan séché;
- Sel et poivre au goût).

Descriptif de la préparation:

Préparer la poitrine de poulet: cuire la poitrine de poulet à la vapeur ou dans de l'eau salée jusqu'à ce qu'elle soit complètement cuite. Laissez-le refroidir, puis coupez-le en cubes.

Préparez les ingrédients: Coupez le concombre en cubes, la tomate en cubes, l'oignon rouge en fines rondelles et les olives noires en rondelles. Émietter la feta.

Assembler la salade: Dans un grand bol, mélanger le poulet, le concombre, la tomate, l'oignon, les olives et le fromage feta. Remuer délicatement pour combiner les ingrédients.

Vinaigrette: Pressez un peu de jus de citron sur la salade et ajoutez un filet d'huile d'olive extra vierge. Saupoudrer d'origan séché. Ajouter du sel et du poivre au goût. Bien mélanger la salade pour bien répartir la vinaigrette.

Repos: Laisser reposer la salade au réfrigérateur pendant au moins 30 minutes pour permettre aux saveurs de se marier.

Service: Transférez la salade de poulet grecque dans un plat. Vous pouvez garnir de quelques tranches de citron et de feuilles de persil frais. Servir la salade en entrée ou en plat principal léger.

La salade grecque de poulet aux concombres et aux olives est une option savoureuse et saine pour le régime Dukan. La combinaison d'ingrédients frais et savoureux offre un plat plein de protéines et de nutriments. Vous pouvez personnaliser la recette en ajoutant d'autres ingrédients grecs typiques, comme des poivrons ou de l'origan frais.

RECETTES ENTRÉES

PHASE DE CONSOLIDATION

Salade De Poulet Aux Fruits

Ingrédients:

- 200 g de blanc de poulet, cuit et coupé en dés;
- 1 pomme verte, coupée en dés;
- 1 orange, pelée et coupée en quartiers;
- 1/2 tasse de raisins blancs, coupés en deux;
- 1/4 tasse de noix hachées;
- 2 cuillères à soupe de yogourt grec;
- Jus de citron;
- Menthe fraîche, hachée;
- Sel et poivre au goût).

Descriptif de la préparation:

Préparer la poitrine de poulet: cuire la poitrine de poulet à la vapeur ou dans de l'eau salée jusqu'à ce qu'elle soit complètement cuite. Laissez-le refroidir, puis coupez-le en cubes.

Préparez les fruits: Coupez la pomme verte en cubes et épluchez l'orange, puis coupez-la en quartiers. Couper les raisins blancs en deux.

Assembler la salade: Dans un grand bol, mélanger le poulet, la pomme verte, les quartiers d'orange, les raisins blancs et les noix hachées. Remuer délicatement pour combiner les ingrédients.

Préparez la salsa: dans un petit bol, mélangez le yogourt grec avec le jus de citron, la menthe fraîche hachée, le sel et le poivre. Ajuster la consistance avec un peu d'eau si nécessaire.

Vinaigrette: Verser la sauce préparée sur le poulet et la salade de fruits. Bien mélanger pour répartir uniformément la vinaigrette.

Repos: Laisser reposer la salade au réfrigérateur pendant au moins 30 minutes pour permettre aux saveurs de se marier.

Service: Transférez la salade de poulet aux fruits dans un plat. Vous pouvez décorer avec des feuilles de menthe fraîche et quelques noix hachées. Servir la salade en entrée ou en plat principal léger.

La salade de poulet aux fruits est une option fraîche et légère pour le régime Dukan. La combinaison de poulet, de fruits et de noix offre un mélange de saveurs et de textures intéressantes. Vous pouvez personnaliser la recette en ajoutant d'autres fruits de votre choix, comme la grenade ou l'ananas. Assurez-vous de choisir des fruits frais de saison pour un maximum de saveur.

Boulettes de viande de dinde à la sauce tomate

Ingrédients pour les boulettes de viande:

- 250g de viande de dinde hachée;
- 1 oeuf;
- 1/4 tasse de chapelure (ou de son d'avoine pour le régime Dukan);
- 1 gousse d'ail finement hachée;
- 2 cuillères à soupe de persil frais, haché;
- Sel et poivre au goût);
- Huile d'olive extra vierge (pour la cuisson).

Ingrédients pour la sauce tomate:

- 400g de tomates pelées;
- 1 oignon finement haché;
- 2 gousses d'ail finement hachées;
- 1 cuillère à soupe d'huile d'olive extra vierge;
- 1 cuillère à café d'origan séché;
- Sel et poivre au goût).

Descriptif de la préparation:

Préparez les boulettes de viande: dans un bol, mélangez la viande de dinde hachée, l'œuf, la chapelure (ou le son d'avoine), l'ail haché, le persil frais, le sel et le poivre. Bien mélanger les ingrédients jusqu'à obtenir un mélange homogène.

Façonner les boulettes de viande: Prendre une partie de la pâte et façonner des boulettes de viande de taille égale, d'environ 3 à

4 pouces de diamètre. Répétez l'opération jusqu'à épuisement de la pâte.

Cuire les boulettes de viande: Dans une poêle antiadhésive, faire chauffer un peu d'huile d'olive extra vierge. Disposez les boulettes de viande dans la poêle et faites-les cuire à feu moyen-vif, en les retournant de temps en temps, jusqu'à ce qu'elles soient dorées et bien cuites (environ 10 à 12 minutes). Retirez les boulettes de viande de la poêle et mettez-les de côté.

Préparer la sauce tomate: Dans une casserole, faire chauffer l'huile d'olive extra vierge. Ajoutez l'oignon haché et l'ail haché et faites-les cuire jusqu'à ce qu'ils soient tendres et dorés. Ajouter les tomates pelées, l'origan séché, le sel et le poivre. Écraser légèrement les tomates à la fourchette pour les écraser. Laisser mijoter la sauce à feu moyen-doux pendant environ 15 à 20 minutes, jusqu'à ce qu'elle épaississe légèrement.

Mélanger les boulettes de viande avec la sauce: Ajouter les boulettes de viande de dinde dans la casserole avec la sauce tomate et cuire encore 5 à 10 minutes à feu doux, afin qu'elles absorbent bien les saveurs.

Service: Transférez les boulettes de viande de dinde avec la sauce tomate dans un plat. Vous pouvez décorer avec un peu de persil frais haché. Servez les boulettes de viande en entrée ou en plat principal, accompagnées de légumes frais ou d'une portion de grains entiers.

Les boulettes de viande de dinde à la sauce tomate sont une option savoureuse et riche en protéines pour le régime Dukan. Les boulettes de viande peuvent être préparées à l'avance et conservées au réfrigérateur pour être consommées tout au long de la semaine. La sauce tomate maison ajoute une touche de saveur et de garniture au plat.

Rouleaux d'aubergines farcis à la ricotta

Ingrédients:

- 2 aubergines moyennes;
- 200g de ricotta;
- 2 cuillères à soupe de fromage râpé (de préférence léger);
- 1 oeuf;
- 2 cuillères à soupe de persil frais, haché;
- Sel et poivre au goût);
- 400g de sauce tomate;
- Huile d'olive extra vierge (pour la cuisson).

Descriptif de la préparation:

Préparez les aubergines: Coupez les extrémités des aubergines et coupez-les dans le sens de la longueur, en obtenant des tranches fines d'environ un demi-centimètre. Salez-les légèrement et laissez-les reposer 15 à 20 minutes dans une assiette, afin qu'elles puissent perdre l'excédent d'eau.

Rincez les aubergines: rincez les tranches d'aubergines sous l'eau courante et séchez-les doucement avec du papier absorbant pour éliminer l'excès de sel et d'humidité.

Cotta d'aubergines: Chauffer un gril ou une poêle antiadhésive à feu moyen-vif. Badigeonnez légèrement les tranches d'aubergine d'huile d'olive extra vierge des deux côtés. Cuire les tranches d'aubergine sur le gril ou la poêle pendant environ 2-3 minutes de chaque côté, jusqu'à ce qu'elles soient tendres et légèrement dorées. Retirez-les du gril ou de la poêle et mettez-les de côté.

Préparer la garniture: Dans un bol, mélanger la ricotta, le fromage râpé, l'œuf, le persil frais haché, le sel et le poivre. Bien mélanger les ingrédients jusqu'à obtenir une garniture crémeuse et homogène.

Garniture d'aubergine: Prenez une tranche d'aubergine grillée et placez une cuillère à café de garniture à la ricotta à une extrémité. Rouler la tranche d'aubergine autour de la farce pour former un boudin. Répétez le processus avec les tranches d'aubergine restantes et la farce.

Cuisson des roulés: Préchauffer le four à 180°C. Disposez les rouleaux d'aubergines dans une plaque à pâtisserie légèrement graissée avec de l'huile d'olive extra vierge. Verser la sauce tomate sur le dessus des rouleaux. Couvrez la casserole de papier d'aluminium et faites cuire les rouleaux au four pendant environ 25 à 30 minutes, ou jusqu'à ce que la garniture soit chaude et que la sauce tomate mijote.

Service: Transférez les rouleaux d'aubergines farcis à la ricotta dans une assiette de service. Vous pouvez décorer avec un peu de persil frais haché. Servir les rouleaux en entrée ou en plat principal, accompagnés d'une salade verte fraîche.

Les rouleaux d'aubergines fourrés à la ricotta sont une option savoureuse et légère pour enrichir votre alimentation Dukan. Vous pouvez personnaliser la recette en ajoutant des épices ou des herbes à la garniture pour varier la saveur.

Brochettes de crevettes et ananas

Ingrédients:

- 200 g de crevettes fraîches décortiquées et nettoyées;
- 200 g d'ananas frais, coupé en cubes;
- Jus de citron (d'un demi-citron);
- Sel et poivre au goût);
- Paprika doux (facultatif);
- 2 cuillères d'huile d'olive extra vierge;
- 4-6 cure-dents en bois.

Descriptif de la préparation:

Marinade aux crevettes: Dans un bol, ajouter les crevettes, le jus de citron, le sel, le poivre et le paprika doux (si désiré). Bien mélanger pour répartir uniformément les épices sur les crevettes. Laisser mariner environ 15-20 minutes pour permettre aux saveurs de se développer.

Préparation des brochettes: Prenez un cure-dent en bois et enfilez une crevette puis un cube d'ananas. Continuez à alterner les crevettes et l'ananas jusqu'à ce que le cure-dent soit plein. Répétez le processus avec les autres cure-dents jusqu'à ce que vous manquiez de crevettes et d'ananas.

Cuisson des brochettes: Chauffer un gril ou une poêle antiadhésive à feu moyen-vif. Badigeonnez les brochettes d'huile d'olive extra vierge des deux côtés pour éviter qu'elles ne collent à la surface de cuisson. Placez les brochettes sur le gril ou la poêle et faites-les cuire environ 2 à 3 minutes de chaque côté, ou jusqu'à ce que les crevettes soient roses et bien cuites.

Service: Transférer les brochettes de crevettes et d'ananas dans un plat de service et arroser d'un filet de jus de citron frais. Vous pouvez accompagner les brochettes d'une sauce à base de yaourt ou de sauce soja légère si vous souhaitez ajouter une touche de saveur supplémentaire.

Les brochettes de crevettes et d'ananas sont une entrée légère et savoureuse, parfaite pour le régime Dukan. Ils sont riches en protéines et en fruits frais, ce qui rend le plat équilibré et nutritif.

Saumon fumé aux oeufs durs et aux câpres

Ingrédients:

- 100g de saumon fumé;
- 2 œufs durs;
- 1 cuillère à soupe de câpres;
- Jus de citron (d'un demi-citron);
- Poivre noir moulu (au goût);
- Ciboulette fraîche (pour la garniture, facultatif).

Descriptif de la préparation:

Préparation des œufs durs: Dans une casserole, porter l'eau à ébullition. Ajoutez délicatement les œufs et faites-les cuire environ 8 à 10 minutes. Transférer les œufs dans un bol d'eau froide pour arrêter la cuisson. Écalez les œufs durs et coupez-les en deux pour servir.

Préparation du saumon: Disposez les tranches de saumon fumé sur une assiette de service. Vous pouvez les couper en fines lanières ou les laisser entières, à votre goût.

Garniture: Verser le jus de citron sur le saumon fumé. Disposez les œufs durs coupés en deux sur le saumon. Répartir les câpres sur l'assiette en les répartissant uniformément.

Assaisonnement: Ajoutez une mouture de poivre noir sur le saumon et les œufs pour une touche de saveur.

Garniture finale: si vous le souhaitez, vous pouvez hacher finement de la ciboulette fraîche et les saupoudrer sur le plat pour une garniture supplémentaire.

Le saumon fumé aux œufs durs et aux câpres est un apéritif délicieux et riche en protéines, parfait pour le régime Dukan. Vous pouvez le servir en entrée ou en plat principal léger. Assurez-vous de choisir du saumon fumé de haute qualité pour obtenir la meilleure saveur.

Salade de thon aux oignons rouges et céleri

Ingrédients:

- 1 boîte de thon au naturel (égoutté);
- 1/2 oignon rouge, tranché finement;
- 2 branches de céleri, finement tranchées;
- Jus de citron (d'un demi-citron);
- 2 cuillères d'huile d'olive extra vierge;
- Sel et poivre au goût);
- Persil frais haché (pour la garniture, facultatif).

Descriptif de la préparation:

Préparation des ingrédients: Dans un saladier, émiettez le thon au naturel à la fourchette. Couper l'oignon rouge en fines tranches et le céleri en fines tranches. Vous pouvez ajuster la quantité d'oignon et de céleri selon vos goûts personnels.

Composition de la salade: Ajouter le thon émietté, l'oignon rouge et le céleri dans le bol. Remuer délicatement pour combiner les ingrédients.

Vinaigrette: presser le jus d'un demi-citron sur la salade de thon, ajouter l'huile d'olive extra vierge et une généreuse mouture de poivre noir. Ajustez le sel à votre goût et mélangez bien pour répartir uniformément l'assaisonnement.

Repos de la salade: laissez reposer la salade de thon au réfrigérateur pendant au moins 30 minutes. Cela permettra aux saveurs de se mélanger et de rendre la salade encore plus savoureuse.

Service: Transférez la salade de thon dans un plat. Vous pouvez décorer avec du persil frais haché pour une note de fraîcheur supplémentaire.

La salade de thon à l'oignon rouge et au céleri est une option légère et savoureuse pour le régime Dukan. Vous pouvez le servir en entrée ou en plat principal accompagné d'une salade verte fraîche. Assurez-vous d'utiliser du thon nature pour éviter d'ajouter des huiles ou des sauces qui peuvent augmenter votre apport calorique.

Oeufs farcis au fromage frais et tomates cerises

Ingrédients:

- 4 œufs durs;
- 50g de fromage frais (par exemple ricotta ou fromage léger à tartiner);
- 4-6 tomates cerises, coupées en deux;
- Persil frais haché (pour la garniture, facultatif);
- Sel et poivre au goût).

Descriptif de la préparation:

Préparation des œufs durs: Dans une casserole, porter l'eau à ébullition. Ajoutez délicatement les œufs et faites-les cuire environ 8 à 10 minutes. Transférer les œufs dans un bol d'eau froide pour arrêter la cuisson. Écalez les œufs durs et coupez-les en deux dans le sens de la longueur. Retirez délicatement les jaunes et transférez-les dans un bol séparé.

Préparation de la garniture: Écraser les jaunes d'œufs durs à la fourchette jusqu'à obtention d'une consistance lisse. Ajouter le fromage frais et bien mélanger jusqu'à ce que le mélange soit lisse. Goûtez la garniture et ajustez le sel et le poivre à votre goût.

Garniture aux œufs: Prenez une cuillère à soupe de garniture et remplissez les moitiés d'œufs durs. Niveler la garniture avec le dos de la cuillère. Déposer une tomate cerise coupée en deux sur chaque œuf farci.

Garniture: Si vous le souhaitez, vous pouvez saupoudrer les œufs farcis d'un peu de persil frais haché pour une garniture colorée et aromatique.

Les œufs farcis au fromage frais et aux tomates cerises sont une entrée légère et savoureuse, parfaite pour le régime Dukan. Vous pouvez les servir en entrée ou en plat accompagné d'une salade verte. Ils sont également parfaits pour un panier-repas ou comme collation saine.

Curry de poulet aux légumes croquants

Ingrédients:

- 200 g de blanc de poulet, coupé en petits morceaux;
- 1 cuillère à soupe d'huile de noix de coco ou d'huile d'olive extra vierge;
- 1 oignon, tranché finement;
- 2 poivrons (un rouge et un jaune), coupés en lanières;
- 1 carotte, tranchée finement;
- 1 courgette, tranchée finement;
- 2 cuillères à soupe de pâte de curry (au goût, selon le niveau de piquant désiré);
- 200 ml de lait de coco;
- Sel et poivre au goût);
- Coriandre fraîche hachée (pour la garniture, facultatif);
- Jus de citron vert (d'un demi-citron vert, facultatif)

Descriptif de la préparation:

Préparation des légumes: Faites chauffer l'huile de noix de coco ou l'huile d'olive extra vierge dans une poêle antiadhésive à feu moyen-vif. Ajouter l'oignon, les poivrons, la carotte et la courgette. Cuire les légumes pendant environ 5 à 7 minutes, en remuant de temps en temps, jusqu'à ce qu'ils soient croustillants mais tendres. Retirez les légumes de la poêle et mettez-les de côté.

Préparation du poulet: Dans la même poêle, ajouter les morceaux de poulet et les cuire jusqu'à ce qu'ils soient dorés et bien cuits. Ajustez le sel et le poivre à votre convenance.

Ajouter le curry: Réduire le feu à moyen-doux et ajouter la pâte de curry dans la poêle. Bien mélanger pour bien enrober le poulet.

Ajouter le lait de coco: Verser le lait de coco dans la casserole avec le poulet et le curry. Bien mélanger pour combiner les ingrédients. Laisser mijoter à feu moyen-doux pendant environ 5 à 7 minutes, jusqu'à ce que le poulet soit tendre et que le curry ait légèrement épaissi.

Composition du plat: Reprenez les légumes croquants que vous aviez mis de côté et ajoutez-les dans la poêle avec le poulet et le curry. Remuer délicatement pour incorporer les légumes dans la sauce au curry.

Garniture: Si vous le souhaitez, vous pouvez garnir le curry de poulet avec de la coriandre fraîchement hachée pour une touche savoureuse supplémentaire. Vous pouvez également verser un peu de jus de citron vert sur le plat pour une note fraîche.

Le curry de poulet aux légumes croquants est un plat délicieux et savoureux qui convient au régime Dukan. Vous pouvez le servir seul ou accompagné d'une portion de riz basmati brun ou de légumes vapeur. Assurez-vous de choisir une pâte de curry qui correspond à votre tolérance épicée.

Salade de poulpe et de pommes de terre

Ingrédients:

- 500g de poulpe frais;
- 4 pommes de terre moyennes, pelées et coupées en dés;
- 1 oignon rouge, tranché finement;
- 2 tomates moyennes, coupées en dés;
- Persil frais haché (au goût, pour la garniture);
- Jus de citron (de 1 à 2 citrons);
- Huile d'olive extra vierge (2-3 cuillères à soupe);
- Sel et poivre au goût).

Descriptif de la préparation:

Préparation du poulpe: Nettoyer le poulpe en éliminant tout résidu de sable ou de membranes en surface. Placer le poulpe dans une casserole d'eau bouillante et laisser cuire environ 20 à 30 minutes, ou jusqu'à ce qu'il soit tendre. Une fois cuit, égouttez le poulpe et laissez-le refroidir.

Préparation des pommes de terre: Dans une autre casserole, porter à ébullition de l'eau salée. Ajouter les pommes de terre en dés et les faire cuire pendant environ 10-15 minutes, ou jusqu'à ce qu'elles soient tendres mais encore fermes. Égouttez les pommes de terre et laissez-les refroidir.

Couper le poulpe: Couper le poulpe refroidi en morceaux de la taille désirée. Vous pouvez le couper en rondelles ou en petits morceaux, comme vous le souhaitez.

Composition de la salade: Dans un grand bol, mélanger les morceaux de poulpe, les pommes de terre coupées en dés, l'oignon rouge émincé et les cubes de tomates. Remuer délicatement pour combiner les ingrédients.

Vinaigrette: Ajoutez du jus de citron frais et de l'huile d'olive extra vierge à la salade. Assaisonner de sel et de poivre selon votre goût. Bien mélanger pour répartir uniformément la vinaigrette et mélanger les saveurs.

Repos de la salade: Laissez la salade de poulpe et de pommes de terre reposer au réfrigérateur pendant au moins 30 minutes, afin que les saveurs se fondent et s'intensifient.

Service: Transférez la salade dans un plat. Vous pouvez décorer avec du persil frais haché pour une note de fraîcheur supplémentaire.

La salade de poulpe et de pommes de terre est un plat frais et savoureux, parfait pour le régime Dukan. Vous pouvez le servir en entrée ou en plat principal léger. Il est excellent à déguster froid, et est également idéal pour les pique-niques ou les paniers-repas.

Tartare de boeuf à l'oignon et à la moutarde

Ingrédients:

- 200 g de filet de bœuf de haute qualité, coupé en petits cubes;
- 1 oignon rouge, finement haché;
- 1 cuillère à café de moutarde de Dijon;
- 1 cuillère à café de moutarde en grains;
- 1 cuillère à café de sauce Worcestershire;
- 1 cuillère à café de jus de citron frais;
- Huile d'olive extra vierge (1-2 cuillères à soupe);
- Sel et poivre au goût);
- Persil frais haché (pour la garniture, facultatif).

Descriptif de la préparation:

Préparation de la viande: assurez-vous que le filet de bœuf est bien refroidi. Coupez-le en très petits cubes, jusqu'à obtenir une consistance semblable à du boeuf haché. Vous pouvez utiliser un couteau bien aiguisé ou un hachoir à viande.

Composition du tartare: Dans un bol, mélanger le bœuf haché, l'oignon rouge émincé, les deux types de moutarde, la sauce Worcester et le jus de citron. Saler et poivrer selon votre goût. Bien mélanger pour combiner tous les ingrédients. Vous pouvez ajuster les quantités de sauces et d'épices selon vos goûts personnels.

Vinaigrette: Ajoutez un filet d'huile d'olive extra vierge au tartare et remuez doucement pour le répartir uniformément. L'huile aidera à lier les ingrédients et à tendre la viande.

Repos du tartare: Recouvrez le saladier du tartare de film alimentaire et laissez reposer au réfrigérateur au moins 30 minutes, afin que les saveurs se mélangent et que la viande soit parfumée.

Service: Transvaser le tartare sur un plateau ou en portions individuelles. Vous pouvez décorer avec du persil frais haché pour une touche de fraîcheur et une touche de couleur.

Le tartare de boeuf à l'oignon et à la moutarde est un apéritif au goût intense et agréablement épicé, idéal pour le régime Dukan. Vous pouvez le servir avec des tranches de pain complet ou avec une sélection de légumes croquants pour une expérience savoureuse et légère. Assurez-vous d'utiliser du boeuf de haute qualité et de le conserver correctement au réfrigérateur avant de le préparer.

RECETTES ENTRÉES

PHASE DE STABILISATION

Salade de poulet aux canneberges et aux noix

Ingrédients:

- 200 g de blanc de poulet cuit, coupé en dés;
- 1 tasse de bleuets frais;
- 1/2 tasse de noix hachées;
- 2 tasses de salade mixte (laitue, roquette, radicchio, etc.);
- 1/4 oignon rouge, tranché finement;
- Jus de citron (1/2 à 1 citron);
- Huile d'olive extra vierge (2-3 cuillères à soupe);
- Sel et poivre au goût).

Descriptif de la préparation:

Préparation du poulet: Si la poitrine de poulet n'est pas encore cuite, vous pouvez la cuire à la vapeur, la faire bouillir ou la griller. Une fois cuit, laissez-le refroidir et coupez-le en cubes.

Composition de la salade: Dans un grand bol, mélanger le poulet coupé en dés, les canneberges fraîches, les noix hachées, la salade mixte et l'oignon rouge émincé. Remuer délicatement pour combiner les ingrédients.

Vinaigrette: Pressez le jus d'un demi ou d'un citron frais entier sur la salade. Ajouter l'huile d'olive extra vierge. Assaisonner de sel et de poivre selon votre goût. Bien mélanger pour répartir uniformément la vinaigrette et mélanger les saveurs.

Repos de la salade: Laissez la salade de poulet aux canneberges et aux noix reposer au réfrigérateur pendant au moins 15 à 30 minutes, afin que les saveurs se fondent et s'intensifient. Service: Transférez la salade dans un plat. Vous pouvez garnir de quelques myrtilles fraîches et de quelques noix entières pour une présentation accrocheuse.

La salade de poulet aux canneberges et aux noix est une option délicieuse et saine pour le régime Dukan. Les myrtilles apportent une note de douceur et de fraîcheur, tandis que les noix apportent du croquant et de la saveur. Vous pouvez servir cette salade en plat principal ou en accompagnement léger. Il est également parfait pour un panier-repas ou un pique-nique.

Saumon mariné au citron et herbes aromatiques

Ingrédients:

- 200 g de filet de saumon frais, sans peau;
- Jus de citron (de 1 à 2 citrons);
- Zeste râpé de 1 citron;
- 2 cuillères à soupe d'herbes aromatiques hachées (par exemple persil, basilic, thym, origan);
- Huile d'olive extra vierge (2-3 cuillères à soupe);
- Sel et poivre au goût).

Descriptif de la préparation:

Préparation du saumon: Assurez-vous que le filet de saumon est frais et sans peau. Coupez-le en cubes ou en fines tranches, comme vous le souhaitez.

Marinade: Dans un bol, mélanger le jus de citron, le zeste de citron râpé, les herbes aromatiques hachées, l'huile d'olive extra vierge, le sel et le poivre. Bien mélanger pour combiner les ingrédients.

Faire mariner le saumon: placez le saumon dans la marinade et assurez-vous qu'il est complètement recouvert du mélange. Vous pouvez le laisser mariner au réfrigérateur pendant au moins 30 minutes ou même quelques heures si vous souhaitez une saveur plus intense. Pendant ce temps, le jus de citron aura tendance à "cuire" légèrement le saumon, lui donnant une texture plus ferme.

Cuisson du saumon: Vous pouvez cuisiner le saumon mariné de plusieurs façons, selon vos préférences. Vous pouvez le griller, le cuire au four ou le faire cuire dans une poêle antiadhésive.

Assurez-vous de le faire cuire jusqu'à ce qu'il soit tendre et parfaitement cuit.

Service: Transférez le saumon mariné sur une assiette de service et décorez-le de quelques tranches de citron frais et de quelques feuilles d'herbes aromatiques. Vous pouvez l'accompagner d'une salade verte fraîche ou d'une sélection de légumes grillés.

Le saumon mariné au citron et aux herbes est un plat savoureux et sain qui s'intègre parfaitement dans le régime Dukan. La marinade avec du jus de citron et des herbes donne au saumon une saveur fraîche et vibrante. Vous pouvez le servir en plat principal léger ou dans le cadre d'une salade composée. N'oubliez pas d'utiliser un filet de saumon de haute qualité pour de meilleurs résultats.

Roulades de dinde au fromage blanc et épinards

Ingrédients:

- 2 fines tranches de poitrine de dinde;
- 50g de fromage frais;
- 50g d'épinards frais;
- Huile d'olive extra vierge (1-2 cuillères à soupe);
- Sel et poivre au goût);
- Brochettes en bois (pour fermer les rouleaux).

Descriptif de la préparation:

Préparation des ingrédients: Laver les épinards et les blanchir quelques minutes à l'eau bouillante. Égouttez-les et pressez-les bien pour enlever l'excédent d'eau. Couper le fromage frais en fins bâtonnets.

Préparation des roulades: Prendre une tranche de blanc de dinde et la déposer sur un plan de travail. Disposer quelques épinards et un bâton de fromage à la crème sur le dessus. Rouler la tranche de dinde autour des ingrédients pour former une roulade. Répéter avec la deuxième tranche de dinde.

Cuisson des rouleaux: Faire chauffer l'huile d'olive extra vierge dans une poêle antiadhésive à feu moyen. Ajouter la roulade de dinde et cuire environ 6 à 8 minutes, en la retournant de temps en temps, jusqu'à ce qu'elle soit dorée et bien cuite. Si nécessaire, ajustez le temps de cuisson en fonction de l'épaisseur des tranches de dinde.

Service: Transférer les rouleaux de dinde dans un plat et assaisonner avec une pincée de sel et de poivre, si désiré. Vous pouvez accompagner les rouleaux d'une salade verte fraîche ou de légumes grillés.

Les roulés de dinde au fromage frais et aux épinards sont un apéritif savoureux et protéiné qui s'intègre parfaitement dans le régime Dukan. La dinde fournit une source maigre de protéines, tandis que les épinards ajoutent des nutriments importants comme le fer et le calcium. Le fromage frais donne une note crémeuse au plat. N'oubliez pas d'utiliser de fines tranches de dinde pour de meilleurs résultats.

Boulettes de poisson mélangées avec sauce au yogourt

Ingrédients pour les boulettes de viande:

- 200 g de filets de poisson mélangés (par exemple cabillaud, saumon, truite);
- 1 oeuf;
- 2 cuillères à soupe de chapelure;
- 1 gousse d'ail finement hachée;
- 1 cuillère à soupe de persil haché;
- Sel et poivre au goût);
- Huile d'olive extra vierge (pour la cuisson).

Ingrédients pour la sauce au yaourt:

- 125 g de yaourt grec;
- Jus d'un demi-citron;
- 1 cuillère à soupe d'huile d'olive extra vierge;
- 1 gousse d'ail finement hachée;
- Sel et poivre au goût);
- Persil frais haché (pour la garniture).

Descriptif de la préparation:

Préparation des boulettes de viande: Hachez finement les filets de poisson mélangés et placez-les dans un bol. Ajouter l'œuf, la chapelure, l'ail haché, le persil, le sel et le poivre. Bien mélanger jusqu'à l'obtention d'un mélange homogène.

Formation de boulettes de viande: avec les mains mouillées, prenez un peu de mélange de poisson et formez des boulettes de viande de la taille souhaitée. Vous pouvez faire des boulettes de viande plus petites pour un apéritif ou plus grosses pour un plat principal.

Cuisson des boulettes de viande: faites chauffer l'huile d'olive extra vierge dans une poêle antiadhésive à feu moyen-vif. Ajouter les boulettes de viande et cuire environ 4 à 5 minutes de chaque côté, ou jusqu'à ce qu'elles soient dorées et bien cuites. Assurez-vous de les retourner doucement pendant la cuisson pour éviter qu'ils ne cassent.

Préparation de la sauce au yaourt: Dans un bol, mélanger le yaourt grec, le jus de citron, l'huile d'olive extra vierge, l'ail haché, le sel et le poivre. Bien mélanger jusqu'à l'obtention d'une sauce crémeuse et homogène.

Service: Disposez les boulettes de poisson mélangées sur une assiette de service et accompagnez avec la sauce au yaourt. Saupoudrez de persil frais haché pour la décoration. Vous pouvez servir les boulettes de viande tièdes ou à température ambiante.

Les boulettes de poisson mélangées à la sauce au yaourt sont un apéritif léger et savoureux qui s'intègre parfaitement dans le régime Dukan. Le poisson mélangé fournit des protéines de haute qualité et des acides gras oméga-3 bénéfiques pour la santé. La sauce au yogourt ajoute une note fraîche et crémeuse aux boulettes de viande. Vous pouvez servir ce plat en entrée ou en second plat accompagné de légumes ou de salade.

Salade d'oeufs aux olives noires et concombres

Ingrédients:

- 2 œufs durs;
- 1 concombre;
- 8-10 olives noires dénoyautées;
- 2 cuillères à soupe de mayonnaise légère;
- 1 cuillère à soupe de jus de citron;
- Sel et poivre au goût);
- Persil frais haché (pour la garniture).

Descriptif de la préparation:

Préparation des ingrédients: Écalez les œufs durs et coupez-les en cubes. Couper le concombre en fines rondelles. Couper les olives noires en deux.

Préparation de la salade: Dans un bol, mélanger les œufs durs coupés en dés, les tranches de concombre et les olives noires. Mélanger délicatement pour répartir les ingrédients uniformément.

Préparation de la sauce: Dans un bol séparé, mélanger la mayonnaise légère, le jus de citron, le sel et le poivre. Ajouter la vinaigrette à la salade aux œufs et remuer délicatement pour enrober les ingrédients avec la vinaigrette.

Service: Transférez la salade aux œufs avec les olives noires et les concombres dans une assiette de service. Garnir de persil frais haché pour une touche de fraîcheur. Vous pouvez servir la salade en entrée ou en accompagnement léger.

La salade aux œufs aux olives noires et aux concombres est un plat simple et savoureux qui s'intègre parfaitement dans le régime Dukan. Les œufs sont une source de protéines de haute qualité, tandis que les concombres ajoutent de la fraîcheur et de l'hydratation à la salade. Les olives noires donnent une saveur salée et une touche méditerranéenne au plat. Assurez-vous d'utiliser une mayonnaise légère pour une version plus saine. Cette salade peut être consommée en entrée ou en accompagnement pour accompagner des plats principaux à base de viande ou de poisson.

Carpaccio de boeuf à la roquette et vinaigre balsamique

Ingrédients:

- 150-200g de dessus de boeuf tranché finement;
- roquette fraîche;
- flocons de Parmigiano Reggiano;
- Jus de citron;
- Huile d'olive vierge extra;
- vinaigre balsamique;
- Sel et poivre au goût).

Descriptif de la préparation:

Préparation de la viande: Disposez les tranches de rumsteck sur un plat de service en essayant de les répartir uniformément. Couvrez le plat d'une pellicule plastique et mettez-le au réfrigérateur pendant environ 30 minutes, afin que la viande refroidisse et devienne plus facile à couper.

Découpe du carpaccio: Une fois la viande refroidie, sortez le plat du réfrigérateur et retirez le film transparent. Avec un couteau bien aiguisé, coupez la viande en tranches très fines. Disposez les tranches de bœuf de manière décorative sur le plat de service.

Préparation de la sauce: Dans un petit bol, mélanger le jus de citron, l'huile d'olive extra vierge, le vinaigre balsamique, le sel et le poivre. Ajustez les proportions des ingrédients selon vos goûts personnels.

Composition du plat: Disposez la roquette fraîche sur le carpaccio de boeuf en la répartissant uniformément. Assaisonner la salade avec la sauce préalablement préparée. Saupoudrer les flocons de Parmigiano Reggiano sur le carpaccio.

Service: Le carpaccio de boeuf à la roquette et au vinaigre balsamique peut être servi en entrée ou en plat léger. Accompagnez-le de tranches de pain croûté ou de gressins pour compléter le repas.

Le carpaccio de bœuf à la roquette et au vinaigre balsamique est une entrée classique et raffinée qui s'adapte au régime Dukan. Le bœuf finement tranché apporte des protéines de haute qualité, tandis que la roquette apporte de la fraîcheur et une note légèrement amère. Le vinaigre balsamique donne une saveur aigre-douce au plat, tandis que les flocons de Parmigiano Reggiano ajoutent une touche de saveur et de texture. Assurez-vous d'utiliser des ingrédients de haute qualité pour obtenir un résultat savoureux.

Saumon grillé avec sauce au yaourt et à l'ail

Ingrédients:

- 1 filet de saumon (environ 150-200g);
- 2 cuillères à soupe de yogourt grec;
- 1 gousse d'ail finement hachée;
- Jus de citron;
- Sel et poivre au goût);
- Persil frais haché (pour la garniture).

Descriptif de la préparation:

Préparation du saumon: Préchauffer le gril à feu moyen-vif. Assaisonnez le filet de saumon avec du sel, du poivre et un peu de jus de citron des deux côtés.

Cuisson du saumon: Placer le filet de saumon sur le gril préchauffé et cuire environ 4 à 5 minutes de chaque côté, ou jusqu'à ce que le saumon soit bien cuit et s'émiette facilement à la fourchette. Assurez-vous de bien retourner le saumon pour éviter qu'il ne se désagrège pendant la cuisson.

Préparation de la sauce au yaourt et à l'ail: Dans un petit bol, mélanger le yaourt grec avec l'ail finement haché. Ajuster la saveur avec du sel et du poivre au goût. Bien mélanger jusqu'à l'obtention d'une sauce crémeuse et bien mélangée.

Service: Transférez le filet de saumon grillé dans un plat. Verser la sauce au yogourt et à l'ail sur le saumon. Garnir de persil frais haché pour une touche de fraîcheur.

Le saumon grillé avec une sauce au yaourt à l'ail est un plat sain et riche en protéines qui convient parfaitement au régime

Dukan. Le saumon est une source d'acides gras oméga-3 bénéfiques pour la santé. Le yogourt grec ajoute une texture crémeuse à la sauce et fournit des protéines supplémentaires. L'ail donne une saveur aromatique et épicée au plat. Vous pouvez accompagner le saumon d'accompagnements de légumes grillés ou de salade pour un repas complet et équilibré.

Rouleaux de jambon cru au melon

Ingrédients:

- 4 fines tranches de jambon cru;
- 1/2 melon mûr;
- Feuilles de basilic frais.

Descriptif de la préparation:

Préparation du melon: Coupez le melon en fines tranches ou en cubes, selon vos préférences. Retirez la peau et les pépins du melon.

Assemblage des rouleaux: Prendre une tranche de jambon cru et déposer dessus une tranche ou un cube de melon. Ajouter une feuille de basilic frais. Rouler le jambon autour du melon et du basilic pour former un petit boudin. Répétez l'opération avec les autres tranches de jambon et de melon.

Service: Disposez les rouleaux de jambon cru au melon sur une assiette de service. Vous pouvez décorer le plat avec quelques feuilles de basilic frais pour une touche de fraîcheur supplémentaire. Vous pouvez servir des rollatini en apéritif ou comme un délicieux amuse-gueule lors d'un buffet.

Les rouleaux de jambon cru au melon sont un excellent choix pour un apéritif léger et savoureux dans le régime Dukan. Le jambon cru est une source de protéines maigres, tandis que le melon apporte douceur et fraîcheur au plat. Le basilic donne un arôme herbacé et une touche de saveur supplémentaire. Assurez-vous d'utiliser du jambon cru de haute qualité pour un résultat encore plus délicieux.

Rouleaux de poulet au jambon et fromage

Ingrédients:

- 2 poitrines de poulet désossées et sans peau;
- 4 tranches de jambon cuit;
- 4 tranches de fromage (par exemple, mozzarella, provolone ou fontina);
- Huile d'olive vierge extra;
- Sel et poivre au goût);
- Romarin frais (facultatif, pour la garniture).

Descriptif de la préparation:

Préparation des blancs de poulet: Prendre les blancs de poulet et les couper en deux dans le sens de la longueur, de manière à obtenir des tranches fines. Si nécessaire, vous pouvez aplatir légèrement les tranches de poulet à l'aide d'un attendrisseur à viande ou du dos d'un couteau. Assaisonnez les tranches de poulet avec du sel et du poivre des deux côtés.

Assemblage des rouleaux: Prenez une tranche de jambon cuit et posez-la sur une tranche de poulet. Déposer une tranche de fromage sur le jambon. Rouler le filet de poulet autour du jambon et du fromage pour former un wrap. Répétez l'opération avec les tranches de poulet, de jambon et de fromage restantes.

Cuisson des rouleaux: Faire chauffer une poêle antiadhésive à feu moyen-vif et ajouter un filet d'huile d'olive extra vierge. Disposez les roulés au poulet dans la poêle et faites-les cuire environ 5 à 6 minutes de chaque côté, ou jusqu'à ce que le poulet soit bien cuit et que le fromage ait fondu.

Service: Transférez les roulés au poulet dans un plat. Vous pouvez garnir de quelques brins de romarin frais pour une touche de décoration. Les rouleaux de poulet au jambon et au fromage peuvent être servis en plat principal accompagnés d'accompagnements de légumes ou de salade.

Les rouleaux de poulet au jambon et au fromage sont une option délicieuse et riche en protéines pour le régime Dukan. Le poulet fournit une source maigre de protéines, tandis que le jambon cuit et le fromage ajoutent de la saveur et une texture crémeuse. Vous pouvez varier le type de fromage selon vos préférences personnelles. Assurez-vous de faire cuire les wraps jusqu'à ce que le poulet soit bien cuit et que le fromage soit fondu.

Salade de crevettes à l'orange et à la roquette

Ingrédients:

- 200 g de crevettes décortiquées;
- 1 orange;
- 100 g de roquette;
- 1 cuillère à soupe d'huile d'olive extra vierge;
- Jus de citron;
- Sel et poivre au goût);
- Graines de sésame grillées (facultatif, pour la garniture).

Descriptif de la préparation:

Préparation des crevettes: Si les crevettes sont congelées, décongelez-les selon les instructions sur l'emballage. S'ils sont frais, retirez la tête et la queue, puis rincez-les sous l'eau courante. Si vous le souhaitez, vous pouvez également décortiquer les crevettes, mais cela est facultatif.

Préparation de l'orange: Peler l'orange en enlevant la partie blanche de la peau. Diviser l'orange en quartiers puis couper chaque quartier en deux ou en petits morceaux.

Préparation de la roquette: Rincez la roquette sous l'eau courante et séchez-la délicatement avec un chiffon ou avec une essoreuse à salade adaptée.

Assemblage de la salade: Dans un bol, mélanger les gambas, les quartiers d'orange et la roquette. Assaisonner avec de l'huile d'olive extra vierge, du jus de citron, du sel et du poivre. Mélanger délicatement pour répartir les ingrédients et assaisonner la salade uniformément.

Service: Transvaser la salade de crevettes à l'orange et à la roquette dans un plat de service. Si vous le souhaitez, vous pouvez garnir de quelques graines de sésame grillées pour plus de croquant et de saveur. Vous pouvez déguster la salade en entrée ou en plat principal léger au cours d'un repas.

La salade de crevettes à l'orange et à la roquette est un choix frais et léger pour le régime Dukan. Les crevettes sont une source de protéines maigres, tandis que l'orange apporte douceur et acidité à la salade. La roquette ajoute une note amère et une texture croquante. Vous pouvez personnaliser la salade en ajoutant éventuellement d'autres ingrédients comme des tomates cerises, de l'oignon rouge ou de l'avocat, selon vos goûts.

RECETTES PREMIERS PLATS

PHASE D'ATTAQUE

Soupe au poulet et aux légumes

Ingrédients:

- 1 poitrine de poulet sans peau, coupée en dés;
- 2 carottes, coupées en rondelles;
- 2 branches de céleri coupées en petits morceaux;
- 1 oignon, haché;
- 2 courgettes coupées en dés;
- 1 poivron, coupé en dés;
- 2 tomates, coupées en dés;
- 1 litre de bouillon de poulet sans gras;
- 1 cuillère à soupe d'huile d'olive;
- Sel et poivre au goût);
- Persil frais haché (pour la garniture).

Descriptif de la préparation:

Dans une grande casserole, chauffer l'huile d'olive à feu moyen. Ajouter l'oignon et laisser sécher quelques minutes.

Ajouter la poitrine de poulet et faire sauter jusqu'à ce qu'elle soit dorée de tous les côtés.

Ajouter les carottes, le céleri, la courgette et le poivron dans la casserole. Mélangez bien les ingrédients et faites-les cuire quelques minutes, jusqu'à ce que les légumes ramollissent légèrement.

Ajouter les tomates et le bouillon de poulet. Porter le tout à ébullition, puis réduire le feu et laisser mijoter environ 20 à 30 minutes, jusqu'à ce que le poulet soit bien cuit et que les légumes soient tendres.

Goûtez et rectifiez le sel et le poivre, si nécessaire.

Servir la soupe de poulet et de légumes chaude, garnie de persil frais haché.

La soupe au poulet et aux légumes est un premier plat léger et nutritif, parfait pour la phase d'attaque du régime Dukan. La poitrine de poulet fournit des protéines maigres, tandis que les légumes fournissent des vitamines et des fibres. Vous pouvez personnaliser la soupe en ajoutant d'autres légumes à votre goût, comme du chou-fleur, des haricots verts ou des pois. Pensez à limiter l'utilisation d'huile d'olive pour adapter la recette à la phase spécifique du régime.

Spaghettis de courgettes à la sauce tomate

Ingrédients:

- 2 courgettes moyennes;
- 2 tomates mûres;
- 1 petit oignon;
- 2 gousses d'ail;
- 1 cuillère à soupe d'huile d'olive;
- Basilic frais, haché;
- Sel et poivre au goût);
- Fromage léger râpé (facultatif, pour la garniture).

Descriptif de la préparation:

Laver et équeuter les courgettes. Utilisez un éplucheur de pommes de terre pour les couper en forme de spaghetti. Mettre à part.

Dans une casserole, faire chauffer l'huile d'olive à feu moyen. Ajouter l'oignon et l'ail hachés et laisser cuire quelques minutes.

Ajouter les tomates en dés et cuire environ 5 minutes, jusqu'à ce que les tomates ramollissent et libèrent leur jus.

Ajouter les spaghettis de courgettes dans la casserole avec la sauce tomate. Bien mélanger pour répartir la sauce sur toute la surface des courgettes.

Cuire environ 5 à 7 minutes, en remuant de temps en temps, jusqu'à ce que les courgettes soient al dente et légèrement ramollies.

Ajouter le basilic ciselé, saler et poivrer au goût. Remuer doucement pour combiner tous les ingrédients.

Transférer les spaghettis de courgettes à la sauce tomate dans un bol ou un plat de service. Si vous le souhaitez, vous pouvez garnir d'un peu de fromage râpé léger.

Les courgettes remplacent les pâtes traditionnelles, réduisant l'apport calorique et augmentant l'apport en fibres. La sauce tomate fraîche ajoute saveur et vitalité au plat. Vous pouvez personnaliser la recette en ajoutant d'autres légumes ou herbes à votre goût.

Salade de crevettes et concombre

Ingrédients:

- 200 g de crevettes décortiquées;
- 1 concombre, tranché finement;
- 1 poivron rouge, coupé en rondelles (facultatif, pour une touche épicée);
- 1 citron, jus;
- Persil frais, haché;
- Sel et poivre au goût);
- Huile d'olive (facultatif, pour la vinaigrette).

Descriptif de la préparation:

Dans une casserole, porter à ébullition de l'eau légèrement salée. Ajoutez les crevettes décortiquées et faites-les cuire 2-3 minutes, jusqu'à ce qu'elles soient roses et fermes. Égouttez-les et mettez-les de côté.

Dans un bol, placer les tranches de concombre et le poivron rouge (si désiré).

Pressez le jus d'un citron sur le concombre et le poivron rouge. Ajouter le persil frais haché.

Ajouter les crevettes refroidies dans le bol. Assaisonnez avec du sel et du poivre selon votre goût.

Mélanger délicatement tous les ingrédients pour répartir le jus de citron et la vinaigrette sur les crevettes et le concombre.

Si vous le souhaitez, vous pouvez ajouter un filet d'huile d'olive pour la vinaigrette. Laisser reposer la salade au réfrigérateur pendant au moins 30 minutes, afin que les saveurs se marient.

Servir la salade de crevettes et de concombres fraîche en entrée ou en plat principal léger.

Les crevettes fournissent des protéines maigres, tandis que le concombre fournit de l'hydratation et des fibres. Vous pouvez personnaliser la salade en ajoutant d'autres ingrédients comme des tomates en dés, des oignons rouges ou des avocats en dés. N'oubliez pas d'ajuster les quantités et les assaisonnements en fonction de votre phase spécifique du régime.

Soupe au chou et au poulet

Ingrédients:

- 1 poitrine de poulet, coupée en dés;
- 4 tasses de chou vert, coupé en fines lanières;
- 2 carottes, coupées en rondelles;
- 1 oignon, haché;
- 2 gousses d'ail, hachées;
- 4 tasses de bouillon de poulet sans gras;
- 1 cuillère à café de thym séché;
- 1 cuillère à café de romarin séché;
- Sel et poivre au goût);
- Persil frais, haché (pour la garniture).

Descriptif de la préparation:

Dans une grande casserole, chauffer un peu de bouillon de poulet à feu moyen-vif. Ajouter l'oignon et l'ail hachés et laisser cuire quelques minutes.

Ajouter la poitrine de poulet coupée en dés dans la casserole et cuire jusqu'à ce qu'elle soit dorée de tous les côtés.

Ajouter le chou frisé et les carottes dans la casserole. Bien mélanger pour répartir les ingrédients.

Verser le bouillon de poulet restant dans la casserole. Ajouter le thym, le romarin, le sel et le poivre. Mélangez tout.

Porter la soupe à ébullition, puis réduire le feu et laisser mijoter environ 20 à 30 minutes, ou jusqu'à ce que le poulet soit bien cuit et que les légumes soient tendres.

Goûter et rectifier l'assaisonnement, si besoin.

Servir la soupe au poulet et au chou chaude, garnie de persil frais haché.

La soupe au poulet et au chou est un plat principal léger et sain adapté à la phase d'attaque ou de croisière du régime Dukan. Le chou vert fournit des fibres et des vitamines, tandis que le poulet fournit des protéines maigres. Vous pouvez personnaliser la soupe en ajoutant d'autres légumes comme du céleri, des poivrons ou des dés de courgette. Assurez-vous de suivre les quantités et les instructions spécifiques à votre phase du régime.

Nouilles de konjac avec sauce à la viande

Ingrédients:

- 1 paquet de nouilles de konjac (disponibles dans les magasins d'aliments naturels ou en ligne);
- 250 g de viande hachée maigre (par exemple bœuf ou dinde);
- 1 oignon finement haché;
- 2 gousses d'ail, hachées;
- 1 boîte de tomates pelées;
- 1 cuillère à café de pâte de tomate;
- 1 cuillère à café d'origan séché;
- 1 cuillère à café de basilic sec;
- Sel et poivre au goût);
- Huile d'olive (pour la cuisson de la viande);
- Persil frais, haché (pour la garniture).

Descriptif de la préparation:

Égouttez et rincez les nouilles de konjac selon les instructions sur l'emballage. Mettez-les de côté.

Dans une grande poêle, faire chauffer un peu d'huile d'olive à feu moyen. Ajouter l'oignon et l'ail hachés et laisser cuire quelques minutes.

Ajouter le bœuf haché dans la poêle et cuire jusqu'à ce qu'il soit doré, en cassant les grumeaux avec une cuillère en bois.

Ajouter les tomates pelées en les écrasant avec les mains ou avec une cuillère dans la poêle. Ajouter également la pâte de tomate, l'origan, le basilic, le sel et le poivre. Bien mélanger pour répartir les ingrédients.

Porter la sauce à la viande à ébullition, puis réduire le feu et laisser mijoter environ 15 à 20 minutes, permettant aux saveurs de se fondre.

Pendant ce temps, rincez les nouilles de konjac à l'eau chaude pour vous débarrasser de l'odeur caractéristique et chauffez-les légèrement.

Égoutter les nouilles et les ajouter à la poêle avec la sauce à la viande. Remuer délicatement pour enrober les nouilles de sauce.

Poursuivre la cuisson quelques minutes pour que les tagliatelles se réchauffent et se mélangent à la sauce.

Servir les nouilles de konjac avec la sauce à la viande bien chaudes, garnies de persil frais haché.

Les nouilles de konjac sont une alternative faible en calories et en glucides aux nouilles traditionnelles. La sauce à la viande maigre apporte des protéines, tandis que les arômes de tomate, d'origan et de basilic donnent du goût à la préparation. N'oubliez pas de suivre les instructions spécifiques de votre phase de régime pour l'utilisation des nouilles de konjac.

Crème de champignons

Ingrédients:

- 300 g de champignons frais (par exemple champignons ou cèpes) nettoyés et tranchés;
- 1 oignon finement haché;
- 2 gousses d'ail, hachées;
- 2 cuillères à soupe de beurre léger ou d'huile d'olive;
- 4 tasses de bouillon de légumes sans gras;
- 1 tasse de lait écrémé ou lait de soja non sucré;
- Sel et poivre au goût);
- Persil frais, haché (pour la garniture).

Descriptif de la préparation:

Dans une grande casserole, chauffer le beurre léger ou l'huile d'olive à feu moyen. Ajouter l'oignon et l'ail hachés et faire sauter pendant quelques minutes jusqu'à ce qu'ils soient tendres et légèrement dorés.

Ajoutez les champignons tranchés dans la casserole et faites-les cuire environ 5 à 7 minutes, jusqu'à ce qu'ils ramollissent et libèrent leur jus.

Versez le bouillon de légumes dans la casserole et portez à ébullition. Réduire le feu et laisser mijoter environ 15 à 20 minutes afin que les saveurs se marient et que les champignons soient entièrement cuits.

À l'aide d'un mélangeur à immersion ou d'un mélangeur traditionnel, réduire la soupe en purée jusqu'à ce qu'elle soit lisse et homogène. Ajouter le lait écrémé ou le lait de soja dans la casserole et bien mélanger. Poursuivre la cuisson à feu doux pendant encore 5 minutes en veillant à ce que la crème soit bien chaude.

Goûter la crème de champignons et rectifier l'assaisonnement en sel et poivre, selon votre goût.

Servir la crème de champignons bien chaude en la garnissant d'un peu de persil frais haché.

Vous pouvez personnaliser la recette en utilisant différents types de champignons et en ajoutant des herbes comme le thym ou le romarin pour rehausser la saveur. Assurez-vous de suivre les instructions spécifiques de votre phase du régime.

Soupe de poisson et de légumes

Ingrédients:

- 300 g de filets de poisson blanc (par exemple cabillaud ou colin), coupés en petits morceaux;
- 200 g de crevettes décortiquées;
- 1 oignon finement haché;
- 2 gousses d'ail, hachées;
- 2 carottes, coupées en fines rondelles;
- 2 branches de céleri, coupées en fines tranches;
- 1 poivron rouge, coupé en dés;
- 1 courgette coupée en dés;
- 1 boîte de tomates pelées;
- 4 tasses de bouillon de poisson sans gras;
- Jus de citron (d'un demi-citron);
- Sel et poivre au goût);
- Persil frais, haché (pour la garniture).

Descriptif de la préparation:

Dans une grande casserole, chauffer un peu d'huile d'olive à feu moyen. Ajouter l'oignon et l'ail hachés et faire sauter pendant quelques minutes jusqu'à ce qu'ils soient tendres et légèrement dorés.

Ajouter les carottes, le céleri, le poivron et la courgette dans la casserole et cuire environ 5 minutes, en remuant de temps en temps, jusqu'à ce que les légumes soient légèrement ramollis.

Ajouter les tomates pelées en les écrasant avec les mains ou avec une cuillère dans la marmite. Ajouter également le bouillon de poisson et porter à ébullition.

Réduire le feu et laisser mijoter environ 15 à 20 minutes, afin que les saveurs se mélangent et que les légumes soient tendres.

Ajouter les morceaux de poisson et les crevettes dans la casserole et cuire encore 5 à 7 minutes, jusqu'à ce que le poisson soit opaque et bien cuit.

Pressez le jus d'un demi-citron dans la soupe de poisson et de légumes. Rectifier l'assaisonnement en sel et poivre, selon votre goût.

Servir la soupe de poisson et de légumes bien chaude, garnie d'un peu de persil frais haché.

Vous pouvez personnaliser la recette en utilisant différents types de poisson et en ajoutant d'autres légumes de votre goût. Assurez-vous de suivre les instructions spécifiques de votre phase du régime.

Salade de thon et d'oeufs

Ingrédients:

- 1 boîte de thon au naturel, égoutté;
- 2 œufs durs, écalés et coupés en petits morceaux;
- 1 concombre, coupé en dés;
- 1 tomate, coupée en dés;
- 1/2 oignon rouge, tranché finement;
- 10 olives noires, dénoyautées et tranchées;
- Jus de citron (d'un demi-citron);
- 2 cuillères à soupe d'huile d'olive;
- Sel et poivre au goût);
- Persil frais, haché (pour la garniture).

Descriptif de la préparation:

Dans un bol, mélanger le thon égoutté, les œufs durs hachés, les dés de concombre, les dés de tomate, l'oignon rouge émincé et les olives noires émincées.

Pressez le jus d'un demi-citron sur les ingrédients dans le bol et arrosez d'huile d'olive. Remuer doucement pour combiner les ingrédients.

Goûtez la salade et ajustez la vinaigrette en sel et poivre, selon votre goût.

Transférer la salade de thon et d'œufs dans une assiette de service ou dans des saladiers individuels.

Garnir d'un peu de persil frais haché sur le dessus de la salade. Vous pouvez personnaliser la recette en ajoutant d'autres ingrédients tels que des dés de céleri, des dés de poivrons ou des feuilles de laitue pour enrichir la saveur et la texture. Assurez-vous de suivre les instructions spécifiques de votre phase du régime.

Pâte de konjac au pesto de basilic

Ingrédients:

- 200 g de pâte de konjac;
- 2 tasses de feuilles de basilic frais;
- 2 gousses d'ail;
- 1/4 tasse de pignons de pin;
- 1/4 tasse de parmesan râpé;
- Jus d'un demi-citron;
- 1/4 tasse d'huile d'olive;
- Sel et poivre au goût).

Descriptif de la préparation:

Rincez bien la pâte de konjac sous l'eau courante pour vous débarrasser de l'odeur caractéristique. Égouttez-le et mettez-le de côté.

Dans un mélangeur ou un robot culinaire, ajouter les feuilles de basilic, les gousses d'ail, les pignons de pin, le parmesan râpé et le jus de citron. Mélanger les ingrédients jusqu'à obtenir une consistance lisse.

Pendant que le mélangeur est en marche, ajouter lentement l'huile d'olive pour émulsionner le pesto. Continuer à mélanger jusqu'à ce que le pesto ait atteint la consistance désirée. Ajuster l'assaisonnement en sel et poivre selon votre goût.

Dans une casserole, porter à ébullition une grande quantité d'eau salée. Ajouter la pâte de konjac et cuire 2 à 3 minutes en suivant les instructions sur l'emballage. Bien égoutter les pâtes.

Dans une poêle antiadhésive, ajouter la pâte de konjac égouttée et le pesto de basilic préparé. Cuire à feu moyen-doux pendant quelques minutes, en remuant doucement pour s'assurer que les pâtes sont bien enrobées de pesto et qu'elles chauffent uniformément.

Transférer la pâte de konjac au pesto de basilic dans un plat de service ou dans des bols individuels.

Vous pouvez servir la pâte de konjac avec du pesto au basilic en plat principal ou en accompagnement léger. La pâte de konjac est une excellente alternative à faible teneur en glucides aux pâtes traditionnelles. Assurez-vous de suivre les instructions spécifiques pour votre phase du régime Dukan.

Soupe aux légumes

Ingrédients:

- 1 oignon, haché;
- 2 carottes, coupées en dés;
- 2 branches de céleri, coupées en dés;
- 2 courgettes coupées en dés;
- 1 poivron rouge, coupé en dés;
- 400 g de tomates pelées, hachées;
- 1 litre de bouillon de légumes;
- 1 tasse de haricots cannellini bouillis;
- 1 tasse de pois surgelés;
- 1 cuillère à café d'origan séché;
- 1 cuillère à café de basilic sec;
- Sel et poivre au goût);
- Huile d'olive (pour la cuisson).

Descriptif de la préparation:

Dans une grande casserole, chauffer un peu d'huile d'olive à feu moyen. Ajouter l'oignon haché et le faire cuire jusqu'à ce qu'il soit translucide.

Ajouter les carottes, le céleri, la courgette et le poivron rouge dans la casserole. Cuire les légumes pendant quelques minutes, en remuant de temps en temps, jusqu'à ce qu'ils commencent à ramollir.

Ajouter les tomates en conserve hachées et le bouillon de légumes dans la casserole. Porter le liquide à ébullition, puis réduire le feu et laisser mijoter environ 15 à 20 minutes, ou jusqu'à ce que les légumes soient tendres.

Ajouter les haricots cannellini bouillis et les petits pois surgelés au minestrone. Poursuivre la cuisson encore 5 minutes, jusqu'à ce que les pois soient bien cuits.

Ajouter l'origan et le basilic séché au minestrone. Assaisonnez avec du sel et du poivre à votre goût. Bien mélanger pour répartir les arômes.

Retirer la casserole du feu et laisser reposer quelques minutes avant de servir.

Vous pouvez servir le minestrone de légumes chaud en plat principal ou en entrée légère. Si vous souhaitez enrichir la saveur, vous pouvez ajouter d'autres légumes tels que des pommes de terre ou du chou. Assurez-vous de suivre les instructions spécifiques à votre phase du régime Dukan.

RECETTES PREMIERS PLATS

PHASE DE CROISIÈRE

Nouilles de konjac au poulet et légumes

Ingrédients:

- 200 g de nouilles de konjac;
- 200 g de blanc de poulet, coupé en fines lanières;
- 1 courgette coupée en dés;
- 1 poivron, coupé en lanières;
- 1 carotte, coupée en julienne;
- 1 gousse d'ail, hachée;
- 2 cuillères à soupe de sauce soja faible en sodium;
- 1 cuillère à soupe d'huile de sésame;
- Sel et poivre au goût);
- Persil frais, haché (pour la garniture).

Descriptif de la préparation:

Rincez bien les nouilles de konjac sous l'eau courante pour vous débarrasser de l'odeur caractéristique. Égouttez-les et mettez-les de côté.

Dans une poêle antiadhésive, chauffer l'huile de sésame à feu moyen-vif. Ajouter la poitrine de poulet et cuire jusqu'à ce qu'elle soit dorée et entièrement cuite. Retirer le poulet de la poêle et réserver.

Dans la même poêle, ajouter les légumes: courgette, poivron et carotte. Cuire les légumes quelques minutes jusqu'à ce qu'ils soient tendres mais encore croquants.

Ajouter la gousse d'ail hachée aux légumes et cuire encore 1-2 minutes. Ajouter les nouilles de konjac dans la poêle avec les légumes. Assaisonnez de sel et de poivre selon votre goût.

Ajouter la sauce soja et bien mélanger pour assaisonner uniformément les ingrédients.

Remettre le poulet dans la poêle et cuire encore une minute pour mélanger les saveurs.

Transférer les nouilles de konjac avec le poulet et les légumes dans une assiette de service. Garnir de persil frais haché.

Vous pouvez servir des nouilles de konjac avec du poulet et des légumes comme plat principal. Cette recette légère et savoureuse vous permet de profiter d'un repas nutritif à faible teneur en glucides. Assurez-vous de suivre les instructions spécifiques pour votre phase du régime Dukan.

Risotto aux crevettes et courgettes

Ingrédients:

- 200 g de riz brun;
- 200 g de crevettes décortiquées et nettoyées;
- 2 courgettes coupées en dés;
- 1 oignon finement haché;
- 2 gousses d'ail, hachées;
- 1 litre de bouillon de légumes;
- 60 ml de vin blanc sec;
- 2 cuillères à soupe d'huile d'olive;
- Sel et poivre au goût);
- Persil frais, haché (pour la garniture).

Descriptif de la préparation:

Dans une casserole, porter à ébullition le bouillon de légumes, puis réduire le feu pour le maintenir chaud.

Dans une grande poêle, chauffer l'huile d'olive à feu moyen. Ajouter l'oignon et l'ail hachés et cuire jusqu'à ce qu'ils soient translucides.

Ajouter le riz brun à la poêle et le faire griller pendant quelques minutes, en remuant constamment.

Ajouter le vin blanc et laisser évaporer en mélangeant le riz.

Ajouter progressivement le bouillon de légumes chaud, une louche à la fois, en remuant constamment. Continuez à ajouter le bouillon et à remuer jusqu'à ce que le riz soit cuit al dente, environ 30 à 40 minutes.

Ajouter les crevettes et les courgettes au risotto et cuire encore 5 minutes, jusqu'à ce que les crevettes soient bien cuites et que les courgettes soient tendres.

Goûtez le risotto et ajustez le sel et le poivre selon votre goût.

Retirer la casserole du feu et laisser reposer quelques minutes.

Transférer le risotto aux crevettes et aux courgettes dans des plats de service individuels. Garnir de persil frais haché.

Vous pouvez déguster un risotto aux crevettes et aux courgettes comme entrée nutritive et savoureuse. Assurez-vous de suivre les instructions spécifiques à votre phase du régime Dukan.

Courge spaghetti sauce à la viande

Ingrédients:

- 1 courge spaghetti;
- 300 g de viande hachée maigre (bœuf ou dinde);
- 1 oignon finement haché;
- 2 gousses d'ail, hachées;
- 400 g de tomates pelées, hachées;
- 1 cuillère à café d'origan séché;
- 1 cuillère à café de basilic sec;
- Sel et poivre au goût);
- Huile d'olive (pour la cuisson);
- Persil frais, haché (pour la garniture).

Descriptif de la préparation:

Couper la courge spaghetti en deux dans le sens de la longueur. Retirez les graines avec une cuillère et la partie fibreuse intérieure. Cuire les moitiés de potiron dans un four préchauffé à 200°C pendant environ 30-40 minutes, jusqu'à ce que la pulpe devienne molle. Une fois cuit, utiliser une fourchette pour retirer les spaghettis de la courge et réserver.

Dans une poêle antiadhésive, chauffer un peu d'huile d'olive à feu moyen. Ajouter l'oignon et l'ail hachés et cuire jusqu'à ce qu'ils soient translucides.

Ajouter le boeuf haché dans la poêle et cuire jusqu'à ce qu'il soit bien doré et bien cuit.

Ajouter les tomates en conserve hachées, l'origan, le basilic, le sel et le poivre dans la poêle avec le bœuf. Bien mélanger et cuire environ 15-20 minutes à feu moyen-doux, pour permettre aux saveurs de se mélanger.

Pendant que la sauce cuit, remettre la courge spaghetti dans la poêle pour la réchauffer légèrement.

Transférer la courge spaghetti dans des assiettes individuelles et verser la sauce dessus.

Garnir de persil frais haché.

Vous pouvez déguster des spaghettis à la citrouille avec de la sauce à la viande comme entrée saine et savoureuse. Cette recette est idéale pour satisfaire les envies de pâtes tout en suivant le régime Dukan. Assurez-vous de suivre les instructions spécifiques de votre phase du régime.

Salade de poulet et concombre

Ingrédients:

- 200 g de blanc de poulet, cuit et coupé en dés;
- 1 concombre, tranché finement;
- 1 poivron rouge, coupé en fines lanières;
- 1 oignon rouge, tranché finement;
- 1 citron, le jus;
- 2 cuillères à soupe d'huile d'olive;
- Sel et poivre au goût);
- Persil frais, haché (pour la garniture).

Descriptif de la préparation:

Dans un grand bol, mélanger la poitrine de poulet coupée en dés, le concombre tranché, le poivron rouge rayé et l'oignon rouge tranché.

Dans un petit bol, mélanger le jus de citron, l'huile d'olive, le sel et le poivre pour créer la vinaigrette.

Verser la vinaigrette dans le bol d'ingrédients et remuer délicatement pour bien répartir la vinaigrette.

Couvrez le bol d'une pellicule plastique et placez-le au réfrigérateur pendant au moins 30 minutes pour permettre aux ingrédients de parfumer et de refroidir la salade.

Avant de servir, saupoudrez la salade de poulet et de concombre de persil frais haché.

Vous pouvez profiter de la salade de poulet au concombre comme plat principal léger et nutritif. Assurez-vous de suivre les instructions spécifiques pour votre phase du régime Dukan. Vous pouvez également personnaliser la salade en ajoutant d'autres ingrédients autorisés dans votre phase, comme des tomates ou des olives.

Soupe de poisson et tomates

Ingrédients:

- 300 g de poisson mélangé (ex. crevettes, moules, palourdes, filets de poisson blanc);
- 1 oignon finement haché;
- 2 gousses d'ail, hachées;
- 400 g de tomates pelées, hachées;
- 1 litre de bouillon de poisson (vous pouvez utiliser un cube de bouillon de poisson sans matière grasse ajoutée);
- 1 cuillère à café d'origan séché;
- 1 cuillère à café de basilic sec;
- Sel et poivre au goût);
- Huile d'olive (pour la cuisson);
- Persil frais, haché (pour la garniture).

Descriptif de la préparation:

Dans une grande casserole, chauffer un peu d'huile d'olive à feu moyen. Ajouter l'oignon et l'ail hachés et cuire jusqu'à ce qu'ils soient translucides.

Ajouter les tomates en conserve hachées dans la casserole avec l'origan, le basilic, le sel et le poivre. Bien mélanger et cuire environ 10 minutes à feu moyen, pour permettre aux saveurs de se mélanger.

Ajouter le fumet de poisson dans la casserole et porter à ébullition. Réduisez ensuite le feu et laissez mijoter environ 15 à 20 minutes.

Ajouter le mélange de poisson dans la casserole et poursuivre la cuisson pendant encore 5 à 7 minutes, jusqu'à ce que le poisson soit bien cuit et tendre. Assurez-vous de ne pas trop cuire le poisson, sinon il pourrait devenir caoutchouteux.

Avant de servir, garnir la soupe de persil frais haché.

Vous pouvez déguster une soupe de poisson et de tomates comme entrée savoureuse et légère. Assurez-vous de suivre les instructions spécifiques pour votre phase du régime Dukan. Vous pouvez également ajouter des légumes autorisés dans votre phase, comme du céleri ou des carottes, pour pimenter la soupe.

Lasagnes d'aubergines à la viande hachée

Ingrédients:

- 2 grosses aubergines;
- 300 g de viande hachée maigre;
- 1 oignon finement haché;
- 2 gousses d'ail, hachées;
- 400 g de tomates pelées, hachées;
- 2 cuillères à soupe de pâte de tomate;
- 1 cuillère à café d'origan séché;
- Sel et poivre au goût);
- Huile d'olive (pour la cuisson);
- 200 g de ricotta faible en gras;
- 50 g de parmesan râpé;
- Feuilles de basilic frais (pour la décoration).

Descriptif de la préparation:

Préchauffer le four à 180°C.

Couper les aubergines en tranches de 1 cm de long. Disposez les tranches sur une plaque recouverte de papier sulfurisé et badigeonnez légèrement d'huile d'olive. Cuire les aubergines au four pendant environ 10-15 minutes, jusqu'à ce qu'elles soient tendres et légèrement dorées. Mettez de côté.

Dans une poêle antiadhésive, chauffer un peu d'huile d'olive à feu moyen. Ajouter l'oignon et l'ail hachés et cuire jusqu'à ce qu'ils soient translucides.

Ajouter le boeuf haché dans la poêle et cuire jusqu'à ce qu'il soit doré. Égoutter tout excès de graisse. Ajouter les tomates en conserve hachées, la pâte de tomate, l'origan, le sel et le poivre dans la poêle. Bien mélanger et cuire environ 15-20 minutes à feu moyen-doux, pour permettre aux saveurs de se mélanger.

Dans un bol, mélanger la ricotta allégée avec la moitié du parmesan râpé.

Étalez les aubergines au fond d'une plaque à pâtisserie légèrement huilée. Couvrir les aubergines d'une couche de viande hachée puis d'une couche de fromage blanc. Répétez ces couches jusqu'à épuisement des ingrédients, en terminant par une couche d'aubergines.

Saupoudrez la surface avec le reste de parmesan râpé.

Couvrir le moule de papier d'aluminium et cuire au four environ 30 minutes. Retirer le papier d'aluminium et cuire encore 10 à 15 minutes, jusqu'à ce que le dessus soit doré et croustillant.

Avant de servir, garnir les lasagnes de quelques feuilles de basilic frais.

Vous pouvez déguster des lasagnes d'aubergines avec de la viande hachée comme entrée copieuse et savoureuse. Assurez-vous de suivre les instructions spécifiques pour votre phase du régime Dukan. N'oubliez pas de consommer les portions adaptées à votre phase et d'équilibrer le repas avec d'autres aliments autorisés.

Crème de potiron et poireaux

Ingrédients:

- 500 g de potiron, nettoyé et coupé en cubes;
- 2 poireaux, parties blanches et vert clair, tranchés;
- 1 oignon finement haché;
- 2 gousses d'ail, hachées;
- 1 pomme de terre moyenne, pelée et coupée en dés;
- 1 litre de bouillon de légumes (vous pouvez utiliser un cube de bouillon de légumes sans matière grasse ajoutée);
- 2 cuillères à soupe d'huile d'olive;
- Sel et poivre au goût);
- Persil frais, haché (pour la garniture).

Descriptif de la préparation:

Dans une grande casserole, chauffer l'huile d'olive à feu moyen. Ajouter l'oignon et l'ail hachés et cuire jusqu'à ce qu'ils soient translucides.

Ajouter les poireaux tranchés dans la casserole et cuire quelques minutes jusqu'à ce qu'ils soient légèrement ramollis.

Ajouter la courge et la pomme de terre en cubes dans la casserole. Bien remuer pour marier les saveurs.

Versez le bouillon de légumes dans la casserole et portez à ébullition. Ensuite, réduisez le feu et faites cuire à feu moyen-doux pendant environ 20-25 minutes, jusqu'à ce que la courge et la pomme de terre soient tendres. À l'aide d'un mélangeur à main ou d'un mixeur, réduire la soupe en purée jusqu'à ce qu'elle soit lisse et crémeuse. Si nécessaire, ajustez la consistance avec un peu de bouillon de légumes supplémentaire.

Goûter la crème de potimarron et poireaux et assaisonner de sel et de poivre selon votre goût.

Avant de servir, garnir la crème de persil frais haché.

Vous pouvez déguster de la crème de potiron et de poireau en entrée chaude. Assurez-vous de suivre les instructions spécifiques à votre phase du régime Dukan. Vous pouvez pimenter la crème avec des épices autorisées dans votre phase, comme le curry ou le thym, pour ajouter une saveur supplémentaire.

Soupe aux haricots et aux légumes

Ingrédients:

- 200 g de haricots cannellini séchés (trempés et cuits selon les instructions sur l'emballage);
- 1 oignon finement haché;
- 2 carottes, coupées en dés;
- 2 branches de céleri coupées en dés;
- 2 courgettes coupées en dés;
- 2 tomates mûres, pelées et coupées en dés;
- 2 gousses d'ail, hachées;
- 1 litre de bouillon de légumes (vous pouvez utiliser un cube de bouillon de légumes sans matière grasse ajoutée);
- 2 cuillères à soupe d'huile d'olive;
- Sel et poivre au goût);
- Persil frais, haché (pour la garniture).

Descriptif de la préparation:

Tout d'abord, suivez les instructions sur l'emballage pour faire tremper et cuire les haricots cannellini. Une fois cuites, égouttez-les et gardez-les de côté.

Dans une grande casserole, chauffer l'huile d'olive à feu moyen. Ajouter l'oignon et l'ail hachés et cuire jusqu'à ce qu'ils soient translucides.

Ajouter les carottes, le céleri et les courgettes dans la casserole. Cuire quelques minutes jusqu'à ce que les légumes commencent à ramollir légèrement. Ajouter les tomates pelées en dés dans la casserole et bien mélanger avec les légumes.

Versez le bouillon de légumes dans la casserole et portez à ébullition. Ensuite, réduisez le feu et faites cuire à feu moyen-doux pendant environ 20-25 minutes, jusqu'à ce que les légumes soient tendres.

Ajouter les haricots cannellini cuits dans la casserole et bien mélanger pour les incorporer à la soupe. Poursuivre la cuisson encore 5 minutes, jusqu'à ce que tous les ingrédients soient bien mélangés.

Goûtez la soupe aux haricots et aux légumes et assaisonnez avec du sel et du poivre au goût.

Avant de servir, garnir la soupe de persil frais haché.

Vous pouvez déguster la soupe aux haricots et aux légumes en plat unique ou en entrée copieuse. Assurez-vous de suivre les instructions spécifiques à votre phase du régime Dukan. Vous pouvez personnaliser la soupe en ajoutant d'autres légumes autorisés dans votre phase, comme le chou, les épinards ou les poivrons.

Pâte de konjac sauce au thon

Ingrédients:

- 1 paquet de pâte de konjac (disponible sous forme de spaghetti ou de fettuccine);
- 1 boîte de thon au naturel, égoutté;
- 2 cuillères à soupe d'huile d'olive;
- 2 gousses d'ail, hachées;
- 1 piment frais, haché (facultatif, si vous l'aimez épicé);
- Jus d'un demi-citron;
- Persil frais, haché (pour la garniture);
- Sel et poivre au goût).

Descriptif de la préparation:

Commencez par bien rincer la pâte de konjac sous l'eau courante pour vous débarrasser de l'odeur caractéristique. Ensuite, en suivant les instructions sur l'emballage, faites cuire la pâte de konjac dans une grande quantité d'eau bouillante pendant quelques minutes. Égouttez-le et gardez-le de côté.

Dans une grande poêle, chauffer l'huile d'olive à feu moyen. Ajouter l'ail émincé et les flocons de piment rouge (si désiré) et cuire quelques minutes jusqu'à ce que l'ail commence à dorer légèrement.

Ajouter le thon égoutté dans la poêle et l'écraser légèrement à la fourchette. Cuire quelques minutes pour lui donner du goût.

Pressez le jus d'un demi-citron dans la casserole et mélangez bien avec le thon. Ajouter la pâte de konjac cuite dans la poêle et remuer délicatement pour habiller les pâtes avec la sauce au thon. Poursuivre la cuisson quelques minutes pour marier les saveurs.

Goûtez la pâte de konjac avec la sauce au thon et assaisonnez avec du sel et du poivre à votre goût.

Avant de servir, garnir les pâtes de persil frais haché.

Vous pouvez déguster de la pâte de konjac avec une sauce au thon en entrée légère et savoureuse. Assurez-vous de suivre les instructions spécifiques à votre phase du régime Dukan. Vous pouvez personnaliser la sauce au thon en ajoutant des ingrédients autorisés dans votre phase, tels que des tomates cerises fraîches ou des olives noires.

Soupe aux légumes

Ingrédients:

- 200 g de légumineuses séchées mélangées (par exemple haricots borlotti, pois chiches, lentilles);
- 1 oignon finement haché;
- 2 carottes, coupées en dés;
- 2 branches de céleri coupées en dés;
- 2 pommes de terre, coupées en cubes;
- 2 tomates mûres, pelées et coupées en dés;
- 1 courgette coupée en dés;
- 2 litres de bouillon de légumes (vous pouvez utiliser un cube de bouillon de légumes sans matière grasse ajoutée);
- 2 cuillères à soupe d'huile d'olive;
- Sel et poivre au goût);
- Persil frais, haché (pour la garniture).

Descriptif de la préparation:

Tout d'abord, suivez les instructions sur l'emballage pour faire tremper les haricots secs mélangés. Une fois trempés, égouttez-les et rincez-les bien sous l'eau courante.

Dans une grande casserole, chauffer l'huile d'olive à feu moyen. Ajouter l'oignon haché et cuire jusqu'à ce qu'il soit translucide.

Ajouter les carottes, le céleri, les pommes de terre, les courgettes et les tomates dans la casserole. Bien mélanger avec l'oignon et cuire quelques minutes pour attendrir les légumes.

Ajouter les légumineuses mélangées dans la casserole et verser le bouillon de légumes. Porter à ébullition, puis réduire le feu et cuire à feu moyen-doux pendant environ 1-2 heures, jusqu'à ce que les légumineuses soient tendres.

Pendant la cuisson, assurez-vous de remuer de temps en temps et d'ajouter de l'eau chaude au besoin pour maintenir la consistance désirée.

Goûtez le minestrone de légumineuses et assaisonnez de sel et de poivre selon votre goût.

Avant de servir, garnir le minestrone de persil frais haché.

Vous pouvez déguster le minestrone de légumineuses en plat unique ou en entrée copieuse. Assurez-vous de suivre les instructions spécifiques à votre phase du régime Dukan. Vous pouvez personnaliser le minestrone en ajoutant d'autres légumes autorisés dans votre phase, comme le chou, les épinards ou les poivrons.

RECETTES PREMIERS PLATS

PHASE DE CONSOLIDATION

Gnocchis de potiron à la sauce aux champignons

Ingrédients pour les gnocchis à la citrouille:

- 500 g de citrouille;
- 200 g de farine de blé dur;
- 1 oeuf;
- Sel;
- Noix de muscade.

Ingrédients pour la sauce aux champignons:

- 300 g de champignons mélangés (par exemple champignons, cèpes, shiitake);
- 2 cuillères à soupe d'huile d'olive;
- 2 gousses d'ail, hachées;
- Persil frais, haché;
- Sel et poivre;
- Bouillon de légumes (facultatif, si besoin pour diluer la sauce).

Descriptif de la préparation:

Commencez par préparer les gnocchis au potiron. Coupez le potimarron en morceaux et faites-le cuire à la vapeur jusqu'à ce qu'il devienne tendre. Egouttez-le et écrasez-le à la fourchette ou passez-le au tamis pour obtenir une purée.

Dans un bol, mélanger la purée de potiron, la farine de blé dur, l'œuf, une pincée de sel et la noix de muscade râpée. Travaillez les ingrédients jusqu'à obtenir une pâte homogène.

Diviser la pâte en petites portions et façonner des bâtonnets. Couper les bâtonnets en morceaux d'environ 2-3 cm.

Porter à ébullition une casserole d'eau légèrement salée. Ajoutez les gnocchis à la citrouille et faites-les cuire jusqu'à ce qu'ils remontent à la surface. Les égoutter à l'aide d'une écumoire et les réserver de côté.

Pendant ce temps, préparez la sauce aux champignons. Nettoyez et coupez les champignons en tranches ou en morceaux, selon leur taille. Dans une grande poêle, chauffer l'huile d'olive et ajouter l'ail haché. Cuire une minute jusqu'à ce que l'ail commence à dorer légèrement.

Ajouter les champignons dans la poêle et cuire jusqu'à ce qu'ils soient tendres et légèrement dorés. Assaisonnez de sel et de poivre selon votre goût. Si la sauce est trop épaisse, vous pouvez la diluer avec un peu de bouillon de légumes.

Ajouter les gnocchis à la citrouille dans la poêle avec la sauce aux champignons et remuer doucement pour assaisonner les gnocchis.

Avant de servir, décorez de persil frais haché.

Vous pouvez déguster des gnocchis à la citrouille avec une sauce aux champignons comme entrée savoureuse. Assurez-vous de suivre les instructions spécifiques à votre phase du régime Dukan. Vous pouvez enrichir la sauce aux champignons avec des herbes telles que le thym ou le romarin si vous le souhaitez.

Riz brun aux crevettes et légumes

Ingrédients:

- 200 g de riz brun;
- 200 g de crevettes décortiquées;
- 1 poivron rouge, coupé en dés;
- 1 courgette coupée en dés;
- 1 carotte, coupée en dés;
- 1 oignon, haché;
- 2 gousses d'ail, hachées;
- 2 cuillères à soupe d'huile d'olive;
- Sel et poivre;
- Persil frais, haché (pour la garniture).

Descriptif de la préparation:

Culre le riz brun selon les instructions sur l'emballage. Une fois cuit, égouttez-le et réservez-le de côté.

Dans une grande poêle, chauffer l'huile d'olive à feu moyen. Ajouter l'oignon et l'ail hachés et cuire jusqu'à ce qu'ils soient translucides et légèrement dorés.

Ajouter les poivrons, les courgettes et les carottes dans la poêle et cuire quelques minutes jusqu'à ce que les légumes soient tendres mais croquants.

Ajouter les crevettes à la poêle et cuire encore 3 à 4 minutes, jusqu'à ce que les crevettes soient roses et bien cuites.

Ajouter le riz brun à la poêle avec les légumes et les crevettes. Bien mélanger pour répartir uniformément les ingrédients. Assaisonnez de sel et de poivre selon votre goût.

Poursuivre la cuisson quelques minutes, jusqu'à ce que le riz soit complètement chaud.

Retirer du feu et garnir de persil frais haché.

Le riz brun aux crevettes et aux légumes est un plat nutritif et savoureux qui vous apportera des protéines, des fibres et des vitamines. N'oubliez pas de suivre les instructions spécifiques de votre phase du régime Dukan. Vous pouvez personnaliser la recette en ajoutant d'autres légumes de votre choix, comme des petits pois ou des haricots verts.

Spaghetti de konjac sauce à la viande

Ingrédients:

- 200 g de nouilles de konjac;
- 300 g de viande hachée maigre;
- 1 oignon finement haché;
- 2 gousses d'ail, hachées;
- 400 g de tomates pelées;
- 2 cuillères à soupe de pâte de tomate;
- 1 cuillère à café d'origan séché;
- 1 cuillère à café de basilic sec;
- Sel et poivre;
- Huile d'olive pour la cuisine;
- Persil frais, haché (pour la garniture).

Descriptif de la préparation:

Rincez bien les nouilles de konjac sous l'eau courante et faites-les cuire dans de l'eau bouillante pendant environ 2-3 minutes. Égouttez-les et gardez-les de côté.

Dans une grande poêle, chauffer un peu d'huile d'olive et ajouter l'oignon et l'ail hachés. Cuire au four jusqu'à ce qu'il soit translucide et légèrement doré.

Ajouter le boeuf haché dans la poêle et cuire jusqu'à ce qu'il soit doré, en cassant les grumeaux avec une spatule.

Ajouter les tomates pelées, le concentré de tomates, l'origan, le basilic et ajuster le sel et le poivre selon votre goût. Bien mélanger pour combiner les ingrédients.

Baisser le feu et laisser cuire la sauce à la viande à feu doux pendant au moins 20-30 minutes, afin que les saveurs se mélangent et que la sauce épaississe légèrement.

Ajouter les spaghettis de konjac à la sauce à la viande et remuer doucement pour répartir la sauce sur les pâtes.

Poursuivre la cuisson quelques minutes jusqu'à ce que les spaghettis soient bien chauds et parfumés avec la sauce à la viande.

Retirer du feu et garnir de persil frais haché.

Les spaghettis de konjac avec sauce à la viande sont une délicieuse alternative aux pâtes et sauces traditionnelles, car ils sont faibles en glucides et en calories. N'oubliez pas de suivre les instructions spécifiques de votre phase du régime Dukan.

Salade de poulet, avocat et tomates cerises

Ingrédients:

- 200 g de blanc de poulet, cuit et coupé en dés;
- 1 avocat mûr, coupé en dés;
- 200 g de tomates cerises coupées en deux;
- 1 concombre, tranché finement;
- 1 tête de laitue, lavée et coupée en morceaux;
- Jus de 1 citron;
- 2 cuillères à soupe d'huile d'olive;
- Sel et poivre;
- Persil frais, haché (pour la garniture).

Descriptif de la préparation:

Dans un grand bol, mélanger le poulet en dés, l'avocat en dés, les tomates cerises coupées en deux, le concombre tranché finement et la laitue hachée.

Dans un petit bol, préparer la sauce en mélangeant le jus de citron, l'huile d'olive, le sel et le poivre. Bien remuer pour mélanger les ingrédients.

Verser la sauce sur le mélange poulet, avocat et légumes. Remuer délicatement pour habiller uniformément la salade.

Transférer la salade dans un plat ou dans des bols individuels.

Garnir de persil frais haché pour ajouter une touche de fraîcheur.

La salade de poulet, d'avocat et de tomates cerises est un plat léger, plein de protéines et de graisses saines. Vous pouvez personnaliser la salade en ajoutant d'autres garnitures comme du maïs sucré, des olives ou du fromage cottage faible en gras, selon vos préférences. N'oubliez pas de suivre les instructions spécifiques de votre phase du régime Dukan.

Soupe aux légumineuses et légumes

Ingrédients:

- 200 g de mélange de légumineuses séchées (par exemple haricots, lentilles, pois chiches), trempées pendant au moins 8 heures;
- 1 oignon, haché;
- 2 carottes, coupées en dés;
- 2 branches de céleri coupées en dés;
- 2 courgettes coupées en dés;
- 2 tomates, coupées en dés;
- 1 litre de bouillon de légumes;
- 2 cuillères à soupe d'huile d'olive;
- Sel et poivre;
- Persil frais, haché (pour la garniture).

Descriptif de la préparation:

Dans une grande casserole, chauffer l'huile d'olive à feu moyen. Ajouter l'oignon haché et cuire jusqu'à ce qu'il soit translucide.

Ajouter les carottes, le céleri, les courgettes et les tomates dans la casserole. Cuire quelques minutes, en remuant de temps en temps, jusqu'à ce que les légumes commencent à ramollir légèrement.

Égouttez et rincez les légumineuses trempées et ajoutez-les dans la casserole. Bien mélanger pour répartir les légumes et les légumineuses.

Versez le bouillon de légumes dans la casserole et portez à ébullition. Ensuite, réduisez le feu et laissez mijoter environ 1 à 2 heures, ou jusqu'à ce que les légumineuses soient tendres.

Goûtez la soupe et ajustez le sel et le poivre à votre goût.

Retirer la soupe du feu et laisser reposer quelques minutes.

Servir la soupe de légumineuses et de légumes chaude, garnie de persil frais haché.

La soupe de légumineuses et de légumes est un plat nutritif et riche en fibres, parfait pour les repas pendant le régime Dukan. Vous pouvez varier la sélection de légumineuses et de légumes selon vos préférences. Assurez-vous de suivre les instructions spécifiques à votre phase du régime Dukan.

Lasagne de courgettes au jambon cuit et fromage

Ingrédients:

- 3 grosses courgettes;
- 200 g de jambon cuit, tranché finement;
- 200 g de fromage frais faible en gras;
- 200 g de sauce tomate sans sucre ajouté;
- 50 g de fromage râpé faible en gras;
- Huile d'olive;
- Sel et poivre;
- Persil frais, haché (pour la garniture).

Descriptif de la préparation:

Préchauffer le four à 180°C.

Couper les courgettes en longues tranches fines dans le sens de la longueur à l'aide d'un éplucheur de pommes de terre.

Blanchir les tranches de courgettes dans de l'eau bouillante salée pendant 2-3 minutes, puis égoutter et laisser refroidir légèrement.

Dans un bol, mélanger le fromage frais avec du sel, du poivre et du persil haché.

Préparez une plaque allant au four légèrement graissée d'huile d'olive. Disposez une couche de rondelles de courgettes au fond du moule.

Couvrir les tranches de courgettes d'une couche de jambon cuit.

Ajouter une couche de fromage à la crème mixée.

Verser un peu de sauce tomate sur le fromage à la crème.

Répétez les étapes 5 à 8 pour créer plus de couches de courgettes, de jambon, de fromage et de sauce tomate, jusqu'à ce que vous manquiez d'ingrédients.

Saupoudrer le fromage râpé sur le dessus des lasagnes.

Couvrez le plat de papier d'aluminium et faites cuire au four environ 30 minutes.

Retirer le papier d'aluminium et poursuivre la cuisson pendant encore 10 à 15 minutes, ou jusqu'à ce que le fromage sur le dessus soit doré et que les courgettes soient tendres.

Sortir les lasagnes de courgettes du four et laisser reposer quelques minutes avant de servir.

La lasagne de courgettes au jambon cuit et au fromage est une alternative légère et savoureuse aux lasagnes traditionnelles. N'oubliez pas de suivre les instructions spécifiques de votre phase du régime Dukan. Vous pouvez personnaliser la recette en ajoutant d'autres ingrédients comme des champignons ou des épinards si vous le souhaitez.

Crème de carotte et gingembre

Ingrédients:

- 500 g de carottes épluchées et coupées en rondelles;
- 1 oignon, haché;
- 2 gousses d'ail, hachées;
- 1 morceau de gingembre frais (environ 2 cm), pelé et haché finement;
- 1 pomme de terre, pelée et coupée en dés;
- 1 litre de bouillon de légumes;
- 2 cuillères à soupe d'huile d'olive;
- Sel et poivre;
- Persil frais, haché (pour la garniture).

Descriptif de la préparation:

Dans une grande casserole, chauffer l'huile d'olive à feu moyen. Ajouter l'oignon et l'ail hachés et cuire jusqu'à ce qu'ils soient tendres et translucides.

Ajouter les carottes, le gingembre haché et la pomme de terre. Bien mélanger les ingrédients et cuire quelques minutes en remuant de temps en temps.

Versez le bouillon de légumes dans la casserole et portez à ébullition. Réduisez ensuite le feu, couvrez la casserole et laissez mijoter environ 20 à 25 minutes, ou jusqu'à ce que les carottes et la pomme de terre soient tendres.

Une fois les légumes bien cuits, utilisez un mixeur plongeant ou un mixeur traditionnel pour réduire la soupe en purée jusqu'à ce qu'elle ait une texture lisse et veloutée. Assaisonnez de sel et de poivre selon votre goût.

Remettez la casserole sur la cuisinière et faites chauffer la crème carotte-gingembre à feu moyen-doux jusqu'à ce qu'elle soit bien chaude.

Verser la crème de carottes et gingembre dans des bols et garnir de persil frais haché.

La crème de carotte et gingembre est un plat léger et sain, riche en vitamines et antioxydants. Vous pouvez adapter la recette aux différentes phases du régime Dukan, par exemple en omettant la pomme de terre dans les premières phases. Assurez-vous de suivre les instructions spécifiques à votre phase et profitez de cette délicieuse crème.

Soupe aux lentilles et légumes

Ingrédients:

- 200 g de lentilles sèches;
- 1 oignon, haché;
- 2 carottes, coupées en dés;
- 2 branches de céleri coupées en dés;
- 2 gousses d'ail, hachées;
- 1 litre de bouillon de légumes;
- 2 cuillères à soupe d'huile d'olive;
- 1 feuille de laurier;
- 1 cuillère à café de paprika doux;
- 1 cuillère à café de cumin en poudre;
- Sel et poivre;
- Persil frais, haché (pour la garniture).

Descriptif de la préparation:

Rincez les lentilles sous l'eau courante pour éliminer les éventuelles impuretés. Mettez-les dans un bol et couvrez-les d'eau froide. Laissez-les tremper pendant au moins 1 heure.

Rincez les lentilles après trempage et égouttez-les.

Dans une grande casserole, chauffer l'huile d'olive à feu moyen. Ajouter l'oignon haché, les carottes et le céleri et cuire jusqu'à ce que les légumes soient tendres.

Ajouter l'ail haché, la feuille de laurier, le paprika doux et le cumin moulu. Bien mélanger pour répartir les épices.

Ajouter les lentilles égouttées et le bouillon de légumes. Porter à ébullition, puis réduire le feu, couvrir la casserole et laisser mijoter environ 30 à 40 minutes, ou jusqu'à ce que les lentilles soient tendres.

Goûtez la soupe et ajustez le sel et le poivre à votre goût.

Retirez la feuille de laurier et servez la soupe chaude, garnie de persil frais haché.

La soupe aux lentilles et aux légumes est un plat riche en protéines, en fibres et en nutriments. Vous pouvez adapter la recette aux différentes phases du régime Dukan, en vous assurant de suivre les instructions spécifiques à votre phase. Savourez cette délicieuse soupe comme entrée saine et satisfaisante.

Pâtes de blé entier au thon et aux olives

Ingrédients:

- 80 g de pâtes complètes;
- 1 boîte de thon en conserve, égoutté;
- 10-12 olives noires, dénoyautées et tranchées;
- 2 cuillères à soupe d'huile d'olive;
- 2 gousses d'ail, hachées;
- Chili (facultatif), haché;
- Persil frais, haché;
- Sel et poivre.

Descriptif de la préparation:

Porter à ébullition une casserole d'eau salée. Ajoutez les pâtes complètes et faites-les cuire selon les instructions sur le paquet. Égoutter al dente en gardant un peu d'eau de cuisson.

Dans une poêle, faire chauffer l'huile d'olive à feu moyen. Ajouter l'ail émincé et les flocons de piment rouge (si désiré) et cuire quelques minutes jusqu'à ce que l'ail soit légèrement doré et parfumé.

Ajouter le thon égoutté dans la poêle et l'écraser à la fourchette. Ajouter les olives noires tranchées et bien mélanger.

Ajouter les pâtes complètes cuites dans la poêle avec le thon et les olives. Remuer doucement pour combiner les ingrédients.

Ajouter un peu d'eau de cuisson des pâtes pour créer une sauce légère. Continuez à mélanger jusqu'à ce que tous les ingrédients soient bien combinés.

Assaisonnez de sel et de poivre selon votre goût. Saupoudrer de persil frais haché pour une touche de fraîcheur.

Transférer les pâtes complètes au thon et aux olives dans un plat de service et servir chaud.

Ce plat de pâtes à grains entiers avec du thon et des olives regorge de protéines et de graisses saines. Vous pouvez le déguster en plat principal pendant la phase croisière du régime Dukan. Assurez-vous de vérifier les quantités et les proportions des ingrédients en fonction des instructions spécifiques de votre phase.

Soupe de légumes et mélange de légumineuses

Ingrédients:

- 1 oignon, haché;
- 2 carottes, coupées en dés;
- 2 branches de céleri, coupées en dés;
- 2 pommes de terre moyennes, coupées en dés;
- 200 g de haricots verts, coupés en morceaux;
- 200 g de petits pois frais ou surgelés;
- 200 g de haricots cannellini ou borlotti égouttés et rincés;
- 1 courgette coupée en dés;
- 2 tomates mûres, pelées et coupées en dés;
- 1 litre de bouillon de légumes;
- 1 cuillère à soupe d'huile d'olive;
- Sel et poivre;
- Persil frais, haché (pour la garniture).

Descriptif de la préparation:

Dans une grande casserole, chauffer l'huile d'olive à feu moyen. Ajouter l'oignon haché et le faire cuire jusqu'à ce qu'il soit translucide et légèrement doré.

Ajouter les carottes, le céleri et les pommes de terre dans la casserole. Cuire les légumes quelques minutes en remuant de temps en temps.

Ajouter les haricots verts, les pois, les haricots cannellini, les courgettes et les tomates dans la casserole. Bien mélanger pour combiner les ingrédients.

Verser le bouillon de légumes dans la marmite. Porter le minestrone à ébullition, puis réduire le feu et laisser mijoter environ 20 à 30 minutes, ou jusqu'à ce que tous les légumes soient tendres.

Assaisonnez de sel et de poivre selon votre goût.

Transférer le minestrone dans des bols de service et garnir de persil frais haché.

Le minestrone de légumes et de légumineuses mélangées est un plat sain et nutritif, riche en fibres et en nutriments. Vous pouvez en profiter en entrée lors de la phase de consolidation du régime Dukan. Assurez-vous de vérifier les quantités et les proportions des ingrédients en fonction des instructions spécifiques de votre phase.

RECETTES PREMIERS PLATS

PHASE DE STABILISATION

Spaghettis de konjac aux fruits de mer

Ingrédients:

- 200 g de nouilles de konjac;
- 200 g de fruits de mer mélangés (moules, palourdes, crevettes, calmars, etc.);
- 2 gousses d'ail finement hachées;
- 1 piment frais, émincé (facultatif);
- 200 ml de purée de tomates;
- 1 cuillère à soupe d'huile d'olive;
- Sel et poivre;
- Persil frais, haché (pour la garniture).

Descriptif de la préparation:

Rincez les nouilles de konjac sous l'eau courante et faites-les cuire à l'eau bouillante pendant 2-3 minutes. Égouttez-les et mettez-les de côté.

Dans une grande poêle, chauffer l'huile d'olive à feu moyen. Ajouter l'ail émincé et le poivron rouge (si désiré) et faire sauter légèrement.

Ajouter les fruits de mer dans la poêle et cuire quelques minutes, jusqu'à ce qu'ils s'ouvrent (dans le cas des moules et des palourdes) et soient tendres.

Ajouter la purée de tomates dans la poêle et bien mélanger avec les fruits de mer. Laissez cuire encore 5 minutes, afin que les saveurs se marient bien.

Assaisonnez de sel et de poivre selon votre goût.

Ajouter les nouilles de konjac dans la poêle et bien mélanger pour répartir l'assaisonnement sur les nouilles. Laisser cuire 1-2 minutes pour que les spaghettis soient parfumés.

Transférer les nouilles de konjac aux fruits de mer dans des assiettes de service et garnir de persil frais haché.

Assurez-vous de vérifier les quantités et les proportions des ingrédients en fonction des instructions spécifiques de votre phase.

Quinoa aux légumes grillés

Ingrédients:

- 1 tasse de quinoa;
- 2 tasses d'eau;
- 1 courgette, tranchée finement;
- 1 poivron, coupé en lanières;
- 1 aubergine, tranchée finement;
- 1 oignon rouge, tranché;
- 2 cuillères à soupe d'huile d'olive;
- Jus de 1 citron;
- Sel et poivre;
- Herbes aromatiques fraîches (persil, basilic, origan, etc.), hachées (facultatif).

Descriptif de la préparation:

Commencez par bien laver le quinoa sous l'eau courante pour enlever l'amidon. Mettre le quinoa dans une casserole avec l'eau et porter à ébullition. Réduire le feu, couvrir et laisser mijoter environ 15 à 20 minutes ou jusqu'à ce que le quinoa soit tendre et ait absorbé l'eau. Égoutter tout excès de liquide et réserver.

Pendant ce temps, préparez les légumes grillés. Faites chauffer un gril ou une poêle à griller et badigeonnez les tranches de courgette, de poivron, d'aubergine et d'oignon d'huile d'olive. Griller les légumes jusqu'à ce qu'ils soient tendres et légèrement dorés des deux côtés. Retirez les légumes du gril et coupez-les en morceaux de la taille désirée.

Dans un grand bol, mélanger les légumes grillés, le quinoa cuit et le jus de citron. Assaisonnez avec du sel et du poivre selon votre goût.

Si vous le souhaitez, ajoutez également les herbes aromatiques fraîches hachées pour donner une touche de fraîcheur et d'arôme au plat.

Laissez reposer la salade de quinoa aux légumes grillés quelques minutes pour que les saveurs se marient.

Transférer le quinoa avec les légumes grillés dans un plat ou des bols individuels et servir tiède ou à température ambiante.

Assurez-vous de vérifier les quantités et les proportions des ingrédients en fonction des instructions spécifiques de votre phase.

Salade de poulet, avocat et haricots

Ingrédients:

- 1 poitrine de poulet, cuite et coupée en dés;
- 1 avocat mûr, coupé en dés;
- 1 tasse de haricots noirs, égouttés et rincés;
- 1 poivron rouge, coupé en dés;
- 1 oignon rouge, tranché finement;
- 1 citron vert, jus;
- 2 cuillères à soupe d'huile d'olive;
- Sel et poivre;
- Feuilles de coriandre fraîches, hachées (facultatif).

Descriptif de la préparation:

Commencez par préparer le poulet. Vous pouvez le cuire à la vapeur, le faire bouillir ou le griller jusqu'à ce qu'il soit complètement cuit. Coupez-le en dés une fois refroidi.

Dans un grand bol, mélanger le poulet, l'avocat en dés, les haricots noirs égouttés, le poivron rouge en dés et l'oignon rouge émincé.

Préparez la salsa en mélangeant le jus de citron vert, l'huile d'olive, le sel et le poivre dans un petit bol. Bien mélanger jusqu'à obtenir une sauce onctueuse.

Verser la vinaigrette sur les ingrédients de la salade et remuer délicatement pour répartir uniformément.

Si vous le souhaitez, ajoutez les feuilles de coriandre hachées pour donner une touche de fraîcheur et d'arôme à la salade. Laissez la salade de poulet, d'avocat et de haricots reposer au réfrigérateur pendant au moins 30 minutes pour que les saveurs se mélangent.

Transférer la salade dans un bol ou une assiette et servir comme plat principal ou accompagnement.

Cette salade regorge de protéines, de fibres et de graisses saines, ce qui en fait un excellent choix pour une alimentation équilibrée. Assurez-vous de vérifier les quantités et les proportions des ingrédients en fonction des instructions spécifiques de votre phase du régime Dukan.

Soupe de poisson et fruits de mer

Ingrédients:

- 500 g de fruits de mer mélangés (moules, palourdes, crevettes, calamars);
- 400 g de filets de poisson blanc (par exemple cabillaud ou bar), coupés en morceaux;
- 1 oignon finement haché;
- 2 gousses d'ail, hachées;
- 400 g de tomates pelées, hachées;
- 1 litre de bouillon de poisson (ou bouillon de légumes);
- 1 piment frais, émincé (facultatif);
- Jus de 1 citron;
- Persil frais, haché;
- Sel et poivre;
- Huile d'olive.

Descriptif de la préparation:

Dans une grande casserole, chauffer un peu d'huile d'olive à feu moyen. Ajouter l'oignon et l'ail hachés et faire revenir jusqu'à ce qu'ils soient tendres et translucides.

Ajouter les fruits de mer mélangés dans la casserole et cuire quelques minutes jusqu'à ce qu'ils commencent à libérer leur jus.

Ajouter les filets de poisson blanc dans la casserole et verser les tomates en conserve hachées. Bien mélanger.

Ajouter le bouillon de poisson (ou bouillon de légumes) dans la casserole. Si vous voulez une saveur légèrement épicée, vous pouvez également ajouter du piment rouge broyé.

Porter la soupe à ébullition, puis réduire le feu et laisser mijoter environ 20 à 30 minutes, jusqu'à ce que les fruits de mer et le poisson soient complètement cuits.

Assaisonnez de sel et de poivre selon votre goût. Ajoutez du jus de citron pour ajouter de la fraîcheur à la soupe.

Avant de servir, saupoudrer la soupe de persil frais haché.

Servez la soupe de poissons et fruits de mer chaude avec des croûtons ou du pain complet si vous le souhaitez.

Cette soupe de poisson et de fruits de mer regorge de saveurs délicieuses et offre une bonne quantité de protéines. Assurez-vous de vérifier les quantités d'ingrédients en fonction des instructions spécifiques de votre phase du régime Dukan.

Lasagne d'aubergines au thon et tomates cerises

Ingrédients:

- 2 grosses aubergines coupées en longues tranches;
- 200 g de thon à l'huile, égoutté;
- 400 g de tomates cerises coupées en deux;
- 1 oignon finement haché;
- 2 gousses d'ail, hachées;
- 200 g de fromage frais faible en gras;
- 2 cuillères à soupe d'huile d'olive;
- Persil frais, haché;
- Sel et poivre.

Descriptif de la préparation:

Préchauffer le four à 180°C.

Faites griller les tranches d'aubergine sur une plaque chauffante ou dans une poêle antiadhésive jusqu'à ce qu'elles soient tendres et légèrement dorées. Mettre de côté.

Dans une poêle, faire chauffer l'huile d'olive à feu moyen. Ajouter l'oignon et l'ail hachés et faire revenir jusqu'à ce qu'ils soient tendres et translucides.

Ajouter les tomates cerises coupées en deux dans la poêle et laisser cuire quelques minutes jusqu'à ce qu'elles ramollissent légèrement.

Ajouter le thon égoutté à l'huile dans la poêle et bien mélanger avec la sauce aux tomates cerises. Cuire encore 2-3 minutes. Assaisonnez de sel et de poivre selon votre goût. Ajouter le persil frais haché et bien mélanger.

Dans une plaque à pâtisserie légèrement graissée, disposer une couche de tranches d'aubergines grillées sur le fond. Ajouter une couche de thon et de tomates cerises sur les aubergines. Étalez un peu de fromage frais dessus.

Continuez à alterner les couches d'aubergines, de thon, de tomates cerises et de fromage à la crème jusqu'à ce que vous manquiez d'ingrédients. Assurez-vous de terminer par une couche d'aubergine sur le dessus.

Couvrez le plat de papier d'aluminium et enfournez pour environ 30 minutes.

Retirer le papier d'aluminium et cuire encore 10 minutes, ou jusqu'à ce que la surface de la lasagne aux aubergines soit dorée et croustillante.

Sortez la lasagne d'aubergine du four et laissez-la refroidir un peu avant de servir.

Cette recette de lasagnes d'aubergines au thon et tomates cerises est une option savoureuse et légère pour une entrée pendant le régime Dukan. Assurez-vous de vérifier les quantités d'ingrédients en fonction des instructions spécifiques de votre phase de régime.

Crème d'asperges

Ingrédients:

- 500 g d'asperges fraîches;
- 1 petit oignon, haché;
- 2 gousses d'ail, hachées;
- 1 pomme de terre moyenne, pelée et coupée en dés;
- 500 ml de bouillon de légumes;
- 100 ml de crème fraîche (facultatif);
- Sel et poivre;
- Huile d'olive pour la cuisson.

Descriptif de la préparation:

Préparez les asperges: retirez le dessous filandreux des asperges et rincez-les bien. Couper les pointes d'asperges à environ 5 cm de long et réserver. Couper le reste des asperges en morceaux d'environ 2 cm.

Dans une grande casserole, chauffer un peu d'huile d'olive à feu moyen. Ajouter l'oignon et l'ail hachés et faire revenir jusqu'à ce qu'ils soient tendres et translucides.

Ajouter les morceaux d'asperges et les pommes de terre coupées en dés dans la casserole et bien mélanger. Cuire quelques minutes en remuant de temps en temps.

Versez le bouillon de légumes dans la casserole en vous assurant qu'il recouvre complètement les asperges et la pomme de terre. Porter à ébullition, puis baisser le feu et laisser mijoter environ 15 à 20 minutes, ou jusqu'à ce que les asperges et la pomme de terre soient tendres.

Pendant ce temps, portez à ébullition une petite casserole d'eau salée. Ajouter les pointes d'asperges et cuire 2-3 minutes, jusqu'à ce qu'elles soient tendres mais encore croquantes. Égouttez-les et mettez-les de côté.

Une fois que les asperges et la pomme de terre sont tendres, utilisez un mélangeur à immersion pour réduire la soupe en purée jusqu'à ce qu'elle ait une texture lisse et veloutée. Si vous préférez une texture plus crémeuse, vous pouvez ajouter de la crème fraîche et mixer à nouveau.

Goûter la crème d'asperges et assaisonner de sel et de poivre selon votre goût.

Servir la crème d'asperges bien chaude en la garnissant des pointes d'asperges préalablement cuites. Vous pouvez également ajouter un filet d'huile d'olive et une pincée de poivre noir frais pour la touche finale.

La crème d'asperges est une entrée légère et savoureuse parfaitement adaptée au régime Dukan. Riche en fibres et en vitamines, c'est un excellent choix pour un repas nutritif et sain.

Soupe mixte de légumineuses et de légumes

Ingrédients:

- 200 g de légumineuses séchées mélangées (telles que haricots, pois chiches, lentilles, pois);
- 1 oignon moyen, haché;
- 2 carottes moyennes, coupées en dés;
- 2 branches de céleri coupées en dés;
- 2 courgettes moyennes, coupées en dés;
- 2 tomates mûres, coupées en dés;
- 2 gousses d'ail, hachées;
- 1 litre de bouillon de légumes;
- 1 cuillère à café d'origan séché;
- 1 cuillère à café de thym séché;
- Sel et poivre;
- Huile d'olive pour la cuisson.

Descriptif de la préparation:

Mettez les légumineuses séchées mélangées dans un bol et couvrez-les d'une grande quantité d'eau froide. Laissez-les tremper pendant au moins 8 heures ou en suivant les instructions spécifiques sur l'emballage.

Égouttez les légumineuses trempées et rincez-les sous l'eau courante.

Dans une grande casserole, chauffer un peu d'huile d'olive à feu moyen. Ajouter l'oignon et l'ail hachés et faire revenir jusqu'à ce qu'ils soient tendres et translucides.

Ajouter les carottes, le céleri, les courgettes et les tomates dans la casserole. Bien mélanger et cuire quelques minutes, jusqu'à ce que les légumes commencent à ramollir.

Ajouter les légumineuses mélangées égouttées dans la casserole et remuer pour combiner le tout.

Versez le bouillon de légumes dans la casserole en vous assurant qu'il recouvre complètement les légumineuses et les légumes. Ajouter l'origan, le thym, le sel et le poivre au goût.

Porter la soupe à ébullition, puis réduire le feu et laisser mijoter environ 1 à 2 heures, ou jusqu'à ce que les légumineuses soient tendres et les légumes tendres.

Pendant la cuisson, vérifiez s'il faut ajouter de l'eau à la soupe. Si la consistance devient trop épaisse, vous pouvez ajouter un peu d'eau chaude pour obtenir la consistance désirée.

Goûtez la soupe et ajustez le sel et le poivre à votre goût.

Servir la soupe mixte de légumineuses et de légumes chaude, en l'accompagnant éventuellement d'une tranche de pain complet grillé.

Cette soupe de légumineuses et de légumes mélangés est une entrée nutritive riche en fibres, parfaite pour le régime Dukan. C'est un plat copieux et sain qui vous fournira de l'énergie et des nutriments essentiels.

Pâtes de blé entier aux crevettes et courgettes

Ingrédients:

- 150 g de pâtes complètes (de préférence courtes, type penne ou fusilli);
- 200 g de crevettes décortiquées;
- 2 courgettes moyennes, coupées en dés;
- 2 gousses d'ail, hachées;
- Jus de 1/2 citron;
- flocons de piment (facultatif);
- Sel et poivre;
- Huile d'olive pour la cuisine;
- Persil frais haché pour la garniture.

Descriptif de la préparation:

Porter à ébullition une casserole d'eau légèrement salée et faire cuire les pâtes de blé entier selon les instructions sur l'emballage. Égouttez-le al dente et mettez-le de côté.

Dans une grande poêle, chauffer un peu d'huile d'olive à feu moyen. Ajouter les gousses d'ail hachées et les flocons de piment rouge, si désiré. Faire revenir quelques minutes jusqu'à ce que l'ail devienne doré et parfumé.

Ajouter les crevettes décortiquées dans la poêle et les cuire 2 à 3 minutes, jusqu'à ce qu'elles soient roses et opaques. Retirer les crevettes de la poêle et réserver.

Dans la même poêle, ajoutez les cubes de courgettes et faites-les cuire à feu moyen-élevé pendant environ 5 minutes, jusqu'à ce qu'ils soient tendres mais croustillants. Assaisonnez avec du sel et du poivre.

Remettre les crevettes dans la poêle avec les courgettes. Ajouter le jus de citron et bien mélanger pour marier les saveurs. Continuez à cuire encore 1-2 minutes.

Ajouter les pâtes de blé entier cuites à la poêle avec les crevettes et les courgettes. Remuer doucement pour s'assurer que tous les ingrédients sont bien combinés.

Saler et poivrer au goût et poursuivre la cuisson pendant une minute supplémentaire pour permettre aux pâtes de parfumer avec la sauce.

Éteignez le feu et saupoudrez les pâtes de persil frais haché.

Transférer les pâtes complètes aux crevettes et aux courgettes dans des assiettes de service et servir chaud.

Ces pâtes complètes aux crevettes et courgettes sont une entrée légère et savoureuse, idéale pour le régime Dukan. Les pâtes de blé entier fournissent des fibres et des glucides complexes, tandis que les crevettes et les courgettes ajoutent des protéines et des vitamines. C'est un plat équilibré et nutritif qui plaira à votre palais.

Risotto aux légumes

Ingrédients:

- 200 g de riz brun;
- 1 oignon finement haché;
- 2 carottes, coupées en dés;
- 2 courgettes coupées en dés;
- 200 g de petits pois frais ou surgelés;
- 1 litre de bouillon de légumes;
- 2 cuillères à soupe d'huile d'olive;
- 50 g de fromage râpé (facultatif);
- Sel et poivre;
- Persil frais haché pour la garniture.

Descriptif de la préparation:

Dans une casserole, chauffer le bouillon de légumes à feu moyen-doux et le garder au chaud.

Dans une grande poêle, chauffer l'huile d'olive à feu moyen. Ajouter l'oignon haché et le faire cuire jusqu'à ce qu'il soit translucide.

Ajoutez les carottes et les courgettes coupées en dés dans la poêle et faites-les cuire quelques minutes, jusqu'à ce qu'elles soient légèrement ramollies.

Ajouter le riz brun à la poêle et le faire griller pendant quelques minutes, en remuant constamment pour éviter qu'il ne colle.

Ajouter les pois frais ou surgelés dans la poêle et bien mélanger. Commencez à ajouter le bouillon de légumes chaud petit à petit, une louche à la fois, en remuant le risotto de temps en temps.

Attendez que le liquide soit absorbé avant d'ajouter plus de bouillon. Continuez ce processus pendant environ 20-25 minutes, ou jusqu'à ce que le riz soit cuit al dente et ait atteint une texture crémeuse.

Saler et poivrer au goût pendant la cuisson.

Si vous voulez un risotto plus crémeux, vous pouvez ajouter le fromage râpé vers la fin de la cuisson et bien mélanger jusqu'à ce qu'il fonde.

Une fois que le risotto aux légumes a atteint la consistance désirée, éteignez le feu.

Laisser reposer le risotto quelques minutes avant de servir. Cela aidera à marier les saveurs.

Transférer le risotto aux légumes dans des assiettes de service et garnir de persil frais haché.

Le risotto aux légumes est une entrée saine et équilibrée, riche en fibres, vitamines et minéraux. Le riz brun fournit des glucides complexes, tandis que les légumes ajoutent de la couleur et de la saveur au plat. Vous pouvez personnaliser le risotto aux légumes en utilisant les légumes de votre choix, comme des poivrons, des épinards ou des tomates cerises. C'est un plat polyvalent que vous pouvez adapter à vos préférences et à la saisonnalité des ingrédients.

Soupe de légumes au quinoa

Ingrédients:

- 1 tasse de quinoa;
- 1 oignon finement haché;
- 2 carottes, coupées en dés;
- 2 courgettes coupées en dés;
- 2 pommes de terre, coupées en cubes;
- 1 poivron, coupé en dés;
- 2 tomates mûres, coupées en dés;
- 1 branche de céleri, coupée en dés;
- 4 tasses de bouillon de légumes;
- 2 cuillères à soupe d'huile d'olive;
- Sel et poivre;
- Persil frais haché pour la garniture.

Descriptif de la préparation:

Rincez bien le quinoa sous l'eau courante froide pour éliminer les impuretés. Mettez-le de côté.

Dans une grande casserole, chauffer l'huile d'olive à feu moyen. Ajouter l'oignon haché et le faire cuire jusqu'à ce qu'il soit translucide.

Ajouter les carottes, les courgettes, les pommes de terre, le poivron et le céleri dans la casserole. Cuire les légumes quelques minutes en remuant de temps en temps.

Ajouter les tomates en dés dans la casserole et bien mélanger.

Versez le bouillon de légumes dans la casserole et portez à ébullition.

Ajouter le quinoa dans la casserole et réduire le feu. Laissez le minestrone cuire à feu moyen-doux pendant environ 15 à 20 minutes, ou jusqu'à ce que le quinoa soit bien cuit et que les légumes soient tendres.

Pendant la cuisson, goûtez le minestrone et assaisonnez avec du sel et du poivre au goût.

Une fois la soupe de légumes au quinoa prête, éteignez le feu.

Laisser reposer le minestrone quelques minutes avant de servir. Cela permettra aux saveurs de se marier.

Transférer la soupe de quinoa aux légumes dans des bols de service et garnir de persil frais haché.

Le minestrone végétal au quinoa est un plat nutritif et sain, riche en fibres, protéines et vitamines. Le quinoa ajoute une note croquante et une valeur protéique au minestrone, ce qui en fait un repas complet. Vous pouvez personnaliser le minestrone en ajoutant d'autres légumes de votre choix, comme des haricots verts ou du chou. Servir le minestrone chaud et l'accompagner d'une tranche de pain complet.

RECETTES DE DEUXIÈME PLAT

PHASE D'ATTAQUE

Poitrine de poulet grillée aux épices

Ingrédients pour 1 personne:

- 1 poitrine de poulet;
- Épices au goût (par exemple paprika, poivre noir, poudre d'ail, thym, romarin);
- Sel;
- Jus de citron (facultatif).

Description:

Préchauffer le gril ou le gril.

Préparez le blanc de poulet: retirez la peau et les arêtes.

Dans un bol, mélanger les épices choisies ensemble. Vous pouvez utiliser une combinaison de paprika, de poivre noir, de poudre d'ail, de thym, dc romarin ou de toute autre épice de votre choix.

Saupoudrer la poitrine de poulet d'épices des deux côtés. Ajouter du sel au goût.

Si vous préférez une saveur plus fraîche, vous pouvez presser un peu de jus de citron sur la poitrine de poulet marinée aux épices.

Placer la poitrine de poulet sur le gril préchauffé.

Cuire les poitrines de poulet environ 6 à 8 minutes de chaque côté, ou jusqu'à ce qu'elles soient bien cuites et juteuses. Vous pouvez tester la cuisson en faisant une incision dans la poitrine de poulet pour vous assurer qu'elle est bien cuite à l'intérieur.

Une fois cuit, retirez le blanc de poulet du gril et laissez-le reposer quelques minutes.

Couper le blanc de poulet en tranches ou en cubes et servir chaud.

Vous pouvez accompagner le blanc de poulet grillé d'accompagnements de légumes frais ou d'une salade pour un repas équilibré et sain. Assurez-vous d'ajuster les quantités d'ingrédients en fonction du nombre de personnes à qui vous souhaitez servir le plat.

Saumon vapeur au citron et herbes

Ingrédients pour 1 personne:

- 1 filet de saumon (environ 150-200 g);
- Jus d'un demi-citron;
- Zeste de citron râpé;
- Herbes aromatiques fraîches (ex. persil, basilic, thym);
- Sel;
- Poivre.

Description:

Préparez le saumon: assurez-vous que le filet est exempt de peau et d'arêtes. Vous pouvez le couper en plus petites portions si vous préférez.

Pressez le jus d'un demi-citron et râpez le zeste de citron.

Préparez le panier vapeur: remplissez le fond d'eau et portez à ébullition.

Assaisonner le saumon avec le jus de citron, le zeste de citron râpé, les herbes aromatiques fraîches, le sel et le poivre. Vous pouvez utiliser des herbes comme le persil, le basilic ou le thym, selon votre goût.

Placer le filet de saumon assaisonné dans le panier vapeur.

Couvrez le cuiseur vapeur avec le couvercle et faites cuire le saumon à la vapeur pendant environ 8 à 10 minutes, ou jusqu'à ce qu'il soit bien cuit et se défasse facilement à la fourchette.

Une fois cuit, retirez délicatement le saumon du cuiseur vapeur et transférez-le dans un plat.

Vous pouvez décorer le saumon avec quelques tranches de citron frais et un filet de jus de citron supplémentaire si vous le souhaitez.

Servir chaud le saumon cuit à la vapeur en plat principal, accompagné de légumes vapeur ou d'une salade d'accompagnement.

Le saumon cuit à la vapeur au citron et aux herbes aromatiques est un plat léger et savoureux, idéal pour une alimentation équilibrée. Assurez-vous d'ajuster les quantités d'ingrédients en fonction du nombre de personnes à qui vous souhaitez servir le plat.

Steak de boeuf grillé

Ingrédients pour 1 personne:

- 1 steak de boeuf (environ 200 g);
- Sel;
- Poivre;
- Herbes aromatiques séchées (par exemple origan, thym, romarin);
- Huile d'olive.

Description:

Préparez le steak: Assurez-vous que le steak est à température ambiante en le laissant hors du réfrigérateur pendant environ 30 minutes avant la cuisson. Cela aidera à assurer une cuisson uniforme.

Préchauffer la plaque chauffante ou la poêle antiadhésive à feu moyen-vif.

Assaisonner le steak des deux côtés avec du sel, du poivre et une pincée d'herbes séchées. Vous pouvez utiliser des herbes comme l'origan, le thym ou le romarin, selon votre goût.

Badigeonner légèrement les deux côtés du steak avec un peu d'huile d'olive. Cela aidera à obtenir une surface croustillante et l'empêchera de coller à la plaque.

Placer le steak sur la plaque chauffante ou la poêle chaude et le faire cuire environ 3 à 4 minutes de chaque côté, pour une cuisson mi-saignante. Si vous préférez une cuisson plus ou moins intense, ajustez le temps de cuisson en conséquence.

Pendant la cuisson, évitez de tourner ou de trop presser le steak pour conserver sa jutosité.

Une fois cuit à votre saveur préférée, transférez le steak dans un plat et laissez-le reposer quelques minutes. Cela permettra aux jus de se répartir uniformément et de rendre la viande encore plus tendre.

Vous pouvez servir l'entrecôte de bœuf grillée en plat principal, accompagnée de légumes grillés, d'une salade ou d'un accompagnement de légumes de votre choix.

N'oubliez pas d'ajuster les quantités d'ingrédients en fonction du nombre de personnes à qui vous souhaitez servir le steak. Le steak de bœuf grillé est un plat protéiné classique, savoureux et nutritif, parfait pour un régime Dukan.

Boulettes de dinde au four

Ingrédients pour 4 personnes:

- 500 g de viande de dinde hachée;
- 1 oeuf;
- 1/4 tasse de son d'avoine;
- 2 cuillères à soupe de lait écrémé;
- 1 oignon finement haché;
- 2 gousses d'ail finement hachées;
- 2 cuillères à soupe de persil frais haché;
- 1 cuillère à café de sel;
- 1/2 cuillère à café de poivre noir;
- 1/2 cuillère à café de paprika doux (facultatif);
- 1/2 cuillère à café d'origan séché;
- 1/2 cuillère à café de thym séché;
- Huile d'olive pour badigeonner.

Description:

Préchauffer le four à 180°C (350°F) et tapisser une plaque à pâtisserie de papier parchemin.

Dans un grand bol, mélanger la dinde hachée, l'œuf, le son d'avoine, le lait écrémé, l'oignon haché, l'ail haché, le persil, le sel, le poivre noir, le paprika (si désiré), l'origan et le thym. Bien mélanger jusqu'à obtenir un mélange homogène.

Avec les mains légèrement humides, façonner les galettes à la taille désirée et les déposer sur la plaque à pâtisserie préparée. Assurez-vous de laisser de l'espace entre les galettes pour une cuisson uniforme.

Badigeonner légèrement les boulettes de viande avec un peu d'huile d'olive pour les rendre plus croustillantes pendant la cuisson.

Transférer la plaque à pâtisserie dans le four préchauffé et cuire les boulettes de viande pendant environ 20 à 25 minutes, ou jusqu'à ce qu'elles soient bien cuites et dorées.

Filet de cabillaud en papillote aux légumes

Ingrédients:

- 2 filets de cabillaud;
- 1 courgette;
- 1 carotte;
- 1 poivron;
- 1 oignon;
- 2 tomates;
- Huile d'olive;
- Sel et poivre;
- Persil.

Méthode:

Prenez une feuille de papier sulfurisé et pliez-la en deux pour faire un sac.

Coupez les légumes en julienne (fines lanières) et placez-les à l'intérieur du papier d'aluminium.

Déposer les filets de cabillaud sur les légumes.

Assaisonnez avec de l'huile d'olive, du sel, du poivre et du persil.

Bien refermer le sac pour qu'aucune vapeur ne sorte pendant la cuisson.

Cuire dans un four préchauffé à 180°C pendant environ 20-25 minutes.

Ouvrir le papillote avec précaution pour ne pas se brûler et servir le dos de cabillaud en papillote avec les légumes.

Curry de poulet au chou-fleur cuit à la vapeur

Ingrédients:

- 2 poitrines de poulet;
- 1 chou-fleur;
- 1 oignon;
- 2 gousses d'ail;
- 1 poivron rouge;
- 1 poivron jaune;
- 1 boîte de lait de coco;
- 2 cuillères à soupe de pâte de curry;
- Huile d'olive;
- Sel et poivre;
- Coriandre fraîche (facultatif).

Méthode:

Coupez le chou-fleur en bouquets et faites-le cuire à la vapeur jusqu'à ce qu'il soit tendre mais encore croquant. Mettez de côté.

Couper la poitrine de poulet en cubes.

Dans une poêle antiadhésive, faites chauffer un peu d'huile d'olive et ajoutez l'oignon haché et l'ail écrasé. Faites-les frire jusqu'à ce qu'ils deviennent translucides.

Ajouter les cubes de poulet dans la poêle et cuire jusqu'à ce qu'ils soient dorés.

Ajouter les poivrons coupés en lanières et cuire quelques minutes. Dans un bol, mélanger le lait de coco et la pâte de curry. Verser le mélange dans le moule.

Assaisonnez de sel et de poivre selon votre goût. Bien mélanger.

Couvrir la casserole et laisser mijoter à feu moyen-doux pendant environ 10 à 15 minutes, jusqu'à ce que le poulet soit bien cuit et que la sauce ait épaissi.

Ajouter les bouquets de chou-fleur cuits à la vapeur dans la poêle et remuer doucement pour combiner tous les ingrédients.

Poursuivre la cuisson quelques minutes, jusqu'à ce que le chou-fleur soit bien chaud.

Servir le poulet au curry avec du chou-fleur cuit à la vapeur accompagné de riz brun ou d'une portion de légumes de votre choix.

Décorer de feuilles de coriandre fraîche, si désiré.

Sole cuite au jus de citron

Ingrédients:

- 2 filets de sole;
- Jus de 1 citron;
- Persil frais haché;
- Huile d'olive;
- Sel et poivre.

Méthode:

Préchauffer le four à 180°C

Disposez les filets de sole sur une plaque à pâtisserie légèrement huilée.

Arroser de jus de citron des deux côtés des filets.

Assaisonner avec du sel, du poivre et du persil frais haché au goût.

Sceller le moule avec du papier d'aluminium, en créant une empreinte pour permettre à la sole de cuire à la vapeur.

Placer le moule au four et cuire environ 15 à 20 minutes, ou jusqu'à ce que la sole soit tendre et se défasse facilement à la fourchette.

Retirer le papier d'aluminium et cuire encore 5 minutes, pour dorer légèrement la surface de la sole.

Sortez la sole du four et servez-la bien chaude, accompagnée des accompagnements de votre choix, comme des légumes vapeur ou une salade composée.

Brochettes de crevettes et légumes grillés

Ingrédients:

- 200 g de crevettes décortiquées;
- 1 courgette;
- 1 poivron rouge;
- 1 oignon rouge;
- Jus de 1 citron;
- Huile d'olive;
- Sel et poivre.

Méthode:

Préchauffez le gril.

Couper la courgette, le poivron rouge et l'oignon rouge en cubes de taille similaire.

Enfilez les crevettes, la courgette, le poivron et l'oignon sur des brochettes en alternant les ingrédients.

Badigeonner les brochettes de jus de citron et d'huile d'olive.

Assaisonnez avec du sel et du poivre selon votre goût.

Placer les brochettes sur le gril chaud et cuire environ 5 à 7 minutes, en les retournant de temps en temps, jusqu'à ce que les crevettes soient roses et que les légumes soient tendres mais croquants.

Retirez les brochettes du gril et servez-les chaudes en deuxième plat, éventuellement accompagnées d'une sauce légère comme du yogourt et de la sauce à la menthe.

Rôti de veau aux légumes rôtis

Ingrédients:

- 500 g de veau à rôtir;
- 2 carottes;
- 2 pommes de terre;
- 1 oignon;
- 2 gousses d'ail;
- romarin frais;
- thym frais;
- Huile d'olive;
- Sel et poivre.

Méthode:

Préchauffer le four à 180°C.

Lavez les carottes et les pommes de terre, puis coupez-les en gros morceaux.

Hacher finement l'oignon et l'ail.

Dans une poêle, chauffer un peu d'huile d'olive et faire revenir l'oignon et l'ail jusqu'à ce qu'ils soient translucides.

Préparez le veau en le frottant avec du sel et du poivre sur toutes les faces.

Dans un plat allant au four, disposer le veau au centre et disposer les carottes, les pommes de terre, le romarin et le thym frais autour.

Assaisonner les légumes avec du sel, du poivre et un filet d'huile d'olive.

Couvrez le plat de papier d'aluminium et enfournez pour environ 1 heure.

Retirer le papier d'aluminium et poursuivre la cuisson pendant encore 20 à 30 minutes, ou jusqu'à ce que la viande soit tendre et dorée.

Sortir le rôti de veau du four avec les légumes, le laisser reposer quelques minutes puis le trancher.

Servir chaud, accompagné de légumes rôtis en accompagnement.

Bouchées de tofu aux poivrons et courgettes

Ingrédients:

- 200 g de tofu;
- 1 poivron rouge;
- 1 courgette;
- 1 gousse d'ail;
- Huile d'olive;
- Jus de citron;
- Sel et poivre;
- Persil frais (facultatif).

Méthode:

Couper le tofu en cubes de taille égale.

Lavez le poivron et la courgette, puis coupez-les en morceaux.

Dans une poêle, faire chauffer un peu d'huile d'olive et l'ail haché. Ajouter le poivron et la courgette et cuire quelques minutes, jusqu'à ce qu'ils soient tendres mais croquants.

Ajouter les cubes de tofu dans la poêle et cuire encore 3 à 4 minutes, jusqu'à ce que le tofu soit légèrement doré.

Assaisonnez avec du sel, du poivre et un peu de jus de citron. Bien mélanger pour répartir les assaisonnements.

Poursuivre la cuisson encore 1 à 2 minutes en s'assurant que tous les ingrédients sont bien mélangés.

Si désiré, saupoudrer de persil frais haché sur le plat pour une note fraîche.

Servir les bouchées de tofu avec des poivrons et des courgettes chaudes en plat principal ou en accompagnement léger.

RECETTE DES DEUXIÈMES PLATS

PHASE DE CROISIÈRE

Omelette aux blancs d'œufs et légumes variés

Ingrédients:

- 6-8 blancs d'œufs;
- 1 courgette;
- 1 poivron rouge;
- 1 oignon;
- 100 g de champignons de Paris;
- Huile d'olive;
- Sel et poivre;
- Herbes (facultatif, comme le persil ou le basilic).

Méthode:

Couper la courgette, le poivron, l'oignon et les champignons en morceaux ou en fines rondelles.

Dans une poêle antiadhésive, faites chauffer un peu d'huile d'olive et ajoutez les légumes. Cuire à feu moyen-doux jusqu'à ce que les légumes soient tendres mais encore croquants.

Dans un bol, battre les blancs d'œufs jusqu'à consistance mousseuse. Ajouter du sel, du poivre et des herbes au goût.

Verser les blancs d'œufs battus dans la poêle avec les légumes et remuer doucement pour bien répartir.

Cuire à feu moyen-doux jusqu'à ce que l'omelette soit ferme et dorée sur les bords. Vous pouvez couvrir la casserole avec un couvercle pour faciliter la cuisson.

Lorsque l'omelette est prête, retournez-la délicatement sur une assiette ou servez directement de la poêle.

Coupez l'omelette en quartiers ou en cubes et servez chaud en deuxième plat ou en accompagnement léger.

Vous pouvez personnaliser l'omelette aux blancs d'œufs avec un mélange de légumes en utilisant d'autres légumes de votre choix, comme des carottes, des tomates, des épinards ou des aubergines. Vous pouvez également ajouter du fromage râpé faible en gras pour enrichir la saveur.

Poulet aux herbes aux asperges

Ingrédients:

- 2 poitrines de poulet;
- 1 botte d'asperges;
- Jus de 1 citron;
- Huile d'olive;
- 2 gousses d'ail hachées;
- Herbes aromatiques fraîches (romarin, thym, persil, basilic);
- Sel et poivre.

Méthode:

Préparez le poulet en faisant mariner les poitrines dans le jus de citron, l'huile d'olive, l'ail haché, les herbes, le sel et le poivre. Laisser mariner au réfrigérateur pendant au moins 30 minutes.

Pendant ce temps, lavez et nettoyez les asperges en enlevant la partie dure de la tige. Coupez-les en morceaux de taille similaire.

Faites chauffer une poêle antiadhésive avec un filet d'huile d'olive et ajoutez les asperges. Faites-les cuire à feu moyen-doux jusqu'à ce qu'ils soient tendres mais encore croquants. Assaisonnez avec du sel et du poivre selon votre goût.

Dans une deuxième poêle, faire chauffer un filet d'huile d'olive et ajouter les poitrines de poulet marinées. Cuire à feu moyen-vif pendant environ 6 à 8 minutes de chaque côté, ou jusqu'à ce qu'ils soient bien dorés et bien cuits.

Une fois cuites, transférez les poitrines de poulet dans un plat et couvrez-les de papier d'aluminium pour les garder au chaud.

Disposer les asperges autour du poulet dans la poêle et faire sauter pendant quelques minutes pour absorber les saveurs résiduelles.

Servir le poulet aux herbes avec des asperges en plat principal, garni d'herbes fraîches.

Vous pouvez enrichir la marinade de poulet avec d'autres épices ou herbes aromatiques de votre choix, comme du paprika doux, de la poudre de piment ou du gingembre fraîchement râpé. De plus, vous pouvez ajouter un filet de jus de citron supplémentaire avant de servir pour une touche de fraîcheur.

Espadon grillé à la sauce tomate

Ingrédients:

- 2 tranches d'espadon;
- 4 tomates mûres;
- 2 gousses d'ail hachées;
- Basilic frais;
- Huile d'olive;
- Sel et poivre.

Méthode:

Préparez la sauce tomate: Épluchez et hachez les tomates fraîches, puis placez-les dans un bol. Ajouter l'ail haché, quelques feuilles de basilic frais déchirées à la main, une pincée de sel et de poivre et un filet d'huile d'olive. Bien mélanger pour combiner les ingrédients. Laisser reposer au moins 15 minutes pour permettre aux saveurs de se développer.

Faites chauffer un gril ou une poêle antiadhésive.

Badigeonnez légèrement les tranches d'espadon avec un peu d'huile d'olive des deux côtés, puis assaisonnez avec du sel et du poivre.

Placer l'espadon sur le gril ou dans la poêle antiadhésive et cuire environ 3-4 minutes de chaque côté, ou jusqu'à ce qu'il soit bien cuit et qu'une légère croûte se forme.

Une fois cuit, transférer l'espadon dans une assiette de service.

Verser la sauce tomate préalablement préparée sur l'espadon grillé.

Décorez de quelques feuilles de basilic frais et servez aussitôt.

Si vous préférez une sauce tomate plus épaisse, vous pouvez mixer brièvement les tomates au mixeur avant de les assaisonner avec l'ail, le basilic, le sel et le poivre. Vous pouvez également enrichir la sauce tomate en ajoutant des olives noires tranchées ou des câpres pour une touche de saveur méditerranéenne.

Bouchées de dinde sauce yaourt et moutarde

Ingrédients:

- 300 g de bouchées de dinde;
- 150 g de yaourt grec;
- 2 cuillères à soupe de moutarde;
- Jus d'un demi-citron;
- Persil frais haché;
- Sel et poivre;
- Huile d'olive.

Méthode:

Dans un bol, mélanger le yogourt grec, la moutarde et le jus de citron jusqu'à obtenir une sauce onctueuse. Ajuster la saveur avec du sel et du poivre au goût.

Ajouter les nuggets de dinde dans la sauce au yogourt et bien mélanger pour s'assurer qu'ils sont bien enrobés.

Faire mariner les nuggets de dinde dans la sauce pendant au moins 30 minutes au réfrigérateur pour absorber les saveurs.

Faire chauffer une poêle anti-adhésive légèrement graissée d'huile d'olive.

Ajouter les bouchées de dinde marinées dans la poêle et cuire à feu moyen-élevé pendant environ 8 à 10 minutes, en les retournant de temps en temps, jusqu'à ce qu'elles soient bien cuites et dorées.

Une fois cuites, transférez les bouchées de dinde dans un plat de service et saupoudrez-les de persil frais haché pour une touche de fraîcheur.

Servez les bouchées de dinde dans une sauce au yaourt et à la moutarde en deuxième plat principal, en les accompagnant d'accompagnements de votre choix, comme une salade de légumes ou des courgettes grillées.

La sauce moutarde-yaourt donne aux bouchées de dinde une saveur crémeuse et légèrement acidulée. Si vous préférez une sauce plus douce, vous pouvez réduire la quantité de moutarde ou utiliser une moutarde plus douce.

Saumon poêlé aux épinards sautés

Ingrédients:

- 2 filets de saumon;
- Sel et poivre;
- Jus de citron;
- Huile d'olive;
- 200 g d'épinards frais;
- ail haché;
- Graines de sésame (facultatif).

Méthode:

Commencez par préparer le saumon. Lavez les filets de saumon sous l'eau froide et tapotez-les délicatement avec du papier absorbant pour éliminer tout excès d'humidité.

Assaisonnez les filets de saumon des deux côtés avec du sel, du poivre et du jus de citron.

Faire chauffer une poêle antiadhésive avec un filet d'huile d'olive à feu moyen-vif.

Déposer les filets de saumon dans la poêle côté peau vers le bas. Cuire 4-5 minutes, jusqu'à ce que la peau soit croustillante.

Retourner délicatement les filets de saumon et cuire 3 à 4 minutes supplémentaires sur le côté opposé, ou jusqu'à ce que le saumon soit cuit jusqu'au point désiré.

Pendant ce temps, dans une autre poêle, faites chauffer un peu d'huile d'olive et ajoutez l'ail haché. Frire quelques secondes jusqu'à ce que l'ail commence à sentir.

Ajouter les épinards frais dans la poêle et cuire à feu moyen-élevé, en remuant constamment, jusqu'à ce qu'ils soient flétris et réduits en volume.

Assaisonner les épinards avec du sel et du poivre au goût.

Disposez les épinards sautés sur un plat de service et disposez dessus les filets de saumon cuits.

Si désiré, saupoudrer le tout de graines de sésame pour donner une touche croustillante et décorative.

Servir le saumon poêlé avec des épinards sautés en deuxième plat principal. Il peut être accompagné d'un accompagnement de légumes vapeur ou d'une salade composée

Cette recette offre une combinaison saine et savoureuse de saumon riche en oméga-3 et d'épinards nutritifs. Assurez-vous de cuire le saumon au bon point pour éviter qu'il ne soit trop sec.

Boulettes de viande mélangées au four

Ingrédients:

- 300 g de viande hachée mixte (bœuf et porc, ou bœuf et poulet);
- 1 oeuf;
- 2 cuillères à soupe de chapelure;
- 1 gousse d'ail hachée;
- 2 cuillères à soupe de persil frais haché;
- Sel et poivre;
- Huile d'olive.

Méthode:

Préchauffer le four à 180°C.

Dans un bol, mélanger le bœuf haché, l'œuf, la chapelure, l'ail haché, le persil, le sel et le poivre. Bien mélanger jusqu'à l'obtention d'un mélange homogène.

Former des galettes de taille uniforme en utilisant les mains légèrement humides pour éviter que le mélange ne colle.

Disposer les boulettes de viande sur une plaque à pâtisserie légèrement graissée d'huile d'olive.

Cuire les galettes dans le four préchauffé pendant environ 20-25 minutes, ou jusqu'à ce qu'elles soient bien cuites et légèrement dorées.

Une fois cuites, laissez refroidir légèrement les boulettes avant de servir.

Les boulettes de viande mélangées cuites au four peuvent être servies comme deuxième plat principal, accompagnées d'une sauce tomate légère ou d'accompagnements de votre choix, comme une salade composée ou des légumes cuits à la vapeur.

Ces boulettes de viande mélangées cuites au four sont une alternative plus légère aux boulettes de viande frites. L'association de différentes viandes apporte saveur et texture au plat. Il est conseillé de vérifier la cuisson des boulettes de viande pour s'assurer qu'elles sont complètement cuites avant de servir.

Salade de crevettes aux concombres et tomates cerises

Ingrédients:

- 200 g de crevettes décortiquées et nettoyées;
- 1 concombre, tranché finement;
- 200 g de tomates cerises coupées en deux;
- 1 cuillère à soupe de jus de citron;
- 2 cuillères à soupe d'huile d'olive extra vierge;
- Sel et poivre;
- Persil frais haché (facultatif).

Méthode:

Dans une casserole, porter à ébullition de l'eau salée. Ajoutez les crevettes et faites-les cuire environ 2-3 minutes, jusqu'à ce qu'elles soient roses et bien cuites. Égouttez-les et laissez-les refroidir.

Dans un grand bol, mélanger les crevettes, les tranches de concombre et les tomates cerises coupées en deux.

Dans un petit bol, préparer la vinaigrette en mélangeant le jus de citron, l'huile d'olive, le sel et le poivre. Verser la vinaigrette sur la salade de crevettes et de verdure et remuer délicatement pour bien répartir la vinaigrette.

Si vous voulez une touche de fraîcheur et de couleur, vous pouvez ajouter du persil frais haché à la salade.

Laisser reposer la salade au réfrigérateur pendant au moins 30 minutes, afin que les saveurs se mélangent bien.

Avant de servir, assurez-vous que la salade est froide. Vous pouvez décorer avec quelques feuilles de persil frais.

La salade de crevettes aux concombres et tomates cerises est prête à être dégustée en entrée fraîche et légère ou en plat principal.

Poitrine de poulet farcie au fromage léger et aux épinards

Ingrédients:

- 2 poitrines de poulet sans peau;
- 100 g de fromage léger en tranches (par exemple, fromage frais léger ou mozzarella légère);
- 100 g d'épinards frais, lavés et hachés;
- 1 gousse d'ail, hachée;
- 1 cuillère à soupe d'huile d'olive extra vierge;
- Sel et poivre;
- Brochettes ou cure-dents pour fermer les poitrines de poulet.

Méthode:

Préchauffer le four à 180°C.

Préparez la garniture: Dans une poêle, faites chauffer l'huile d'olive et ajoutez l'ail haché. Faites-le revenir légèrement.

Ajouter les épinards hachés dans la poêle et cuire jusqu'à ce qu'ils soient flétris et réduits.

Retirer la casserole du feu et laisser refroidir légèrement les épinards.

Préparez les poitrines de poulet: avec un couteau bien aiguisé, faites une longue entaille profonde dans un côté de chaque poitrine de poulet, en créant une poche pour la farce.

Garnir chaque poitrine de poulet d'une tranche de fromage léger et d'une portion d'épinards cuits. Fermer la poche avec les piques à brochette ou les cure-dents pour éviter que la garniture ne s'échappe pendant la cuisson.

Assaisonner les poitrines de poulet avec du sel et du poivre des deux côtés.

Disposer les poitrines de poulet sur une plaque à pâtisserie recouverte de papier sulfurisé et cuire au four préchauffé pendant environ 20 à 25 minutes, ou jusqu'à ce que le poulet soit bien cuit et que le fromage soit fondu.

Sortez les poitrines de poulet du four et laissez-les reposer quelques minutes avant de servir.

Vous pouvez accompagner la poitrine de poulet farcie de fromage léger et d'épinards avec des accompagnements de votre choix, comme des légumes vapeur ou une salade composée.

Assurez-vous toujours de cuire complètement le poulet jusqu'à ce que la température interne atteigne au moins 75 °C pour assurer la sécurité alimentaire.

Filets de cabillaud à la crème de poireaux

Ingrédients:

- 2 filets de cabillaud;
- 2 poireaux, seulement la partie blanche;
- 1/2 tasse de bouillon de poisson ou de légumes;
- 1/2 tasse de lait écrémé;
- 1 cuillère à soupe d'huile d'olive extra vierge;
- Sel et poivre;
- Persil frais haché (facultatif) pour la garniture.

Méthode:

Couper les poireaux en fines tranches.

Dans une poêle antiadhésive, chauffer l'huile d'olive à feu moyen.

Ajouter les poireaux et les cuire environ 5 minutes, jusqu'à ce qu'ils soient tendres.

Ajouter le bouillon de poisson ou de légumes et le lait dans la poêle avec les poireaux. Porter à ébullition et laisser cuire encore 5 minutes.

Mixer la crème de poireaux au mixeur plongeant ou la passer au mixeur traditionnel pour obtenir une texture veloutée. Assaisonnez de sel et de poivre selon votre goût.

Dans une poêle à part, faire chauffer un filet d'huile d'olive et cuire les filets de cabillaud des deux côtés jusqu'à ce qu'ils soient dorés et se défassent facilement à la fourchette. Assaisonnez de sel et de poivre selon votre goût.

Versez la crème de poireaux dans des assiettes individuelles et disposez dessus les filets de cabillaud.

Garnir de persil frais haché, si désiré.

Servir les filets de cabillaud avec la crème de poireaux chaude.

Vous pouvez accompagner ce plat d'accompagnements de votre choix, comme des légumes vapeur ou une salade composée.

Sole meunière aux petits pois

Ingrédients:

- 2 filets de sole;
- 200 g de petits pois frais ou surgelés;
- 2 cuillères à soupe de farine;
- 2 cuillères à soupe de beurre;
- Jus de 1 citron;
- Sel et poivre;
- Persil frais haché pour la garniture.

Méthode:

Nettoyez les filets de sole en enlevant les arêtes et la peau.

Dans une poêle antiadhésive, faire fondre le beurre à feu moyen.

Enrober les filets de sole de farine en les secouant légèrement pour enlever l'excédent.

Ajouter les filets de sole dans la poêle avec le beurre fondu et cuire 2-3 minutes des deux côtés, jusqu'à ce qu'ils soient dorés.

Retirer les filets de sole de la poêle et réserver.

Dans la même poêle, ajouter les petits pois et cuire 3 à 4 minutes, jusqu'à ce qu'ils soient tendres.

Ajouter le jus de citron aux pois et bien mélanger.

Remettre les filets de sole dans la poêle avec les petits pois et cuire encore 2 à 3 minutes, jusqu'à ce que les filets soient bien cuits et que les saveurs se mélangent.

Assaisonnez de sel et de poivre selon votre goût.

Transférer la sole et les petits pois dans un plat de service et garnir de persil frais haché.

Servir chaud la sole meunière aux petits pois.

Vous pouvez accompagner ce plat d'une portion de légumes vapeur ou d'une salade composée pour le rendre plus complet.

RECETTES DE DEUXIÈME PLAT

PHASE DE CONSOLIDATION

Veau aux amandes et artichauts

Ingrédients:

- 300 g de veau en fines tranches;
- 4 artichauts frais;
- 50 g d'amandes moulues;
- Jus de 1 citron;
- 2 cuillères à soupe d'huile d'olive;
- Sel et poivre;
- Persil frais haché pour la garniture.

Méthode:

Nettoyez les artichauts en enlevant les feuilles extérieures les plus dures et la barbe intérieure. Coupez-les en fines tranches et mettez-les dans un bol avec de l'eau et du jus de citron pour éviter qu'ils ne s'oxydent.

Dans une poêle antiadhésive, chauffer l'huile d'olive à feu moyen-vif.

Ajoutez les tranches de veau dans la poêle et faites-les cuire 2-3 minutes des deux côtés, jusqu'à ce qu'elles soient dorées.

Retirez les tranches de veau de la poêle et mettez-les de côté.

Dans la même poêle, ajouter les artichauts égouttés et cuire 5-6 minutes, jusqu'à ce qu'ils soient tendres.

Ajouter la poudre d'amandes aux artichauts et bien mélanger.

Remettre les tranches de veau dans la poêle avec les artichauts et cuire encore 2-3 minutes, jusqu'à ce que tout soit bien mélangé.

Assaisonnez de sel et de poivre selon votre goût.

Transférer le veau aux amandes avec les artichauts dans un plat de service et garnir de persil frais haché.

Servir le plat chaud avec une portion de légumes vapeur ou une salade d'accompagnement.

Vous pouvez ajuster la quantité d'amandes à votre goût pour obtenir le goût désiré.

Poisson au four avec sauce au citron et persil

Ingrédients:

- 4 filets de poisson (ex. cabillaud, bar, sole);
- Jus de 2 citrons;
- Zeste râpé de 1 citron;
- 2 cuillères à soupe d'huile d'olive;
- 2 gousses d'ail, hachées;
- Persil frais haché;
- Sel et poivre.

Méthode:

Préchauffer le four à 200°C.

Dans un bol, mélanger le jus de citron, le zeste de citron râpé, l'huile d'olive, l'ail haché, le persil frais, le sel et le poivre.

Disposer les filets de poisson sur une plaque allant au four légèrement graissée d'huile d'olive.

Versez la sauce citron-persil sur les filets de poisson en veillant à bien les couvrir.

Couvrir le plat de papier d'aluminium et cuire environ 15 à 20 minutes, ou jusqu'à ce que le poisson soit tendre et se défasse facilement à la fourchette.

Retirer le papier d'aluminium et cuire encore 5 minutes ou jusqu'à ce que le poisson soit légèrement doré en surface.

Sortez le poisson du four et servez-le chaud en le garnissant de quelques feuilles de persil frais.

Accompagnez le poisson d'accompagnements de votre choix, comme des légumes cuits à la vapeur ou une salade composée fraîche.

Vous pouvez varier la quantité de citron et de persil selon vos goûts personnels. Assurez-vous d'utiliser des filets de poisson frais de haute qualité pour obtenir la meilleure saveur.

Poulet Cacciatore aux tomates cerises et olives

Ingrédients:

- 4 poitrines de poulet;
- 1 oignon, tranché finement;
- 2 gousses d'ail, hachées;
- 200 g de tomates cerises coupées en deux;
- 100 g d'olives noires dénoyautées;
- 1 brin de romarin frais;
- 1 brin de thym frais;
- 1 feuille de laurier;
- 1/2 tasse (120 ml) de vin blanc sec;
- 1/2 tasse (120 ml) de bouillon de poulet;
- 2 cuillères à soupe d'huile d'olive;
- Sel et poivre.

Méthode:

Chauffer l'huile d'olive dans une grande poêle à feu moyen-vif.

Ajouter les poitrines de poulet et les faire dorer des deux côtés jusqu'à ce qu'elles soient légèrement dorées. Retirer le poulet de la poêle et réserver.

Dans la même poêle, ajouter l'oignon et l'ail hachés. Cuire jusqu'à ce qu'ils soient tendres et translucides.

Ajouter les tomates cerises, les olives, le romarin, le thym et le laurier. Bien mélanger.

Versez le vin blanc et laissez cuire quelques minutes, jusqu'à ce que l'alcool s'évapore légèrement.

Ajouter le bouillon de volaille, saler et poivrer. Remuer et porter à ébullition.

Réduire le feu à moyen-doux et remettre les poitrines de poulet dans la poêle.

Couvrir la casserole avec un couvercle et cuire environ 20 à 25 minutes, ou jusqu'à ce que le poulet soit bien cuit et juteux.

Retirer le couvercle et laisser mijoter encore quelques minutes, jusqu'à ce que la sauce réduise et épaississe légèrement.

Retirer la feuille de laurier et servir le poulet cacciatore chaud, garni d'un peu de romarin frais.

Vous pouvez accompagner le poulet cacciatore avec des accompagnements tels que des pommes de terre au four ou des légumes grillés.

Cette recette peut convenir à la phase de consolidation du régime Dukan, car elle contient certains ingrédients comme le vin blanc et les olives. Assurez-vous d'adapter les portions et les ingrédients en fonction de vos besoins alimentaires spécifiques.

Saumon grillé aux légumes croquants

Ingrédients:

- 4 filets de saumon;
- 1 courgette, tranchée finement;
- 1 poivron rouge, coupé en fines lanières;
- 1 poivron jaune, coupé en fines lanières;
- 1 carotte, tranchée finement;
- 1 oignon rouge, tranché;
- Jus de 1 citron;
- Huile d'olive vierge extra;
- Sel et poivre;
- Herbes aromatiques au goût (thym, romarin, persil).

Méthode:

Préchauffer le gril du four.

Rendre les légumes croquants. Dans un bol, mélanger les tranches de courgettes, les lanières de poivrons rouges et jaunes, les tranches de carottes et l'oignon émincé. Assaisonnez avec de l'huile d'olive, du jus de citron, du sel, du poivre et des herbes aromatiques choisies. Bien mélanger pour bien répartir les épices.

Badigeonner les filets de saumon d'un peu d'huile d'olive et assaisonner de sel et de poivre.

Placer les filets de saumon sur la grille du four et cuire environ 10 à 12 minutes en les retournant à mi-cuisson, jusqu'à ce que la chair du saumon soit tendre et se défasse facilement à la fourchette.

Pendant la cuisson du saumon, déposer les légumes croustillants sur une plaque à pâtisserie recouverte de papier sulfurisé.

Placez la casserole avec les légumes croquants sous le gril du four et faites cuire pendant environ 8-10 minutes, en retournant les légumes à mi-cuisson, jusqu'à ce qu'ils soient tendres et légèrement dorés.

Une fois prêt, servez le saumon grillé accompagné de légumes croquants.

Vous pouvez garnir le plat avec du jus de citron frais et des herbes supplémentaires si vous le souhaitez.

Poitrine de dinde aux poivrons et courgettes

Ingrédients:

- 4 tranches de poitrine de dinde;
- 1 poivron rouge, coupé en lanières;
- 1 poivron jaune, coupé en lanières;
- 2 courgettes, coupées en rondelles;
- 1 oignon rouge, tranché;
- 2 cuillères d'huile d'olive extra vierge;
- Sel et poivre;
- 1 cuillère à café de paprika doux;
- Jus de 1 citron.

Méthode:

Faites chauffer une poêle antiadhésive à feu moyen-vif avec une cuillère à soupe d'huile d'olive.

Ajoutez les tranches de poitrine de dinde dans la poêle et faites-les cuire environ 4 à 5 minutes de chaque côté, jusqu'à ce qu'elles soient bien cuites et qu'une croûte dorée se forme. Déglacer avec le jus de citron et transférer la dinde dans une assiette.

Dans la même poêle, ajouter une autre cuillère à soupe d'huile d'olive et ajouter les lanières de poivron, les rondelles de courgette et l'oignon émincé. Cuire les légumes environ 8 à 10 minutes, en remuant de temps en temps, jusqu'à ce qu'ils soient tendres et légèrement caramélisés.

Ajouter le paprika doux aux légumes, bien mélanger et cuire encore 2-3 minutes. Remettre les tranches de dinde dans la poêle avec les légumes et remuer doucement pour mélanger les saveurs. Laisser cuire quelques minutes pour permettre à la dinde de parfumer avec les légumes.

Assaisonnez de sel et de poivre selon votre goût.

Transférer la poitrine de dinde avec les poivrons et les courgettes dans un plat de service et servir chaud.

Cabillaud en croûte d'herbes aromatiques

Ingrédients:

- 4 filets de cabillaud;
- 2 cuillères à soupe de persil frais haché;
- 1 cuillère à soupe de thym frais haché;
- 1 cuillère à soupe de romarin frais haché;
- 1 gousse d'ail, hachée;
- 2 cuillères à soupe de chapelure;
- Jus de 1 citron;
- Sel et poivre;
- 2 cuillères à soupe d'huile d'olive extra vierge.

Méthode:

Préchauffer le four à 200°C.

Dans un bol, mélanger le persil, le thym, le romarin, l'ail, la chapelure, le jus de citron, le sel et le poivre.

Badigeonnez les filets de cabillaud d'huile d'olive des deux côtés.

Prendre le mélange herbes-chapelure et le répartir uniformément sur les filets de cabillaud en appuyant légèrement pour faire adhérer la croûte.

Transférer les filets de morue sur une plaque à pâtisserie recouverte de papier cuisson et cuire au four préchauffé pendant environ 15 à 20 minutes, ou jusqu'à ce que le poisson soit bien cuit et que la croûte soit dorée et croustillante.

Sortir le cabillaud du four en croûte d'herbes aromatiques et le servir bien chaud.

Assurez-vous d'adapter les portions en fonction de vos besoins alimentaires spécifiques et de consulter les directives du régime Dukan concernant l'huile d'olive et les condiments autorisés.

Rôti de boeuf aux cèpes

Ingrédients:

- 800 g de rosbif de boeuf;
- 200 g de cèpes frais, tranchés;
- 2 gousses d'ail, hachées;
- 2 cuillères d'huile d'olive extra vierge;
- 1 brin de romarin frais;
- Sel et poivre.

Méthode:

Préchauffer le four à 180°C.

Faire chauffer une poêle antiadhésive à feu moyen-vif et ajouter l'huile d'olive.

Ajouter les gousses d'ail hachées et les cèpes émincés. Faire revenir quelques minutes jusqu'à ce que les champignons ramollissent et libèrent leur liquide.

Retirez les champignons de la poêle et mettez-les de côté.

Faire revenir le rosbif dans la même poêle pendant environ 2-3 minutes de chaque côté pour sceller la viande et obtenir une croûte dorée.

Transférer le rosbif sur une plaque à pâtisserie et parsemer les cèpes dessus. Ajouter la branche de romarin frais.

Faites cuire le rosbif au four préchauffé pendant environ 20 à 25 minutes pour une cuisson mi-saignante, ou prolongez le temps de cuisson selon vos préférences de cuisson de la viande.

Sortez le rosbif du four avec les cèpes et laissez-le reposer quelques minutes avant de le trancher.

Coupez le rôti en tranches et servez-le chaud avec les cèpes en accompagnement.

Assurez-vous d'adapter les portions en fonction de vos besoins alimentaires spécifiques et de consulter les directives du régime Dukan concernant l'huile d'olive et les condiments autorisés.

Pain de viande au poulet avec fromage cottage et épinards

Ingrédients:

- 500 g de viande hachée de poulet;
- 150 g de fromage frais;
- 100 g d'épinards frais, bouillis et pressés;
- 1 oeuf;
- 2 cuillères à soupe de son d'avoine;
- 2 gousses d'ail, hachées;
- Sel et poivre;
- Herbes aromatiques au goût (persil, thym, origan)

Méthode:

Préchauffer le four à 180°C.

Dans un bol, mélanger le poulet haché, le fromage cottage émietté, les épinards bouillis et pressés, l'œuf, le son d'avoine, les gousses d'ail hachées et les herbes. Bien mélanger jusqu'à obtenir un mélange homogène.

Assaisonnez de sel et de poivre selon votre goût.

Transférer le mélange de poulet sur une plaque à pâtisserie légèrement huilée et façonner le pain de viande dans la forme désirée.

Cuire au four préchauffé pendant environ 40 à 45 minutes ou jusqu'à ce que le pain de viande de poulet soit bien cuit et doré à la surface.

Une fois cuit, laisser reposer le pain de viande quelques minutes avant de le trancher et de le servir.

Le son d'avoine est utilisé comme substitut de la chapelure traditionnelle. Assurez-vous d'adapter les portions en fonction de vos besoins alimentaires spécifiques et de consulter les directives du régime Dukan concernant l'huile d'olive et les condiments autorisés.

Steak de veau sauce moutarde et herbes

Ingrédients:

- 1 steak de veau (environ 200 g);
- 2 cuillères à soupe de moutarde de Dijon;
- 1 cuillère à soupe d'herbes aromatiques hachées (persil, thym, romarin);
- Jus de 1/2 citron;
- Sel et poivre;
- Huile d'olive.

Méthode:

Préchauffer un gril ou une poêle antiadhésive à feu moyen-vif.

Assaisonner le steak de veau avec du sel et du poivre des deux côtés.

Badigeonner les deux côtés du steak avec de la moutarde de Dijon.

Saupoudrer les herbes hachées sur le steak, en appuyant légèrement pour faire adhérer.

Arroser le steak de jus de citron pour ajouter une touche d'acidité.

Badigeonnez légèrement le gril ou la poêle d'un filet d'huile d'olive.

Cuire le steak de veau environ 4-5 minutes de chaque côté, ou jusqu'à la cuisson désirée. Si vous préférez une viande plus bien cuite, prolongez le temps de cuisson de quelques minutes.

Une fois cuit, transférez le steak dans une assiette et laissez-le reposer quelques minutes avant de le trancher.

Vous pouvez servir le steak de veau avec le reste de sauce moutarde aux herbes en surface comme condiment supplémentaire.

Assurez-vous d'adapter les portions en fonction de vos besoins alimentaires spécifiques et de consulter les directives du régime Dukan concernant l'huile d'olive et les condiments autorisés.

Boulettes de poisson mélangées à la vapeur

Ingrédients:

- 250 g de filets de cabillaud;
- 250 g de filets de saumon;
- 1 oeuf;
- 1 gousse d'ail finement hachée;
- 2 cuillères à soupe de chapelure;
- 2 cuillères à soupe de persil frais haché;
- Sel et poivre;
- Jus de citron (facultatif);
- Huile d'olive pour graisser le cuiseur vapeur.

Méthode:

Hacher finement les filets de cabillaud et de saumon au couteau ou à l'aide d'un robot culinaire.

Dans un bol, mélanger le poisson haché, l'œuf, l'ail, la chapelure, le persil, le sel et le poivre. Bien mélanger jusqu'à obtenir un mélange homogène.

Prenez de petites portions de pâte et formez des boulettes de viande avec vos mains.

Graissez légèrement le cuiseur vapeur avec de l'huile d'olive pour éviter que les boulettes de viande ne collent.

Disposez les boulettes de viande dans le cuiseur vapeur en veillant à laisser suffisamment d'espace entre elles pour une cuisson homogène.

Couvrez le cuiseur vapeur et faites cuire les boulettes de viande à la vapeur pendant environ 15 à 20 minutes, ou jusqu'à ce qu'elles soient bien cuites et fermes.

Vous pouvez vérifier si les boulettes sont cuites en insérant un cure-dent au centre: s'il ressort propre et que les boulettes sont fermes, elles sont prêtes.

Retirez les boulettes de poisson mélangées cuites à la vapeur du four et laissez-les refroidir légèrement.

Vous pouvez servir les boulettes de poisson mélangées avec un filet de jus de citron frais si vous le souhaitez.

Assurez-vous d'adapter les portions à vos besoins alimentaires spécifiques et consultez les directives du régime Dukan concernant l'assaisonnement et les ingrédients autorisés.

RECETTES DE DEUXIÈME PLAT

PHASE DE STABILISATION

Saumon mariné sauce yaourt et herbes aromatiques

Ingrédients:

- 2 filets de saumon frais;
- Jus de 1 citron;
- Zeste râpé de 1 citron;
- 2 cuillères à soupe d'huile d'olive;
- Sel et poivre;
- 1 tasse de yogourt grec;
- 1 gousse d'ail finement hachée;
- 2 cuillères à soupe d'herbes aromatiques hachées (persil, basilic, ciboulette, menthe);
- Sel et poivre.

Méthode:

Dans un bol, préparer la marinade pour le saumon en mélangeant le jus de citron, le zeste de citron râpé, l'huile d'olive, le sel et le poivre.

Disposer les filets de saumon sur une plaque allant au four et verser la marinade dessus. Assurez-vous que le saumon est bien enrobé de tous les côtés. Laisser mariner au réfrigérateur pendant au moins 30 minutes, de préférence 1 à 2 heures.

Pendant ce temps, préparez la trempette au yogourt en mélangeant le yogourt grec, l'ail haché et les herbes. Assaisonnez de sel et de poivre selon votre goût.

Préchauffer le gril ou une poêle antiadhésive.

Égoutter la marinade du saumon et cuire sur le gril ou dans la poêle environ 4 à 5 minutes de chaque côté, ou jusqu'à ce qu'il soit bien cuit et légèrement doré.

Sortez le saumon du four et servez-le avec la sauce au yaourt et les herbes aromatiques. Vous pouvez ajouter un filet de jus de citron frais et une pincée de poivre noir moulu pour une touche de saveur supplémentaire.

Assurez-vous d'adapter les portions à vos besoins alimentaires spécifiques et consultez les directives du régime Dukan concernant les ingrédients autorisés.

Filet de poulet citronné aux asperges

Ingrédients:

- 2 filets de poitrine de poulet;
- Jus de 1 citron;
- Zeste râpé de 1 citron;
- 2 cuillères à soupe d'huile d'olive;
- Sel et poivre;
- 1 botte d'asperges fraîches;
- 2 gousses d'ail finement hachées;
- Persil frais haché, pour la garniture (facultatif).

Méthode:

Dans un bol, mélanger le jus de citron, le zeste de citron râpé, l'huile d'olive, le sel et le poivre pour préparer la marinade.

Ajouter les filets de poitrine de poulet à la marinade et s'assurer qu'ils sont bien enrobés. Laisser mariner au réfrigérateur pendant au moins 30 minutes.

Pendant ce temps, lavez les asperges et coupez la partie ligneuse de la tige. Si les asperges sont très épaisses, vous pouvez les peler légèrement.

Chauffer une poêle antiadhésive à feu moyen-élevé et ajouter les asperges et l'ail haché. Cuire de 5 à 7 minutes ou jusqu'à ce que les asperges soient tendres mais croquantes. Retirer les asperges de la poêle et réserver.

Dans la même poêle, ajouter les filets de poulet marinés et cuire environ 6 à 8 minutes de chaque côté, ou jusqu'à ce qu'ils soient dorés et bien cuits.

Retirez le poulet de la poêle et laissez-le reposer quelques minutes.

Servir le filet de poulet avec des asperges à côté. Vous pouvez décorer de persil frais haché si vous le souhaitez.

Assurez-vous d'adapter les portions à vos besoins alimentaires spécifiques et consultez les directives du régime Dukan concernant les ingrédients autorisés.

Espadon grillé accompagné de légumes

Ingrédients:

- 2 filets d'espadon;
- Jus de 1 citron;
- 2 cuillères à soupe d'huile d'olive;
- Sel et poivre;
- 1 courgette, tranchée finement;
- 1 poivron rouge, coupé en lanières;
- 1 oignon rouge, tranché;
- 2 cuillères à soupe de vinaigre de cidre de pomme;
- Persil frais haché, pour la garniture (facultatif).

Méthode:

Dans un bol, mélanger le jus de citron, l'huile d'olive, le sel et le poivre pour préparer la marinade.

Placer les filets d'espadon dans la marinade et s'assurer qu'ils sont bien enrobés. Laisser mariner au réfrigérateur pendant au moins 30 minutes.

Pendant ce temps, préparez l'accompagnement de légumes. Chauffer une poêle antiadhésive à feu moyen-élevé et ajouter les tranches de courgettes, les lanières de poivron et l'oignon émincé. Cuire les légumes environ 5 à 7 minutes, ou jusqu'à ce qu'ils soient tendres mais croustillants. Ajouter le vinaigre de cidre de pomme et cuire encore 2 minutes. Retirez les légumes de la poêle et mettez-les de côté.

Chauffer un gril ou une poêle à griller à feu moyen-vif. Retirer les filets d'espadon de la marinade et cuire environ 4 à 5 minutes de chaque côté, ou jusqu'à ce que le poisson soit bien cuit et doré.

Servir l'espadon grillé avec l'accompagnement de légumes à côté. Vous pouvez décorer de persil frais haché si vous le souhaitez.

Assurez-vous d'adapter les portions à vos besoins alimentaires spécifiques et consultez les directives du régime Dukan concernant les ingrédients autorisés.

Poulet Grillé avec Salade Mixte

Ingrédients:

- 2 poitrines de poulet;
- Jus de 1 citron;
- 2 cuillères à soupe d'huile d'olive;
- Sel et poivre;
- 1 laitue, coupée en morceaux;
- 1 concombre, tranché;
- 1 tomate, coupée en dés;
- 1 carotte, râpée;
- 1 oignon rouge, tranché finement;
- 2 cuillères à soupe de vinaigre de cidre de pomme;
- Persil frais haché, pour la garniture (facultatif).

Méthode:

Préparez une marinade pour votre poulet en mélangeant le jus de citron, l'huile d'olive, le sel et le poivre dans un bol. Ajouter les poitrines de poulet et laisser mariner au réfrigérateur pendant au moins 30 minutes.

Pendant ce temps, préparez la salade composée. Dans un grand bol, mélanger la laitue, le concombre, la tomate, la carotte et l'oignon rouge.

Préparez le gril ou la lèchefrite et faites cuire les poitrines de poulet marinées pendant environ 6 à 8 minutes de chaque côté, ou jusqu'à ce qu'elles soient bien cuites et que de belles stries grillées se soient formées.

Ajouter le vinaigre de cidre de pomme à la salade composée et bien mélanger.

Servir le poulet grillé accompagné de la salade composée. Vous pouvez décorer de persil frais haché si vous le souhaitez.

Escalopes de dinde aux cèpes

Ingrédients:

- 4 tranches de poitrine de dinde;
- 200 g de cèpes frais, tranchés;
- 2 cuillères à soupe d'huile d'olive;
- 1 gousse d'ail finement hachée;
- Persil frais haché;
- Jus de 1/2 citron;
- Sel et poivre.

Méthode:

Faire chauffer l'huile d'olive dans une poêle antiadhésive à feu moyen-vif.

Ajouter les escalopes de dinde et les cuire environ 3 à 4 minutes de chaque côté, jusqu'à ce qu'elles soient dorées et bien cuites. Retirez les pétoncles de la poêle et mettez-les de côté.

Dans la même poêle, ajouter les cèpes émincés et l'ail émincé. Cuire environ 5-6 minutes, jusqu'à ce que les champignons soient ramollis et libèrent leur liquide.

Ajouter le jus de citron et le persil haché aux champignons. Assaisonnez avec du sel et du poivre selon votre goût. Bien mélanger.

Remettre les escalopes de dinde dans la poêle avec les champignons et cuire encore 2 à 3 minutes pour laisser les saveurs se marier.

Transférer les escalopes de dinde et les cèpes dans un plat de service et servir chaud.

Poitrine de poulet farcie au fromage frais et jambon cuit

Ingrédients:

- 2 poitrines de poulet sans peau;
- 100 g de fromage frais (comme la mozzarella ou la ricotta);
- 4 tranches de jambon cuit;
- 1 cuillère à soupe d'huile d'olive;
- Sel et poivre.

Méthode:

Prenez une poitrine de poulet et faites une longue coupe horizontale au centre, sans la diviser complètement, pour créer une poche pour la farce. Répétez le même processus avec l'autre poitrine de poulet.

Garnir les poches des poitrines de poulet de fromage frais et les envelopper de tranches de jambon cuit.

Faire chauffer l'huile d'olive dans une poêle antiadhésive à feu moyen-vif.

Ajoutez les poitrines de poulet farcies dans la poêle et faites-les cuire environ 6 à 8 minutes de chaque côté, jusqu'à ce qu'elles soient dorées et bien cuites. Assurez-vous que le poulet atteint une température interne d'au moins 75°C.

Pendant la cuisson, vous pouvez saupoudrer un peu de sel et de poivre sur les poitrines de poulet si vous le souhaitez.

Retirez les poitrines de poulet farcies de la poêle et laissez-les reposer quelques minutes avant de servir. Couper les poitrines de poulet farcies en tranches et servir chaud comme deuxième plat.

Cabillaud cuit en papillote avec légumes vapeur

Ingrédients:

- 2 filets de cabillaud;
- 1 carotte, coupée en fines rondelles;
- 1 courgette, coupée en fines rondelles;
- 1 oignon, tranché;
- 1 gousse d'ail, hachée;
- Jus de citron;
- Sel et poivre;
- 2 feuilles de papier sulfurisé.

Méthode:

Préchauffer le four à 200°C.

Préparez les légumes: coupez la carotte, la courgette, l'oignon et l'ail en rondelles ou en petits morceaux.

Préparez deux feuilles de papier sulfurisé de taille appropriée pour envelopper les filets de cabillaud et les légumes.

Déposer un filet de cabillaud au centre de chaque feuille de papier sulfurisé.

Ajouter les légumes autour du filet de cabillaud. Assaisonnez de sel, poivre, jus de citron et d'un filet d'huile d'olive.

Bien refermer les paquets de papier sulfurisé en prenant soin de les sceller pour éviter que la vapeur ne s'échappe pendant la cuisson.

Placer les paquets de papier sulfurisé sur une plaque à pâtisserie et cuire environ 15 à 20 minutes, ou jusqu'à ce que la morue soit bien cuite et que les légumes soient tendres.

Sortez délicatement les papillotes du four et ouvrez-les délicatement en faisant attention à la vapeur chaude.

Transférer la morue et les légumes dans une assiette et servir chaud.

Assurez-vous d'adapter les portions à vos besoins alimentaires spécifiques et consultez les directives du régime Dukan concernant les ingrédients autorisés.

Steak de boeuf accompagné d'une petite salade

Ingrédients:

- 1 bifteck de surlonge, de taille adéquate;
- Sel et poivre;
- Huile d'olive;
- 1 citron, coupé en fines tranches;
- Salade mixte (laitue, roquette, radicchio);
- tomates cerises, coupées en deux;
- Oignon rouge, tranché finement;
- Vinaigrette (au choix).

Méthode:

Préchauffer un gril ou une poêle antiadhésive.

Assaisonner le steak de surlonge avec du sel, du poivre et un filet d'huile d'olive des deux côtés.

Placer le steak sur le gril ou dans la poêle chaude et cuire environ 4 à 5 minutes de chaque côté, ou jusqu'à la cuisson désirée. Vous pouvez ajuster le temps de cuisson en fonction de l'épaisseur du steak et de vos préférences personnelles.

Pendant que le steak cuit, préparez la salade mixte. Dans un bol, mélanger la laitue, les tomates cerises et l'oignon rouge émincé.

Assaisonnez la salade avec la vinaigrette choisie et mélangez bien.

Une fois le steak bien cuit, retirer du gril ou de la poêle et laisser reposer quelques minutes.

Couper le steak de bœuf en fines tranches.

Disposez les tranches de steak sur une assiette de service avec la salade mixte.

Garnir de quartiers de citron pour ajouter une touche de fraîcheur.

Servir le bifteck de surlonge avec une salade d'accompagnement et bon appétit.

Assurez-vous d'ajuster les portions et les garnitures en fonction de vos besoins alimentaires spécifiques et consultez les directives du régime Dukan concernant les ingrédients autorisés.

Boulettes de poisson au four avec sauce tomate

Ingrédients pour les boulettes de viande:

- 400 g de filets de poisson (saumon, cabillaud ou autre poisson au choix);
- 1 oeuf;
- 1 gousse d'ail finement hachée;
- 2 cuillères à soupe de persil frais, finement haché;
- 2 cuillères à soupe de chapelure (ou flocons d'avoine pour la version Dukan);
- Sel et poivre;
- Huile d'olive pour graisser la poêle.

Ingrédients pour la sauce tomate:

- 400 g de tomates pelées, hachées;
- 1 oignon finement haché;
- 2 cuillères à soupe d'huile d'olive;
- 1 gousse d'ail finement hachée;
- Sel et poivre;
- Basilic frais pour la décoration (facultatif).

Méthode:

Préchauffer le four à 180°C.

Dans un bol, hacher finement les filets de poisson avec un couteau bien aiguisé ou utiliser un mixeur pour obtenir une texture déchiquetée.

Ajouter l'œuf, l'ail haché, le persil, la chapelure (ou les flocons d'avoine), le sel et le poivre. Bien mélanger jusqu'à obtenir un mélange homogène.

Façonner des galettes de taille uniforme avec les mains légèrement humidifiées.

Graissez légèrement une plaque à pâtisserie avec de l'huile d'olive et placez les boulettes de viande sur la plaque à pâtisserie.

Cuire les boulettes de poisson dans un four préchauffé pendant environ 15 à 20 minutes ou jusqu'à ce qu'elles soient dorées et bien cuites au centre.

Pendant ce temps, préparez la sauce tomate. Dans une poêle, chauffer l'huile d'olive et ajouter l'oignon et l'ail hachés. Faire revenir légèrement jusqu'à ce que l'oignon soit translucide.

Ajouter les tomates pelées hachées, saler et poivrer. Cuire à feu moyen-doux pendant environ 10 à 15 minutes, en remuant de temps en temps, jusqu'à ce que vous ayez une sauce épaisse.

Réduisez la sauce tomate en purée dans un mélangeur ou utilisez un mélangeur à main pour obtenir une consistance lisse.

Versez la sauce tomate sur les boulettes de poisson cuites et remettez au four pendant 5 à 10 minutes supplémentaires.

Saupoudrer de basilic frais haché (si désiré) et servir les boulettes de poisson cuites au four avec la sauce tomate chaude.

Assurez-vous d'adapter les portions et les ingrédients à vos besoins alimentaires spécifiques et consultez les directives du regime Dukan concernant les ingrédients autorisés.

Veau aux poivrons et courgettes grillées

Ingrédients:

- 4 tranches de veau;
- 2 poivrons (de préférence de couleurs différentes), coupés en lanières;
- 2 courgettes, coupées en longues tranches;
- Jus de citron;
- Huile d'olive;
- Sel et poivre;
- Persil frais, haché (facultatif).

Méthode:

Préchauffer le gril ou une poêle antiadhésive.

Faire mariner les tranches de veau dans le jus de citron, l'huile d'olive, le sel et le poivre pendant au moins 15-20 minutes.

Pendant ce temps, préparez les légumes. Badigeonner les lanières de poivron et les tranches de courgette d'huile d'olive, de sel et de poivre.

Griller les tranches de veau pendant environ 2 à 3 minutes de chaque côté, ou jusqu'à ce qu'elles soient bien cuites et qu'elles aient développé une croûte dorée.

Faites également griller les lanières de poivron et les tranches de courgette jusqu'à ce qu'elles soient tendres et légèrement carbonisées, environ 2 à 3 minutes de chaque côté.

Une fois cuites, transférez les tranches de veau dans une assiette et couvrez-les d'un film plastique pour les garder au chaud.

Disposez les lanières de poivrons et les rondelles de courgettes grillées sur un plat de service.

Si désiré, saupoudrer de persil frais haché pour une note fraîche.

Disposez les tranches de veau sur les légumes grillés et servez immédiatement.

C ONCLUSIONS

Les principaux points abordés dans le livre

Le régime Dukan est une approche diététique structurée et stricte basée sur l'apport en protéines maigres et la restriction des glucides. Le Dukan Diet Book fournit des conseils détaillés sur la façon de suivre ce régime, offrant une variété de recettes et de plans de repas pour les différentes phases du programme.

Le livre promeut l'importance des protéines dans l'alimentation et fournit une méthode étape par étape pour réintroduire progressivement d'autres aliments au fil du temps. Il offre également des conseils sur la façon de maintenir votre poids et encourage le développement d'un mode de vie sain et actif.

Bien que le régime Dukan puisse être efficace pour perdre du poids et réduire les calories, il est important de prendre en compte vos besoins individuels et de consulter un professionnel de la santé avant de commencer tout régime alimentaire strict.

Rappelez-vous qu'une alimentation saine et équilibrée doit être basée sur la variété, l'équilibre et la modération. Choisissez des aliments frais et ne négligez pas l'importance des fruits, des légumes, des grains entiers et des graisses saines dans votre alimentation quotidienne. Adapter le régime alimentaire à vos préférences et besoins individuels est essentiel pour un parcours de perte de poids durable et durable.

Le Dukan Diet Book peut être une ressource utile pour ceux qui souhaitent suivre cette approche diététique particulière. Cependant, il est toujours conseillé de consulter un professionnel de la santé ou un nutritionniste avant d'entreprendre tout régime ou régime alimentaire, afin d'obtenir des conseils personnalisés et d'assurer un bien-être général.

conseils et encouragements pour les lecteurs qui veulent commencer le régime Dukan.

Pour ceux qui cherchent à se lancer dans le régime Dukan, voici quelques derniers conseils et quelques encouragements:

1. Bien s'informer: Avant d'entamer tout régime, il est important de bien se familiariser avec les règles, les phases et les recommandations du régime Dukan. Lisez attentivement le livre pour comprendre ses principes et comment le mettre en œuvre.
2. Préparez-vous mentalement: Le régime Dukan demande de l'engagement et de la détermination. Préparez-vous mentalement à relever le défi et apportez les changements nécessaires à votre alimentation.
3. Planifier les repas: préparez un plan de repas hebdomadaire pour avoir une vision claire de ce qu'il faut manger et planifier à l'avance. Assurez-vous d'avoir sous la main les ingrédients nécessaires pour éviter les tentations et les mauvais choix alimentaires.
4. Focus sur les protéines maigres: Les protéines maigres sont l'élément clé du régime Dukan. Assurez-vous d'inclure des sources de protéines de haute qualité telles que la viande maigre, le poisson, la volaille, les œufs et les produits laitiers faibles en gras. Explorez également des alternatives à base de plantes telles que le tofu, le seitan et les légumineuses.
5. Faites attention aux quantités: Bien que le régime Dukan soit basé sur la consommation de protéines, il est important de faire attention aux quantités et de ne pas en faire trop. Contrôlez les portions et essayez de garder un équilibre avec les légumes autorisés dans les différentes phases.

6. Maintenir l'hydratation: Buvez beaucoup d'eau tout au long de la journée pour hydrater le corps et favoriser un sentiment de satiété. L'eau joue un rôle fondamental dans le processus d'amincissement et contribue au bon fonctionnement de l'organisme.

7. Ajoutez du mouvement à votre routine: L'exercice régulier est important pour améliorer votre métabolisme, brûler des calories supplémentaires et maintenir une bonne forme physique. Trouvez une activité que vous aimez et qui correspond à votre style de vie, comme la marche, la natation, le yoga ou l'aérobic.

8. Cherchez du soutien: trouvez un réseau de soutien parmi vos amis, votre famille ou des groupes en ligne qui suivent le régime Dukan. Partager des expériences, des défis et des réussites avec d'autres personnes peut être très motivant et utile en cours de route.

9. Soyez patient et constant: Perdre du poids demande du temps et des efforts. Ne vous attendez pas à des résultats immédiats, mais soyez cohérent et patient en suivant le régime Dukan. Chaque petit pas en avant compte et conduira à des résultats visibles dans le temps.

10. Écoutez votre corps: chaque personne est différente et réagit différemment aux régimes alimentaires. Soyez toujours à l'écoute de votre corps et adaptez votre alimentation à vos besoins. Si vous avez des questions ou des préoccupations, consultez un professionnel de la santé ou un nutritionniste.

N'oubliez pas que le régime Dukan n'est qu'une approche parmi d'autres pour perdre du poids et améliorer votre santé. Choisissez toujours un régime alimentaire durable à long terme et qui vous aide à atteindre vos objectifs de manière saine et équilibrée. Bonne chance dans votre voyage de perte de poids!

Printed in France by Amazon
Brétigny-sur-Orge, FR

16638469R00167